고대 로마
인포그래픽

고대 로마
인포그래픽
INFOGRAPHICS

니콜라 기유라 ● 존 샤이드 ● 밀란 멜로코

옮긴이 김보희

일 러 두 기

1. 외래어 표기는 고전 라틴어 발음대로 표기하는 것을 원칙으로 하되 y는 [이]로 v는
   [ㅂ]으로 표기하였고 관용적 표현은 예외를 허용하였습니다.
2. 고유명사는 프랑스어나 영어 표현이 아닌 당시 고대 로마 시대의 이름으로 표기
   하였습니다.

차 례

로마는 역사가 길다. 건국 추정 시기는 기원전 753년이고, 동로마제국의 콘스탄티노폴리스가 함락된 것이 기원후 1453년의 일이니 무려 2,000년이 넘는 역사를 자랑한다. 또한 면적도 오늘날의 스코틀랜드에서 사하라사막까지, 지브롤터해협에서 흑해까지 이어지는 거대한 지역을 아우른다. 이처럼 범위가 너무 방대하여 이 책에서는 기원후 476년까지 이어진 서로마제국의 역사만을 살펴보는 것으로 한정했다. 그렇게만 해도 결코 짧지 않지만 사실 고대 초기는 사료가 풍부하지 않아 다룰 수 있는 내용이 그렇게 많지 않다. 또한 서로마제국의 마지막 세기에 관한 자료들은 그다지 명확하지 못한 데다 당시 외부세력의 침략도 너무 잦아서 이 책에서 다 소개하기가 쉽지 않다. 그뿐만 아니라 로마제국은 중앙집권적인 제국이 아니었다. 로마제국에는 다양한 제도적·문화적 요소들이 모자이크처럼 혼재했고, 각 도시는 고유한 체계를 가지고 있었다. 그 안에서 동시다발적으로 일어난 무수한 역사를 하나로 정리하는 것은 사실상 불가능하다. 그러므로 이 책에서는 주로 로마인민의 '레스 푸블리카', 즉 로마를 중심으로 서술하되 로마인민의 정의를 규정하고, 이 광대한 세계에서 정치적 중심과 권력을 쥔 자들은 누구였는지, 그리고 간략하게나마 로마의 도시와 속주를 소개하는 데에 집중했다.

○

여전히 긴 기간이지만, 기원전 5세기부터 기원후 4세기까지로 기간을 한정하더라도 또 한 가지 문제가 발생한다. 우리에게 주어진 사료의 종류와 양을 고려할 때 이 책을 통해 구현하고자 하는 형태, 특히 수치화된 자료를 만들어내는 데는 분명한 한계가 있다. 게다가 고대 초기로 거슬러 올라갈수록 사료의 양이 적어지고, 활용도도 낮아지기 마련이다. 물론 고고학 연구를 통해 로마 초기의 자료들도 점차 많아지고 있으며 때로는 놀라우리만큼 훌륭한 유적이 발굴될 때도 있다. 하지만 당대 자료는 대부분 문자로 기록되지 않았고 후대 기록에 등장하는 역사적·신화적 내용들을 깊이 있는 고증 없이 그대로 사용할 수도 없다. 로마의 왕들은 누구인가? 우리가 알고 있는 그들의 이름은 본명일까, 후대가 쓴 설화 속의 이름일까? 세르비우스 툴리우스 황제는 노예신분일 때도 같은 이름을 사용했을까? 왕정기 로마의 제도와 역사는 어떤 것이었을까? 아직도 답을 얻지 못한 수많은 의문이 그대로 남아 있다. 아주 오래된 기록이 발견되기도 하지만 결국 실질

적인 도움은 되지 못하는 경우가 많다. 예를 들어 포룸 로마눔에서 발견된 이른바 '검은 돌(라피스 니제르)'이라 불리는 석판 아래에는 기원전 4~5세기에 만들어진 신성한 장소가 있었을 것으로 추정되는데, 이곳에 새겨진 문자들을 통해 당시 시대에 왕(렉스)이 존재했으며, 그와 동행하는 사자 또는 사관(칼라토르)이 있었으리라는 걸 확인할 수 있다. 그뿐만 아니라 특정한 행동을 하면 공동체에서 추방한 다음 신에게 돌려보내고, 역축(役畜) 역시 압류하는 '사크라티오'라는 형벌에 처했다는 사실도 알 수 있다. 사실 상당 부분 훼손된 이 비문을 해석하기 위해 수많은 학자가 연구에 매달렸는데, 우리가 여기서 그중 한 가지 버전을 선택한다고 해서 대단한 차별점을 얻을 수 있겠는가? 실상 정보가 거의 없다는 걸 감안하면 이 유적의 의의는 연대학적인 정보밖에는 남지 않는다. 그러므로 이 책에서도 초기시대의 역사는 최대한 간략하고 간결하게 다루고자 한다. 그보다는 실제로 사용할 수 있는 문서, 비문, 지도 등의 사료가 남아 있는 시기, 즉 주로 기원전 4세기 이후의 역사를 중점적으로 볼 것이다.

○

이 시기에 접어들면 고대 역사가들의 기록도 어느 정도 신뢰할 수 있게 된다. 이는 공화정기의 마지막 300년부터 제정기의 첫 300년까지에 해당한다. 오히려 기원후 4세기 이후로는 뛰어난 역사가를 찾기가 어렵다. 특히 기원후 1세기 이후로 비문을 비롯한 자료 등이 많아지며 자료 자체는 풍부해졌지만, 역사성을 확인하기 위해서는 다시 엄중한 고증을 거쳐야만 한다. 게다가 신뢰할 만하고 활용도 높은 수치 자료가 부족해 로마의 제도, 사회, 정치, 군사, 경제, 그중에서도 특히 역사를 재구성할 때 결정적인 어려움을 겪는다. 오늘날 확인된 고대의 기록들은 대부분 필사본으로 수치에 누락이나 오타가 있을 가능성이 매우 크다. 수치가 아예 없거나 무작위로 들어간 경우도 많다. 그러므로 고대 자료들을 근현대사의 수치화된 데이터와 동등한 수준으로 구성하는 것은 사실상 불가능하다. 또한 고대 역사 데이터를 수치화하려면 추정 혹은 재구성을 거쳐야 하는데, 새로운 사료가 발굴되는 순간 그 추정이 오류가 될 수도 있는 만큼 매우 위험하다는 걸 고려해야 한다. 고대사 연구가는 반드시 현재 발굴된 자료만을 사용할 수 있다. 이는 선택이 아닌 의무다. 이것이야말로 근현대사 연구와 고대사 연구의 규율을 구분 짓는 특징이기도 하다.

○

하지만 이러한 어려움에도, 발굴된 자료를 통해 서로마 세계의 인포그래픽을 구성할 수 있었다. 주제는 다음과 같이 크게 세 부분으로 나누어볼 수 있다. 첫 번째는 로마의 영토와 인구다. 여기서는 로마의 양적인 측면에 집중해 로마의 권력이 티베리스강 유역에서 어떤 양상으로 확대되었는지를 살펴보고 로마 인구의 일반적인 특성과 변화, 그리고 사회 구조에 대해 다루고자 한다. 특히 대부분의 로마시민과 그 외 로마인민의 일상적인 부분도 살펴볼 예정이다. 로마인민이 속한 이탈리아 동맹시 및 속주는 로마와 비슷하면서도 다른 제도를 가지고 있었다. 사실 식민시를 포함한 로마의 도시를 모두 이야기하자면 책 한 권을 전부 할애해도 부족할 것이다. 각 도시의 사회구조는 서로 상이했고, 로마에 합병되지 않은 도시들(페레그리누스)은 정치, 사법, 관습 등 모든 분야에서 고유한 체제를 유지하고 있었다. 이 내용들을 전부 서술한다면 분명 로마 세계의 찬란한 다양성을 잘 보여줄 수는 있겠지만, 그러한 구조적 특징을 담는 것에만 의미를 둘 수는 없으므로 여기서는 생략하기로 한다.

○

두 번째는 로마의 정치, 종교, 사회다. 공화정기와 제정기의 정치체제를 시작으로 황제 권력의 특성 등을 통해 이 거대한 집단이 어떻게 작동했는지를 살펴볼 것이다. 다만 약 천 년에 걸친 로마시대를 특징짓는 그라이키아(그리스)·로마 문화를 이 책에서 다 살펴보기에는 어려움이 있다고 판단하였다. 그래도 로마 문화의 전형적인 핵심 요소이자 오늘날 서구사회의 기반이기도 한 로마의 법만큼은 간략하게나마 다루고자 했다. 한편 로마의 종교체제 역시 매우 다양하고 독특했으므로 종교들과 공식·사적의례, 기독교의 출현 배경 등도 살펴보았다. 마지막으로 로마의 경제에도 여러 쪽을 할애했는데, 사실 현대 독자는 여기서 다소 혼란을 느낄지도 모른다. 고대의 경제는 근대주의와 원시주의가 항상 충돌하는 주제로, 사료가 충분하지 않고 개인의 편견이 개입할 수 있기에 자료를 하나로 정리하는 데 수많은 이론이 필요하다.

○

세 번째로는 로마의 군사력, 즉 로마의 군대와 그들이 강력한 힘을 얻게 된 배경을 살펴보고자 한다. 로마의 병력은 바닥난 적이 거의 없었

다. 로마가 오랜 세월에 걸쳐 수많은 적을 해치울 수 있었던 것도 병력이 충분했던 덕분이다. 실제로 오랜 전쟁으로 지친 로마 병사의 자리를 게르만족이 하나씩 차지하자 서로마의 역사는 마침내 기울기 시작했고, 결국 황제의 권위마저 빼앗기면서 끝을 맺었다.

○

앞서 살펴본 바와 같이 일부 주제는 방대한 범위와 접근법의 문제로 책에서 다루기는 불가능하다고 판단했다. 로마의 문화를 다루지 않기로 한 이유도 같은 맥락이다. 로마의 문화를 이야기하려면 무려 여섯 세기에 걸쳐 활동한 그라이키아와 라티움의 작가, 시인, 철학가, 이야기꾼, 역사가, 학자 등을 전부 짚고 넘어가야 한다. 또한 로마 지식인이 기원전 5세기에 형성된 그라이키아의 사상을 후대에 전승하는 다리 역할을 했다는 것을 고려한다면 다뤄야 할 범위는 더욱 방대해진다. 한편 로마인들은 그라이키아의 건축 기술을 받아들여 로마식 건축문화와 장식미술로 발전시켰고, 그 우수함은 오늘날까지도 건축가들의 감탄을 자아내고 있다. 그러나 여기서는 건축 분야 역시 생략하기로 하였다. 물론 로마 전반을 다루다 보니 건축물을 다루는 내용이 일부 포함된다. 신전, 회당, 개선문, 호화 주택은 물론 다양한 공연이나 경기가 상연된 음악당, 극장, 경기장 등의 공공시설들을 언급하지 않을 수 없기 때문이다. 하지만 각 건축물을 아주 자세히 묘사하지는 않았다. 규모의 차이만 있을 뿐 형태 자체는 대부분 유사하기 때문이다. 다만 대경기장은 대규모 제사가 열리면 반드시 사용되는 곳인 만큼 여러 차례 언급되었다. 원형극장 역시 매우 인상적인 건축물이긴 하나, 로마인들이 그저 경기를 구경하는 데 시간을 쏟았다는 인상을 주지 않고자 생략했다. 게다가 할리우드에서 흔히 차용하는 이미지와 달리, 실제로는 검투사들 간의 학살극보다 투우, 레슬링, 사냥 같은 경기가 더 흔했다. 이처럼 우리는 모든 주제를 지금까지의 일반적인 묘사가 아닌, 서로마 전체를 구성하는 요소로써 표현하고자 노력을 기울였음을 밝히는 바다.

1

로마의 영토와 인구

도시국가에서 제국으로

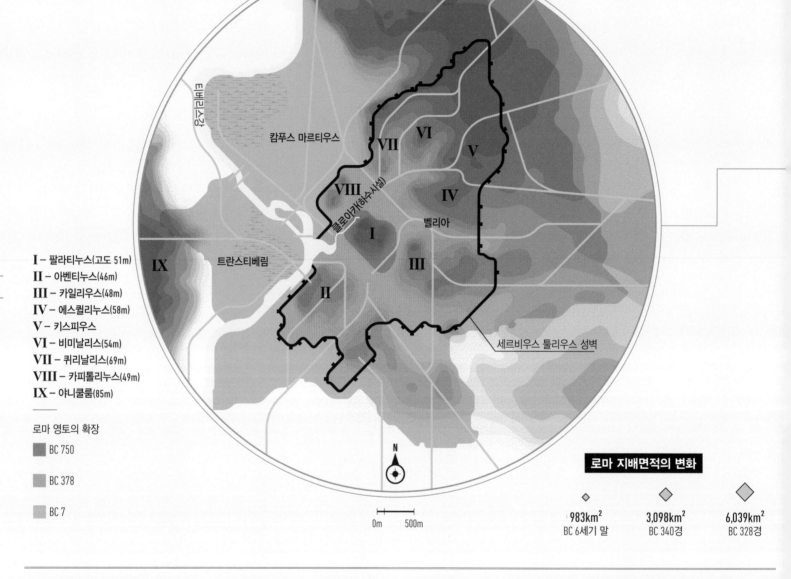

로마 BC 350

I - 팔라티누스(고도 51m)
II - 아벤티누스(46m)
III - 카일리우스(48m)
IV - 에스퀼리누스(58m)
V - 키스피우스
VI - 비미날리스(54m)
VII - 퀴리날리스(69m)
VIII - 카피톨리누스(49m)
IX - 야니쿨룸(85m)

티베리스강

캄푸스 마르티우스

VII

VI

V

VIII

IV

클로아카(하수시설)

I

벨리아

트란스티베림

IX

III

II

세르비우스 툴리우스 성벽

로마 영토의 확장

BC 750

BC 378

BC 7

N

0m   500m

로마 지배면적의 변화

983km²
BC 6세기 말

3,098km²
BC 340경

6,039km²
BC 328경

로마의 역사는 비잔티움제국을 포함해 무려 2,000년이 넘는다. 전통적으로 로마의 원년은 기원전 753년으로 보는데, 적어도 기원전 10세기부터는 이 지역에 사람이 살았다고 알려졌다. 이후 서로마제국은 기원후 476년에 멸망했고, 가장 부유하며 방어력이 뛰어난 그라이키아(그리스)계 국가들을 중심으로 한 동로마는 1453년 콘스탄티노폴리스가 함락될 때까지 통치를 이어 갔다.

　로마는 건국 이후 수 세기 동안 주변 도시국가들을 점령하고 이들과 동맹을 맺으며 이탈리아반도 중부를 장악해 나갔다. 그 후 폭주가 시작됐다. 로마는 호전적인 삼니움족이 차지하고 있었던 오늘날의 아브루초지역과 그라이키아의 식민 도시들을 공격하며 이탈리아 남부를 점령해 나가다가, 당시 또 하나의 강력한 제국이었던 카르타고와 충돌했다. 카르타고는 오늘날 튀니지부터 스페인 연안지역까지 이르는 방대한 영토를 차지하고 있었다. 특히 여기에 포함된 시킬리아(시칠리아)와 사르디니아는 로마에도 이점이 많은 곳이었다. 결국 기원전 260년부터 146년까지 세 차례에 걸친 포에니전쟁 끝에 로마는 카르타고를 무너뜨렸다. 전쟁을 치르는 동안 카르타고의 명장 한니발 때문에 로마가 위기에 몰리는 일도 있었다. 실제로 한니발은 기원전 218년에 이탈리아를 직접 침략하기도 했다. 하지만 뛰어난 기술과 군사력을 갖춘 한니발도 결국 로마 동맹국들의 머릿수에 밀려 패배하고 말았다. 이로써 지중해 도시들은 로마가 마침내 무적에 가까운 패권국가가 되었다는 사실을 깨달았다. 기원전 5세기부터 동맹국 수가 급격히 증가해 혹여나 전쟁 중 병력을 잃더라도 곧장 새 군대를 편성할 수 있게 된 덕분이다. 지중해에 가공할 만한 전쟁 기계가 등장한 셈이었다.

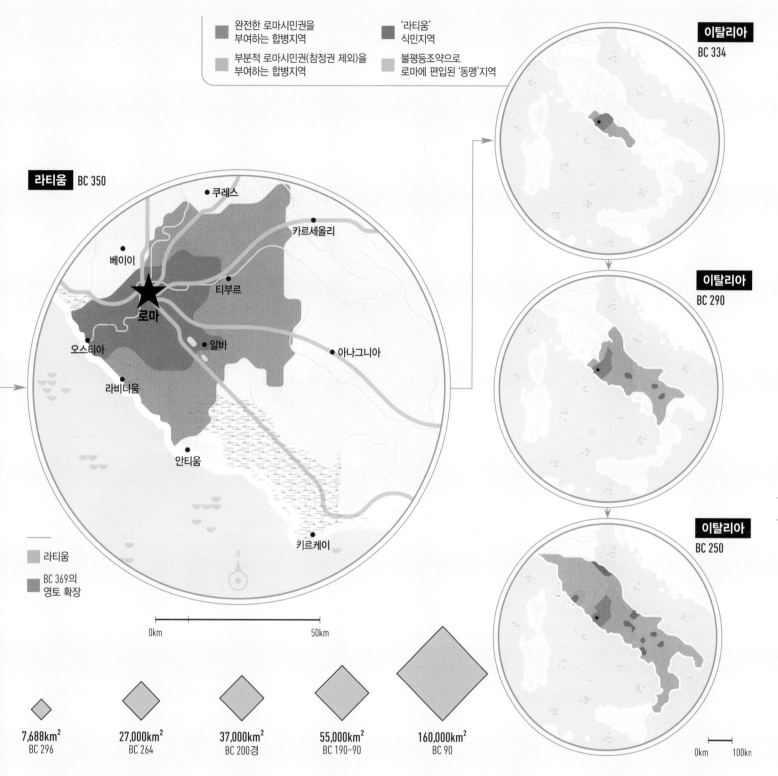

이를 빠르게 자각한 로마는 카르타고의 지배를 받고 있던 히스파니아(에스파냐)지역과 시킬리아, 사르디니아를 손에 넣었고 마침내 카르타고 본토를 점령했다. 또한 그라이키아 도시 간의 분쟁에 개입하고, 그라이키아와 소아시아에 남아 있던 마케도니아제국의 잔존세력을 진압하며 이 지역에서 패권을 공고히 다졌다. 기원전 1세기 동안 소아시아 내 왕국들과 아이깁투스(이집트) 역시 혼란스러운 정세로 인한 반란이나 내전 등에 시달리다 결국 로마의 지배하에 들어갔다. 기원후 초기 당시 알려진 세계 대부분이 사실상 통일되고 있는 것이나 다름없었다. 로마제국은 서쪽으로는 지브롤터해협, 동쪽으로는 흑해, 북쪽으로는 잉글랜드해협, 남쪽으로는 사하라사막 또는 유프라테스강에 달하는 모든 지역을 아울렀다. 기원후 1세기에는 오늘날의 독일 서부와 오스트리아, 루마니아까지 세력

이 확장되었고 스코틀랜드 이남 브리타니아(브리튼섬)와 영국과 아라비아 동남부까지 진출했다.

기원후 120년경, 로마제국의 영토는 최대로 확장되어 자연적인 한계에 부딪혔다. 북쪽으로는 레누스강(라인강)과 다누비우스강(다뉴브강), 그리고 브리타니아의 안토니누스 성벽이 경계선이 되었고, 남쪽으로는 에우프라테스강(유프라테스강) 기준으로 동쪽에 있는 왕국들 일부를 예속국으로 삼기도 했으나 강 너머까지 영토 확장을 지속할 수 없었다. 하지만 로마와 동맹국들은 이러한 경계 내에서만큼은 서방 세계의 통일을 이룩했고, 이러한 상태를 300년에서 400년 동안 유지하면서 오늘날의 서구국가 대부분에 큰 영향을 미쳤다. 하지만 로마제국은 게르만족을 포함한 이민족의 끝없는 침략에 결국 무너지고 말았다.

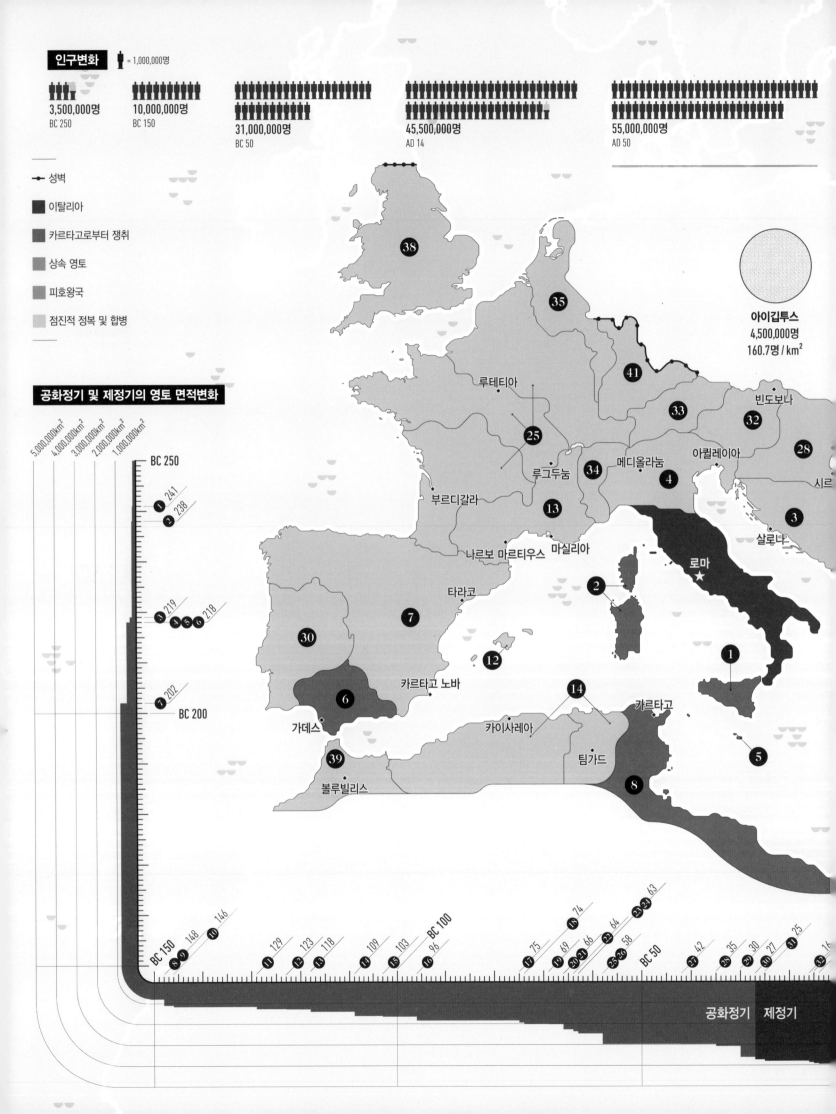

인구변화

👤 = 1,000,000명

3,500,000명
BC 250

10,000,000명
BC 150

31,000,000명
BC 50

45,500,000명
AD 14

55,000,000명
AD 50

→ 성벽

■ 이탈리아
■ 카르타고로부터 쟁취
■ 상속 영토
■ 피호왕국
■ 점진적 정복 및 합병

아이깁투스
4,500,000명
160.7명 / km²

공화정기 및 제정기의 영토 면적변화

5,000,000km² 4,000,000km² 3,000,000km² 2,000,000km² 1,000,000km²

BC 250

① 241
② 238

③ 219   ④⑤⑥ 218

⑦ 202
BC 200

BC 150   ⑧⑨ 148   ⑩ 146

⑪ 129   ⑫ 123   ⑬ 118

⑭ 109   ⑮ 103   BC 100   ⑯ 96

⑰ 75   ⑱ 74   ⑲ 69   ⑳㉑ 66   ㉒ 64   ㉓㉔ 63   ㉕㉖ 58   BC 50

㉗ 42   ㉘ 35   ㉙ 30   ㉚ 27   ㉛ 25   ㉜ 16

공화정기   제정기

지명 (map labels)

38

35

루테티아

41

33   빈도보나

32

25   28

34   메디올라눔   아퀼레이아

시르

13   4   3

부르디갈라   살로나

나르보 마르티우스   마실리아   로마 ★

타라코   2

7   1

30   12

카르타고 노바   14

6   카이사레아   캬르타고

가데스   팀가드   5

39   8

볼루빌리스

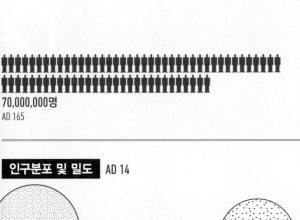

70,000,000명
AD 165

46,000,000명
AD 200

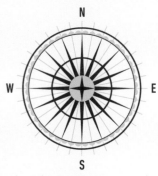

N
W   E
S

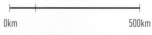

0km   500km

인구분포 및 밀도 AD 14

이탈리아	시킬리아	사르디니아 코르시카	히스파니아	갈리아 나르보넨시스	갈리아	다누비우스	그라이키아
7,000,000명	600,000명	500,000명	5,000,000명	1,500,000명	3,400,000명	2,000,000명	3,000,000명
28명 / km²	23명 / km²	15명 / km²	8.5명 / km²	15명 / km²	6.3명 / km²	4.7명 / km²	11.2명 / km²

1 시킬리아
2 사르디니아·코르시카
3 일리리아·달마티아
4 갈리아 키살피나
5 몰타
6 바이티카
7 히스파니아
8 아프리카 프로콘솔루라리스
9 펠로폰네수스
10 트라키아
11 아시아
12 발리아레스
13 갈리아 나르보넨시스
14 누미디아
15 킬리키아
16 키레나이카
17 모이시아
18 비티니아
19 크레타
20 아르메니아
21 콜키스
22 시리아·페니키아
23 유다이아
24 보스포루스왕국(예속국)
25 갈리아 트란살피나
26 키프로스
27 로도스
28 판노니아
29 아이깁투스
30 루시타니아
31 갈라티아
32 노리쿰
33 라이티아
34 알페스 마리티마이
35 게르마니아 인페리오르
36 카파도키아
37 리키아
38 브리탄니아
39 마우레타니아
40 티라스·올비아
41 게르마니아 수페리오르
42 다키아
43 아라비아
44 메소포타미아·아시리아

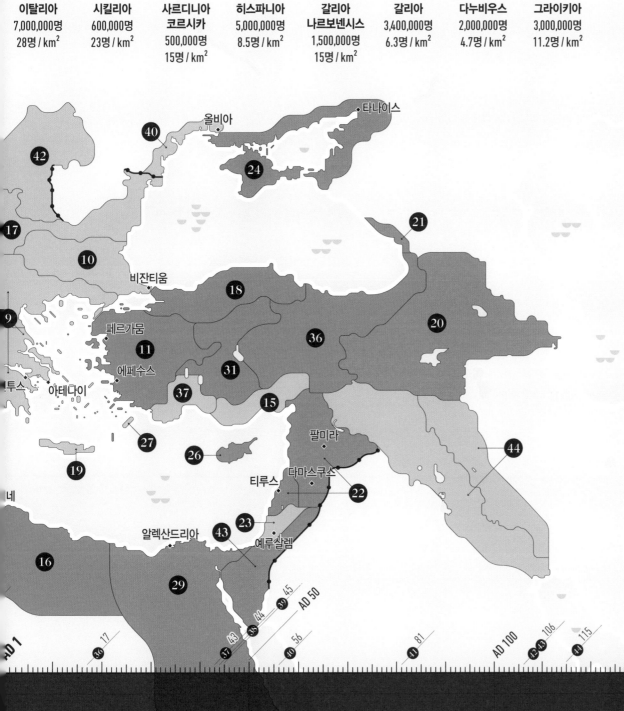

1 • 성곽도시, 우릅스

트란스티베림지역을 제외한 로마의 모든 지역은 기원전 4세기까지는 티베리스 강의 좌안에 자리 잡고 있었다. 건국 신화 속 로마는 팔라티누스언덕과 포룸계곡에 한정되어 있었지만, 기원전 6세기에 세워진 세르비아누스 성벽은 더욱 넓은 지역을 아우르고 있었다. 로마의 건국 신화에 따르면 건국자가 쟁기로 고랑을 파서 도시의 경계를 정했다고 전해지는데, 이 선을 의미하는 '포메리움'은 이후 법적 경계를 의미하는 단어로 쓰이며 로마의 시민사회 영역을 규정하는 역할을 했다. 로마정무관들이 점을 치거나, 정치·종교활동을 위한 특수한 공간(신전 등)을 짓는 것도 포메리움 내부에서만 가능했다. 포메리움은 여러 번에 걸쳐 확대되었고 기원전 2세기부터는 포메리움과 연관된 특권이나 의무의 범위도 크게 확대됐다. 그러나 로마는 이 경계를 넘어 끊임없이 영토를 확장했고, 기원후 274년에는 도시 전체를 아우르는 성벽이 새롭게 건설됐다.

　정치 중심지는 포룸 로마눔, 포룸 보아리움, 캄푸스 마르티우스에 자리 잡고 있었다. 포룸 로마눔의 건물들 주위에는 여러 정무관이 자리를 잡았고, 원로원이나 트리부스민회가 열리는 회의장(쿠리아)도 있었다. 한편 포메리움의 외부에 위치한 캄푸스 마르티우스에서는 주로 군사훈련이 열렸고, 군인으로 동원할 수 있는 시민들로만 구성된 켄투리아민회 역시 이곳에서 개최됐다. 또한 포룸 보아리움은 로마의 항구와 연결되어 있는 만큼 주로 무역과 관련된 역할을 했고, 아우구스투스황제 통치기에는 아폴로 신전 인근에 극장이 새로 지어지기도 했다.

　이 지역들은 제정기에는 더욱 발달을 거듭했다. 아우구스투스황제의 집이 있었던 팔라티누스언덕에는 곧 거대한 황궁이 들어섰고, 특히 네로황제는 15년에 걸쳐 이곳에 호화로운 궁전을 짓기도 했다. 한편 새로운 건축물들이 대거 들어서자 포룸 로마눔이 비좁아졌고, 이를 보완하기 위해 다섯 개의 새 포룸을 증설했다. 한편 군사적·정치적 중심지인 캄푸스 마르티우스에는 아우구스투스 때부터 공원, 목욕탕, 신전, 공공제단 등이 생겨났고, 아우구스투스의 영묘와 공공배식소도 이곳에 지어졌다. 기원후 3세기에 지어진 아우렐리아누스 성벽부터 아벤티누스언덕까지의 광활한 지역에는 선착장과 창고들이 들어섰다. 트란스티베림지역은 대부분 대규모 공원 주변에 주택들이 들어서 주거지역으로 사용됐다. 황제들은 다소 외진 이곳에 공중목욕탕이나 여러 공공시설을 세우기도 했다.

　로마 시내에는 여가생활이나 축제를 즐길 수 있도록 사냥 경기나 말 경주가 열리는 원형경기장도 있었다. 경기장은 캄푸스 마르티우스에 있었고, 후기에는 티베리스강 서쪽에도 지어졌다. 특히 티베리스강 서쪽에 지어진 경기장 부지에는 이후 성베드로대성당이 세워지기도 했다. 공화정 시기에는 포룸 로마눔 중앙에서 장례의식의 일부로 검투사 경기가 치러지곤 했는데, 기원후 70년경부터는 플라비우스왕조의 황제들이 '콜로세움'이라고 불리는 거대한 원형경기장을 건설하기에 이르렀다. 네로황제의 황금극장(도무스 아우레아)을 허문 자리에 세워진 콜로세움은 주로 사냥이나 검투사 경기를 하는 장소로 쓰였다. 기원후 88년에는 도미티아누스황제가 백년제(루디 사이쿨라레스)의 개최를 위해 캄푸스 마르티우스에 극장(오데움)과 경기장을 건설하기도 했다.

　로마의 공동묘지는 오래전부터 에스퀼리누스언덕과 로마 외곽으로 나가는 대로변에 자리 잡고 있었으나 제정기부터는 응회암 채석장에 지하 묘지(카타콤)가 생겨나기 시작했다.

14

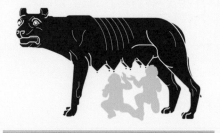

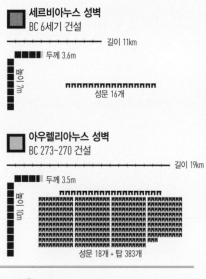

포메리움
- - - 정치·종교·행정적 행위들이 시행될 수 있는 로마시의 법적 경계 혹은 시민사회 영역

■ **세르비아누스 성벽**
BC 6세기 건설

———— 길이 11km

두께 3.6m

높이 7m

성문 16개

■ **아우렐리아누스 성벽**
BC 273~270 건설

———— 길이 19km

두께 3.5m

높이 10m

성문 18개 + 탑 383개

1 아피아 수도교(아콰)

2 아니오 베투스 수도교

3 마르키아 수도교

4 테풀라 수도교

5 율리아 수도교

6 비르고 수도교

7 알시에티나 수도교

8 클라우디아 수도교

9 아니오 노부스 수도교

10 네로니아나 수도교

11 트라야나 수도교

12 안토니니아나 수도교

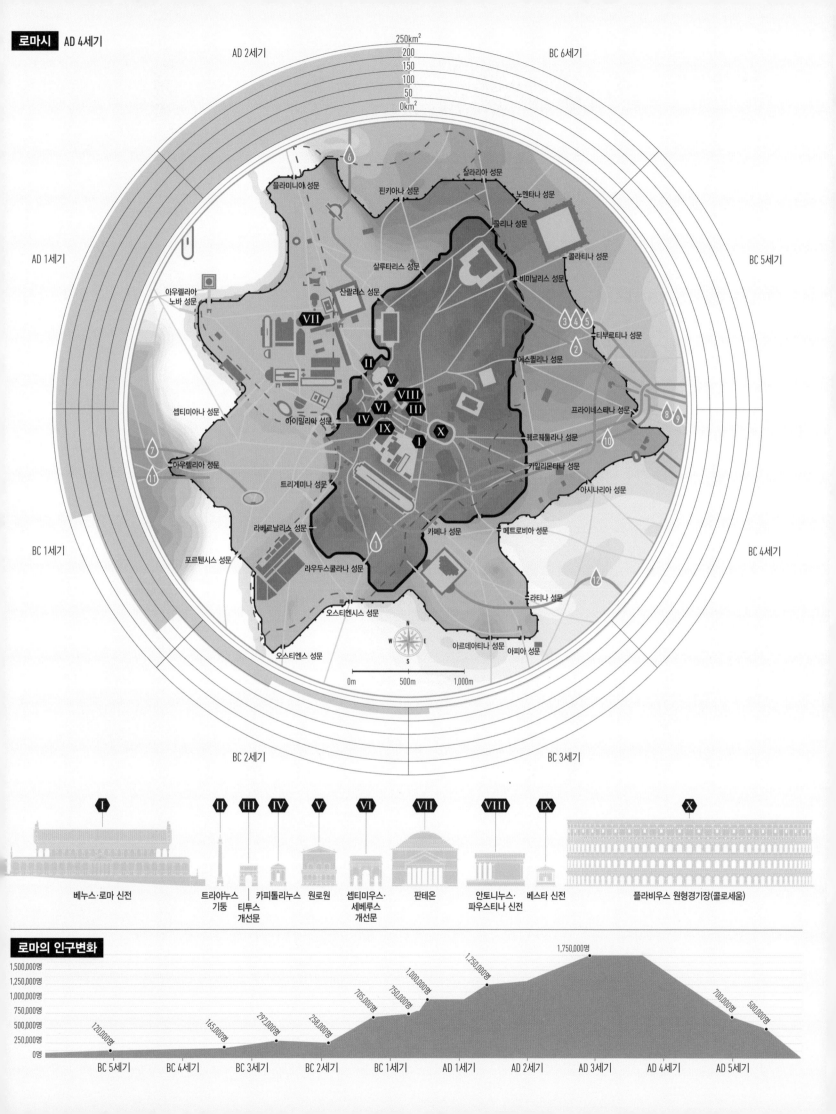

로마시 AD 4세기

250km²
200
150
100
50
0km²

AD 2세기 · BC 6세기
AD 1세기 · BC 5세기
BC 1세기 · BC 4세기
BC 2세기 · BC 3세기

플라미니아 성문
핀키아나 성문
살라리아 성문
노멘타나 성문
콜리나 성문
콜라티나 성문
살루타리스 성문
비미날리스 성문
아우렐리아 노바 성문
산콸리스 성문
티부르티나 성문
에스퀼리나 성문
셉티미아나 성문
프라이네스티나 성문
아이밀리아 성문
퀘르퀘툴라나 성문
아우렐리아 성문
카일리몬타나 성문
트리게미나 성문
아시나리아 성문
라베르날리스 성문
카페나 성문
메트로비아 성문
포르텐시스 성문
라우두스쿨라나 성문
라티나 성문
오스티엔시스 성문
오스티엔스 성문
아르데아티나 성문 · 아피아 성문

N
W · E
S

0m 500m 1,000m

I 베누스·로마 신전
II 트라야누스 기둥
III 티투스 개선문
IV 카피톨리누스
V 원로원
VI 셉티미우스·세베루스 개선문
VII 판테온
VIII 안토니누스·파우스티나 신전
IX 베스타 신전
X 플라비우스 원형경기장(콜로세움)

로마의 인구변화

1,500,000명
1,250,000명
1,000,000명
750,000명
500,000명
250,000명
0명

120,000명
165,000명
292,000명
258,000명
705,000명
750,000명
1,000,000명
1,250,000명
1,750,000명
700,000명
500,000명

BC 5세기 · BC 4세기 · BC 3세기 · BC 2세기 · BC 1세기 · AD 1세기 · AD 2세기 · AD 3세기 · AD 4세기 · AD 5세기

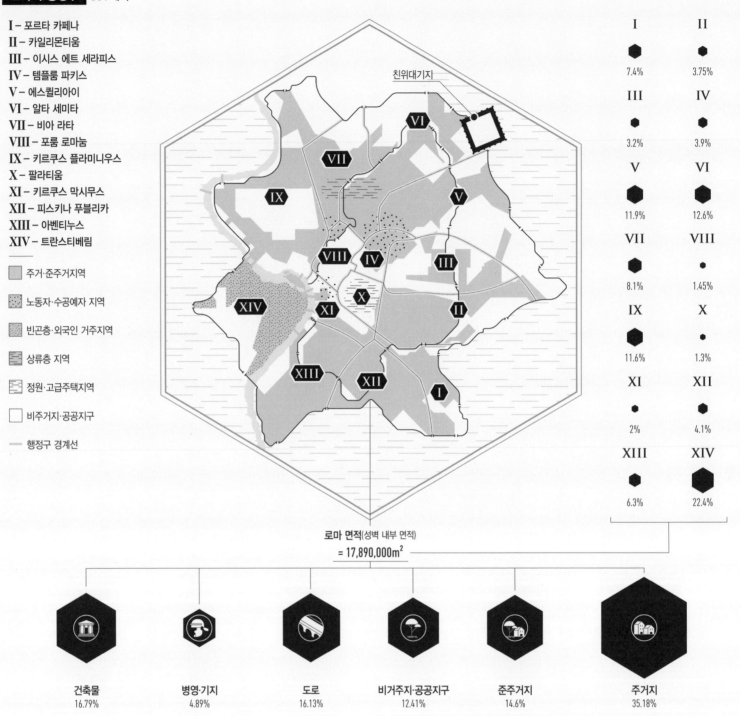

로마의 행정구 BC 7세기

I – 포르타 카페나
II – 카일리몬티움
III – 이시스 에트 세라피스
IV – 템플룸 파키스
V – 에스퀼리아이
VI – 알타 세미타
VII – 비아 라타
VIII – 포룸 로마눔
IX – 키르쿠스 플라미니우스
X – 팔라티움
XI – 키르쿠스 막시무스
XII – 피스키나 푸블리카
XIII – 아벤티누스
XIV – 트란스티베림

주거·준주거지역
노동자·수공예자 지역
빈곤층·외국인 거주지역
상류층 지역
정원·고급주택지역
비주거지·공공지구
행정구 경계선

친위대기지

I	II
7.4%	3.75%
III	IV
3.2%	3.9%
V	VI
11.9%	12.6%
VII	VIII
8.1%	1.45%
IX	X
11.6%	1.3%
XI	XII
2%	4.1%
XIII	XIV
6.3%	22.4%

로마 면적(성벽 내부 면적)
= 17,890,000m²

건축물	병영·기지	도로	비거주지·공공지구	준주거지	주거지
16.79%	4.89%	16.13%	12.41%	14.6%	35.18%

2 • 행정구

공화정기 로마는 네 개의 행정구로 나뉘어 있었으나(1구-수부라나, 2구-에스퀼리나, 3구-콜리나, 4구-팔라티나) 기원전 12~7년 아우구스투스황제가 이를 열네 개 행정구 체제로 재편하였다. 각 행정구는 여러 개의 구역(비쿠스)으로 다시 나뉘었고(플라비우스왕조 통치기에는 265개였으나 콘스탄티누스황제 통치기에는 최소 324개까지 증가함), 각 구역에는 교차로(콤피툼)를 중심으로 하는 소규모 종교의식이나 특별행사가 열리는 공간이 있었다. 또한 매년 구역마다 대체로 해방노예 출신인 감독관(마기스테르) 두 명이 임명되었다.

빈곤층은 로마 중심지에 몰렸다. 이동 수단이 원활하지 않았던 탓에 정치적 혜택이나 식료품 배급 등을 많이 받으려면 중심지에 가까이 거주해야 하기 때문

이었다. 주요 시설들은 주로 4구, 8구, 9구, 11구에 있었다. 여기서 식료품 배급 대상 가구 15만~20만 명의 가장(파테르 파밀리아스)들이 매달 밀이나 기름 등을 배급받았고, 정치·종교행사나 연회 시, 제물로 쓰인 고기를 나누고 제사 후에는 경기 등을 열었다. 반면 특권층은 로마 중심지에도 주택을 소유했지만 주로 외곽에 정원을 갖춘 저택을 두고 그곳에서 거주하곤 했다. 아우구스투스황제 통치기에는 로마 중심지에 공중목욕탕이 지어졌는데 이후 시간이 지나며 목욕탕 문화는 로마 전 지역으로 퍼졌다. 공중목욕탕 및 소형목욕탕은 분수대나 빵집과 더불어 점차 도시 생활의 일부가 되어갔다. 한편 로마의 치안을 위해서 순찰대(행정구 두 곳마다 600명 규모의 대대가 배치되어 있었으므로 순찰대는 주로 야간 순찰을 맡았다)와 경찰대대(코호르테스 우르바나이) 세 개가 배치됐고, 이들의 기지는 캄푸스 마르티우스에 있었다.

로마 행정구별 시설 분포도

AD 4세기 (단위: 개수/비중)

범례: 주거지역 · 공공시설 · 상업시설 · 위생시설 · 여가시설 · 종교·기념

원 크기 기준: 50% / 25% / 10% / 5%

시설	I	II	III	IV	V	VI	VII	VIII	IX	X	XI	XII	XIII	XIV
주택 1,782개	120 / 6.7%	127 / 7.2%	160 / 9%	88 / 4.9%	180 / 10.1%	146 / 8.2%	120 / 6.7%	130 / 7.3%	140 / 7.9%	89 / 5%	89 / 5%	113 / 6.3%	130 / 7.3%	150 / 8.4%
공동주택 44,300개	3,250 / 7.3%	3,600 / 8.1%	2,757 / 6.2%	2,757 / 6.2%	3,850 / 8.7%	3,403 / 7.7%	3,805 / 8.6%	3,480 / 7.9%	2,777 / 6.3%	2,642 / 6%	2,600 / 5.9%	2,487 / 5.6%	2,487 / 5.6%	4,405 / 9.9%
도로 / 구역 305개	10 / 3.3%	7 / 2.3%	12 / 3.9%	8 / 2.6%	15 / 4.9%	17 / 5.6%	15 / 4.9%	34 / 11.1%	35 / 11.5%	20 / 6.6%	19 / 6.2%	17 / 5.6%	18 / 5.9%	78 / 25.6%
행정·정치시설 67개	1 / 1.5%	2 / 3%		5 / 7.5%	4 / 6%		1 / 1.5%	30 / 44.8%	14 / 20.9%	8 / 11.9%	1 / 1.5%		1 / 1.5%	
군사기지 17개	3 / 17.6%	1 / 5.9%			1 / 5.9%	2 / 11.8%	3 / 17.6%	1 / 5.9%				1 / 5.9%	2 / 11.8%	3 / 17.6%
학교·도서관 18개	1 / 5.6%	1 / 5.6%	1 / 5.6%					8 / 44.2%	3 / 16.76%		1 / 5.6%	1 / 5.6%	1 / 5.6%	1 / 5.6%
포룸 15개				1 / 6.7%			1 / 6.7%	8 / 53.3%	2 / 13.3%				2 / 13.3%	1 / 6.7%
주랑(포르티코) 35개	2 / 5.7%		1 / 2.9%	1 / 2.9%			3 / 8.6%	4 / 11.4%	18 / 51.4%	1 / 2.9%	2 / 5.7%		3 / 8.6%	
곡물창고 334개	16 / 4.8%	27 / 8.1%	17 / 5.1%	18 / 5.4%	22 / 6.6%	18 / 5.4%	25 / 7.5%	18 / 5.4%	25 / 7.5%	48 / 14.4%	16 / 4.8%	27 / 8.1%	35 / 10.5%	22 / 6.6%
빵집 252개	20 / 8%	15 / 6%	16 / 6.3%	15 / 6%	15 / 6%	16 / 6.3%	15 / 6%	20 / 8%	20 / 8%	20 / 8%	16 / 6.3%	20 / 8%	20 / 8%	24 / 10%
소형목욕탕(발네움) 951개	86 / 9%	85 / 8.9%	80 / 8.4%	75 / 7.9%	75 / 7.9%	75 / 7.9%	75 / 7.9%	85 / 8.9%	63 / 6.6%	44 / 4.6%	15 / 1.6%	63 / 6.6%	44 / 4.6%	86 / 9%
분수 1,217개	87 / 7.15%	65 / 5.35%	65 / 5.35%	78 / 6.4%	74 / 6.1%	73 / 6%	76 / 6.25%	120 / 9.9%	120 / 9.9%	89 / 7.3%	20 / 1.6%	81 / 6.7%	89 / 7.3%	180 / 14.8%
대형 공중목욕탕(테르마이) 11개	2 / 18.2%			2 / 18.2%			2 / 18.2%		2 / 18.2%		1 / 9%		2 / 18.2%	
경기장 / 극장 24개		3 / 12.5%	3 / 12.5%		2 / 8.3%			11 / 45.8%		1 / 4.2%	1 / 4.2%			3 / 12.5%
개선문 오벨리스크 48개	7 / 14.6%	1 / 2.1%		1 / 2.1%	2 / 4.2%	1 / 2.1%	1 / 2.1%	10 / 20.8%	5 / 10.4%	3 / 6.2%	16 / 33.3%			1 / 2.1%
사당 305개	10 / 3.3%	7 / 2.3%	12 / 3.9%	8 / 2.6%	15 / 4.9%	17 / 5.6%	15 / 4.9%	34 / 11.1%	35 / 11.5%	20 / 6.6%	19 / 6.2%	17 / 5.6%	18 / 5.9%	78 / 25.6%
신전·제단 194개	3 / 1.55%	4 / 2.1%	3 / 1.55%	19 / 9.8%	4 / 2.1%	10 / 5.15%	5 / 2.6%	48 / 24.7%	32 / 16.5%	22 / 11.3%	25 / 13%	2 / 1%	11 / 5.7%	6 / 3.1%

17

3 • 포룸

포룸 로마눔은 로마의 정치적 중심지로, 기원후 1세기부터 황제의 궁전과 원로원의 회의장(쿠리아), 그리고 고위관리의 집무실이 권력 다툼의 공간이 되었음에도 로마 역사의 마지막까지 중심지로서 역할을 잃지 않았다. 포룸에서는 재판의 판결이 내려지기도 했고 정무관들의 공식 집무실이 위치하기도 했으며, 여러 정치·종교행사는 물론 오랜 전통의식이나 새로운 의식도 이곳에서 치러졌다. 이런 행사들은 포룸 내 야외 공간에서 진행되기도 했지만 회당(바실리카)과 같은 실내 공간에서 열리기도 했다.

공화정 말기에는 기존의 포룸이 협소해진 탓에 여러 포룸이 추가로 지어졌

다. 북쪽으로는 포룸 율리움, 포룸 아우구스툼, 포룸 네르바이, 포룸 베스파시아누스(일명 '평화의 신전'), 포룸 트라야니가 생겨났다. 새 포룸들에는 반원형의 공간과 이와 인접한 주랑으로 구성된 장소가 있었는데 이곳은 제도적인 기능, 이를테면 재판이나 기록보관(포룸 베스파시아누스 내에는 로마의 공식 기록소가 있었다) 등의 목적으로 사용되었다. 여기에 추가로 베누스·로마 신전(하드리아누스황제가 재건)이나 막센티우스대성당(기원후 4세기경) 등도 지어졌다. 특히 막센티우스대성당은 다른 회당들과 마찬가지로 실내 포룸이었다.

이러한 포룸들은 로마 시내의 도로들과 맞닿아 있어서 북쪽으로는 캄푸스 마르티우스, 서쪽으로는 황궁과 원형극장, 남쪽으로는 콜로세움으로 이어졌다. 다시 말해 포룸 그 자체가 여러 정치적 중심지나 공공명소들의 허브가 되었다.

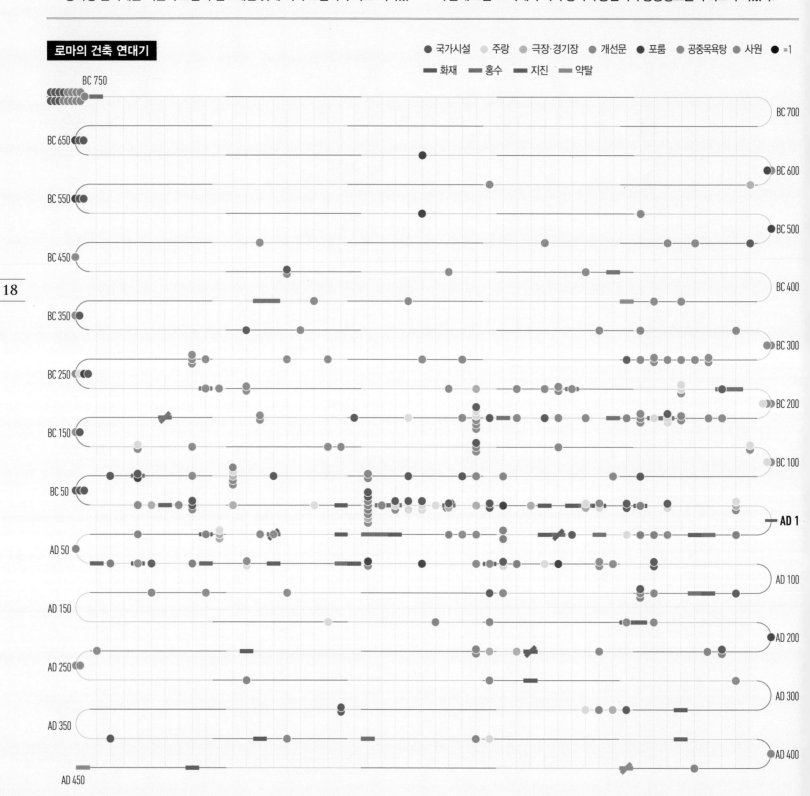

로마의 건축 연대기

● 국가시설　● 주랑　● 극장·경기장　● 개선문　● 포룸　● 공중목욕탕　● 사원　● =1

━ 화재　━ 홍수　━ 지진　━ 약탈

포룸 내부 지도

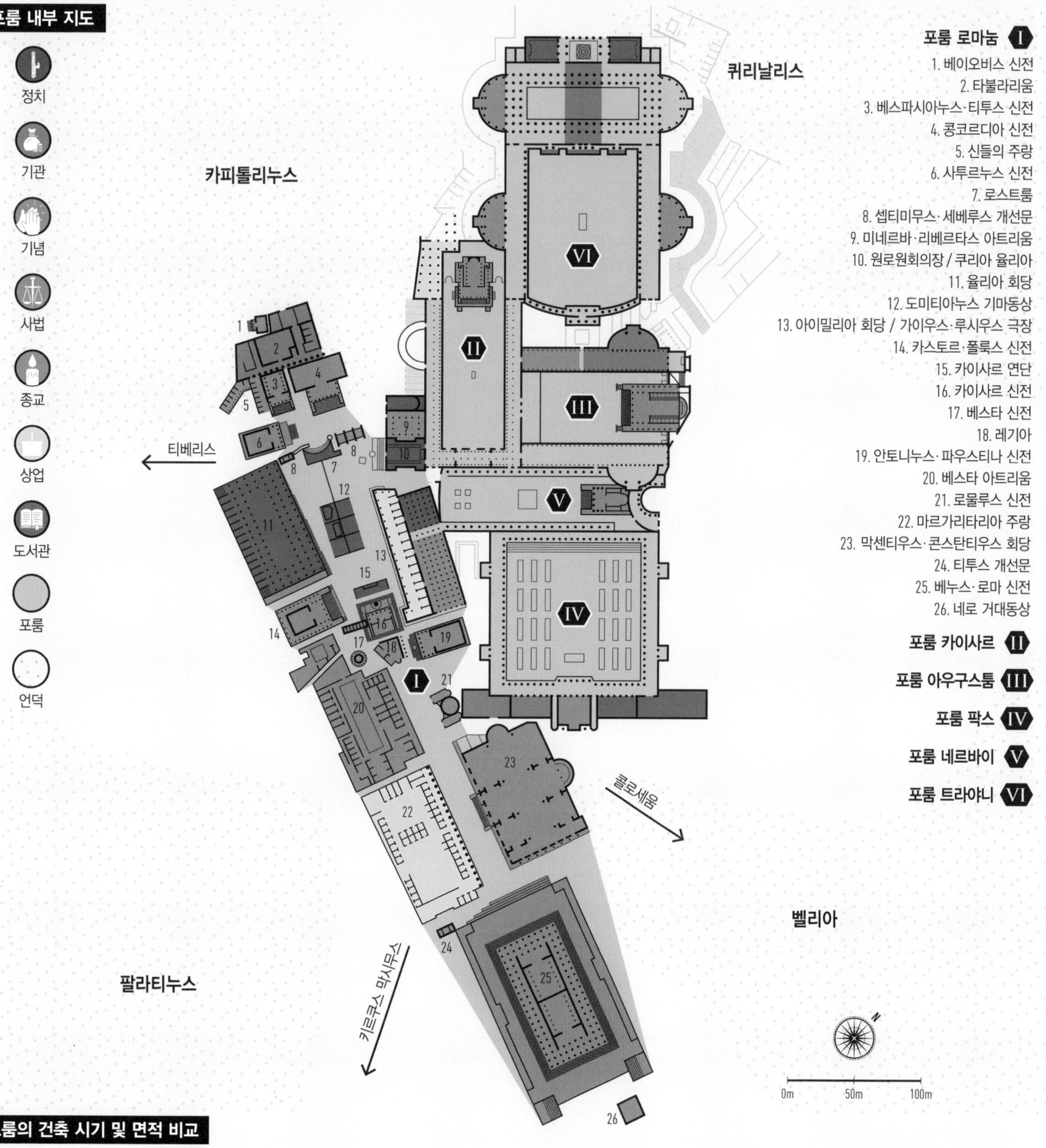

- ♀ 정치
- 💰 기관
- 🏛 기념
- ⚖ 사법
- 🕯 종교
- ☕ 상업
- 📚 도서관
- ⬤ 포룸
- ◯ 언덕

퀴리날리스

카피톨리누스

← 티베리스

팔라티누스

콜로세움 →

← 키르쿠스 막시무스

벨리아

포룸 로마눔 Ⅰ
1. 베이오비스 신전
2. 타불라리움
3. 베스파시아누스·티투스 신전
4. 콩코르디아 신전
5. 신들의 주랑
6. 사투르누스 신전
7. 로스트룸
8. 셉티미우스·세베루스 개선문
9. 미네르바·리베르타스 아트리움
10. 원로원회의장 / 쿠리아 율리아
11. 율리아 회당
12. 도미티아누스 기마동상
13. 아이밀리아 회당 / 가이우스·루시우스 극장
14. 카스토르·폴룩스 신전
15. 카이사르 연단
16. 카이사르 신전
17. 베스타 신전
18. 레기아
19. 안토니누스·파우스티나 신전
20. 베스타 아트리움
21. 로물루스 신전
22. 마르가리타리아 주랑
23. 막센티우스·콘스탄티우스 회당
24. 티투스 개선문
25. 베누스·로마 신전
26. 네로 거대동상

포룸 카이사르 Ⅱ
포룸 아우구스툼 Ⅲ
포룸 팍스 Ⅳ
포룸 네르바이 Ⅴ
포룸 트라야니 Ⅵ

19

0m 50m 100m

포룸의 건축 시기 및 면적 비교

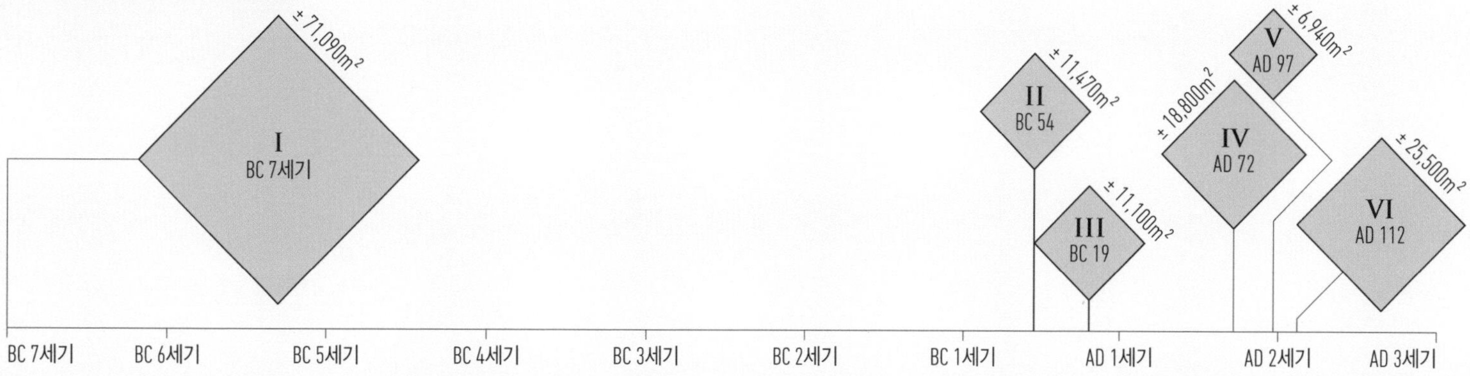

- Ⅰ BC 7세기 ±71,090m²
- Ⅱ BC 54 ±11,470m²
- Ⅲ BC 19 ±11,100m²
- Ⅳ AD 72 ±18,800m²
- Ⅴ AD 97 ±6,940m²
- Ⅵ AD 112 ±25,500m²

BC 7세기 | BC 6세기 | BC 5세기 | BC 4세기 | BC 3세기 | BC 2세기 | BC 1세기 | AD 1세기 | AD 2세기 | AD 3세기

로마의 건축물들은 수많은 건축가의 탄성을 자아냈다. 프랑스의 건축가 폴 비고는 1900년 이탈리아의 빌라 메디치에 머물며 로마의 건축을 연구했고 1908년부터는 기원후 4세기 초 로마시의 모습을 축소모형으로 만드는 데 전념했다. 마침내 광택을 입힌 석고 소재의 로마 축소모형 작품이 총 네 점 완성되었고, 그중 두 점은 각각 프랑스 파리의 그랑 팔레(현재는 강대학으로 이전)와 소르본대학(1968년에 훼손)으로 보내졌고, 하나는 1938년에 브뤼셀(이후 1950년에 생 캉트네르박물관에 전시)로, 나머지 하나는 미국 필라델피아(1914년경)로 보내졌다. 여러 번 수정을 거듭해 완성된 이 작품은 로마시 전체의 약 60% 범위를 1:400의 비율로 구현하고 있다. 1938년에는 이탈리아 파시즘 정부의 주도로 개최된 '아우구스투스 전시회'에 출품하기 위해 1:250의 비율로 새 모형이 제작되기도 했다. 도심부만을 중심으로 제작됐던 이 모형은 1945년 이후 아우렐리아누스 성벽까지 해당하는 도시 전체 영역으로 확장 증보되었고, 현재는 이탈리아 에우르의 로마문명박물관에 전시되어 있다.

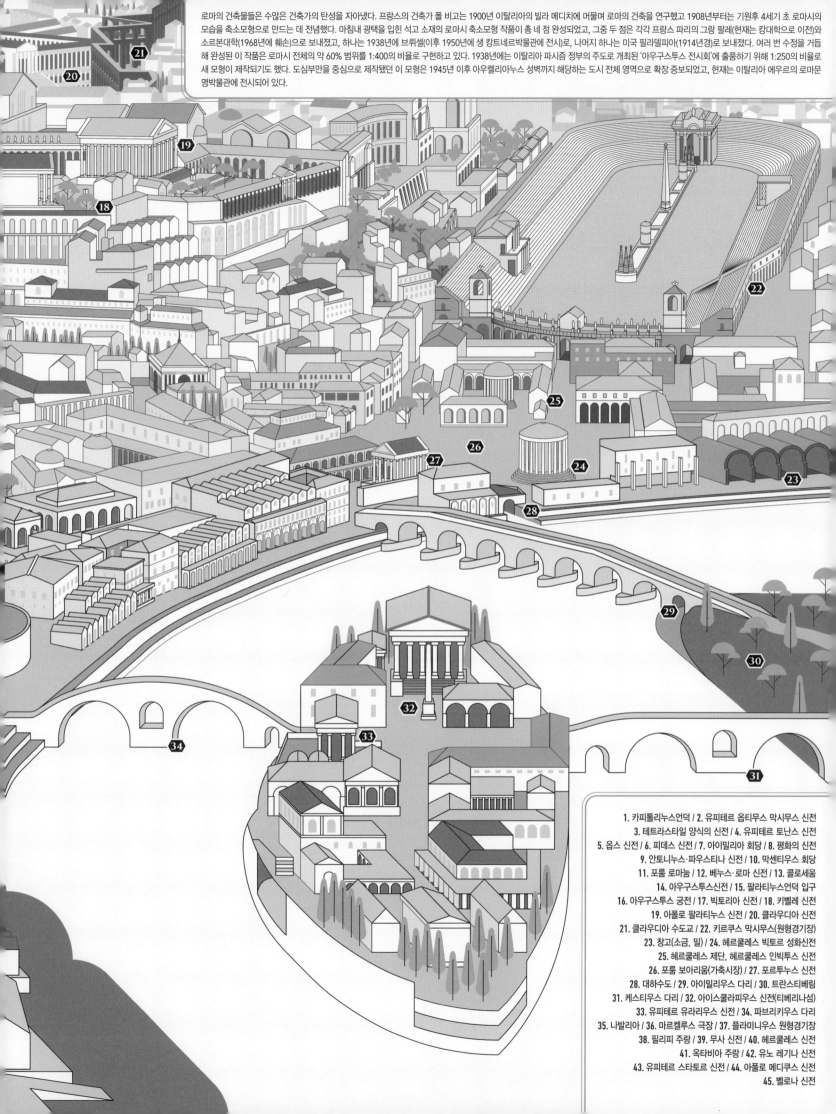

1. 카피톨리누스언덕 / 2. 유피테르 옵티무스 막시무스 신전
3. 테트라스타일 양식의 신전 / 4. 유피테르 토난스 신전
5. 옵스 신전 / 6. 피데스 신전 / 7. 아이밀리아 회당 / 8. 평화의 신전
9. 안토니누스·파우스티나 신전 / 10. 막센티우스 회당
11. 포룸 로마눔 / 12. 베누스·로마 신전 / 13. 콜로세움
14. 아우구스투스신전 / 15. 팔라티누스언덕 입구
16. 아우구스투스 궁전 / 17. 빅토리아 신전 / 18. 키벨레 신전
19. 아폴로 팔라티누스 신전 / 20. 클라우디아 신전
21. 클라우디아 수도교 / 22. 키르쿠스 막시무스(원형경기장)
23. 창고(소금, 밀) / 24. 헤르쿨레스 빅토르 성화신전
25. 헤르쿨레스 제단, 헤르쿨레스 인빅투스 신전
26. 포룸 보아리움(가축시장) / 27. 포르투누스 신전
28. 대하수도 / 29. 아이밀리우스 다리 / 30. 트란스티베림
31. 케스티우스 다리 / 32. 아이스쿨라피우스 신전(티베리나섬)
33. 유피테르 유라리우스 신전 / 34. 파브리키우스 다리
35. 나발리아 / 36. 마르켈루스 극장 / 37. 플라미니우스 원형경기장
38. 필리피 주랑 / 39. 무사 신전 / 40. 헤르쿨레스 신전
41. 옥타비아 주랑 / 42. 유노 레기나 신전
43. 유피테르 스타토르 신전 / 44. 아폴로 메디쿠스 신전
45. 벨로나 신전

로마의 사람들

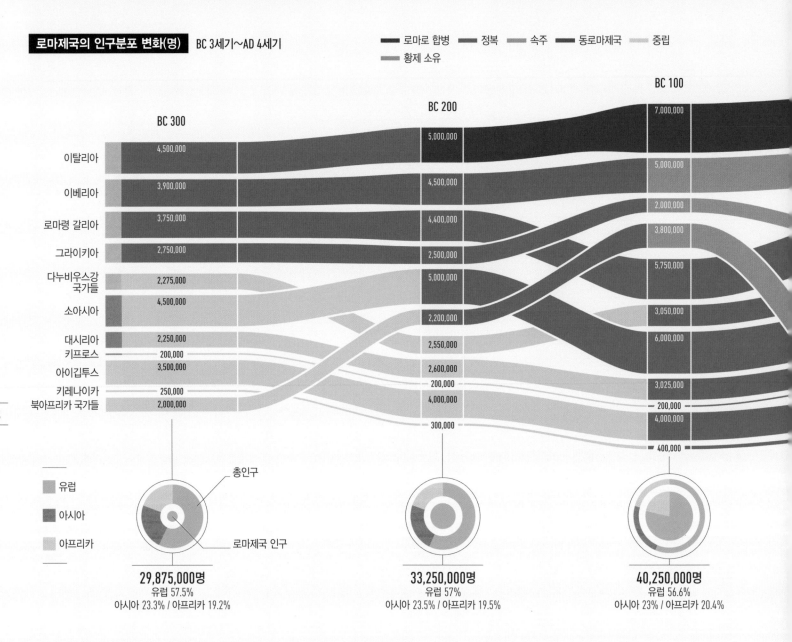

로마제국의 인구분포 변화(명) BC 3세기~AD 4세기

■ 로마로 합병 ■ 정복 ■ 속주 ■ 동로마제국 ▨ 중립
■ 황제 소유

BC 300 / BC 200 / BC 100

지역	BC 300	BC 200	BC 100
이탈리아	4,500,000	5,000,000	7,000,000
이베리아	3,900,000	4,500,000	5,000,000
로마령 갈리아	3,750,000	4,400,000	2,000,000
그라이키아	2,750,000	2,500,000	3,800,000
다누비우스강 국가들	2,275,000	5,000,000	5,750,000
소아시아	4,500,000	2,200,000	3,050,000
대시리아	2,250,000	2,550,000	6,000,000
키프로스	200,000		
아이깁투스	3,500,000	2,600,000	3,025,000
키레나이카	250,000	200,000	200,000
북아프리카 국가들	2,000,000	4,000,000	4,000,000
		300,000	400,000

■ 유럽
■ 아시아
■ 아프리카

총인구
로마제국 인구

29,875,000명
유럽 57.5%
아시아 23.3% / 아프리카 19.2%

33,250,000명
유럽 57%
아시아 23.5% / 아프리카 19.5%

40,250,000명
유럽 56.6%
아시아 23% / 아프리카 20.4%

1 • 인구 구성의 변화

고대의 인구 통계는 다루기 까다로운 주제 중 하나다. 자료들이 분산된 데다 그나마도 서로 모순되거나 불완전한 경우가 많고 정기적으로 집계된 경우가 매우 드물다. 따라서 연구가들은 몇 가지 수치를 통해 전체적인 통계치를 추정하는 것이 최선이다. 로마 인구 자료는 대부분 로마시민에 국한되었지만 때로는 로마시민의 친족까지 범위가 확장된 자료도 있다. 물론 지중해 세계 또는 로마 세계 전반의 인구 자료가 전혀 없는 것은 아니지만, 수십 번에 걸쳐 전해져 내려온 문학적 서술인 경우가 많아 신뢰하기는 어렵다. 그러므로 현대의 인구 통계 자료를 접할 때의 시각과는 다른 특수한 비판적 접근법을 지킬 필요가 있다.

인구분포에도 문제가 있다. 대부분의 인구 출처(주로 개정본)는 자유민 신분의 남성 로마시민만을 계산에 넣고 있기 때문이다. 여성이나 해방노예, 노예의 인구 정보를 얻을 수 있는 것은 제정기 이후의 자료뿐이다. 게다가 모든 노예가 같은 계층에 속하지 않았기에 주어진 자료에서 원하는 수치를 모두 얻기는 어렵다. 당시 일부 노예가 채석장, 광산, 대규모 농장 등의 열악한 환경에서 생활했다는 것은 이미 알려졌지만, 그들에 대한 구체적인 자료는 찾기가 어렵다. 현재 확인할 수 있는 노예 혹은 해방노예의 자료는 주로 도시에 거주한 노예 관련 자료인데, 오히려 이들은 일부 자유민이 부러워할 정도로 윤택한 생활 수준을 누리곤 했다. 따라서 로마의 인구 자료는 적절한 시기 등을 기준으로 정보를 취사선택할 필요가 있다.

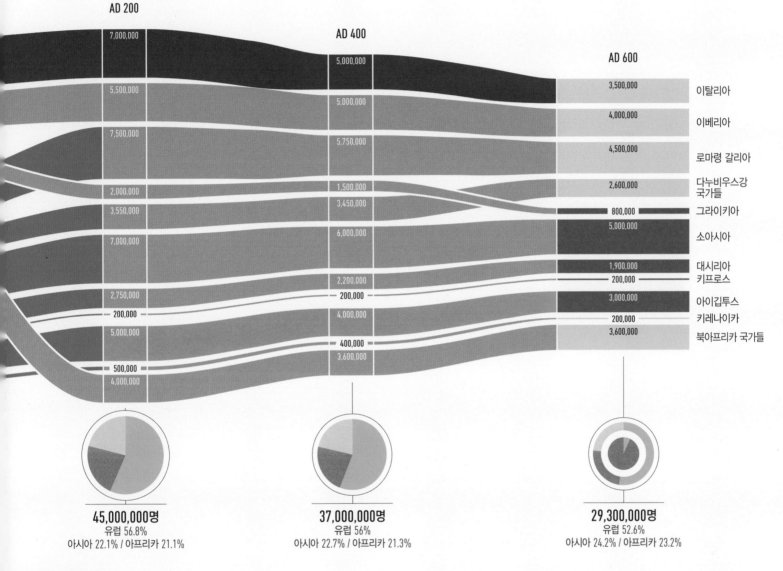

AD 200

7,000,000

5,500,000

7,500,000

2,000,000

3,550,000

7,000,000

2,750,000

200,000

5,000,000

500,000

4,000,000

AD 400

5,000,000

5,000,000

5,750,000

1,500,000

3,450,000

6,000,000

2,200,000

200,000

4,000,000

400,000

3,600,000

AD 600

3,500,000 — 이탈리아

4,000,000 — 이베리아

4,500,000 — 로마령 갈리아

2,600,000 — 다누비우스강 국가들

800,000 — 그라이키아

5,000,000 — 소아시아

1,900,000 — 대시리아
200,000 — 키프로스

3,000,000 — 아이깁투스
200,000 — 키레나이카

3,600,000 — 북아프리카 국가들

45,000,000명
유럽 56.8%
아시아 22.1% / 아프리카 21.1%

37,000,000명
유럽 56%
아시아 22.7% / 아프리카 21.3%

29,300,000명
유럽 52.6%
아시아 24.2% / 아프리카 23.2%

계층별 인구 비중 AD 14

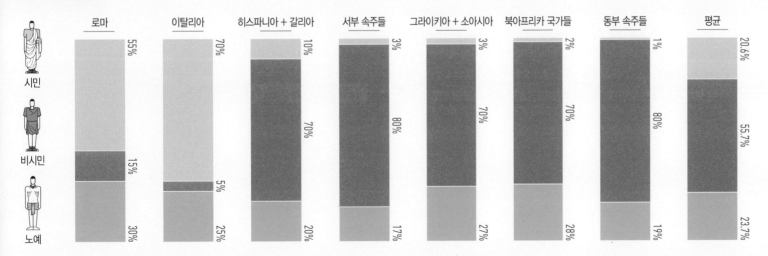

	로마	이탈리아	히스파니아 + 갈리아	서부 속주들	그라이키아 + 소아시아	북아프리카 국가들	동부 속주들	평균
시민	55%	70%	10%	3%	3%	2%	1%	20.6%
비시민	15%	5%	70%	80%	70%	70%	80%	55.7%
노예	30%	25%	20%	17%	27%	28%	19%	23.7%

2 • 법적 지위

고대 지중해 세계의 사회는 기원전 4세기부터 기원후 3세기까지 크게 변화했다. 로마 정복 시기와 상관없이 모든 도시의 사회가 특정한 법적 지위를 토대로 형성되었기 때문이다. 실로 오랜 기간에 걸쳐 유지된 로마의 막강한 패권은 서구사회에 영향을 미치지 않은 곳이 없다. 그러나 오직 로마사회만이 지닌 특징을 꼽자면 로마법에서는 개인 지위의 기반이 되는 시민권을 외국인(페레그리누스)은 물론 노예계급에도 부여했다는 점이다. 그래서 로마 세계에서 개인의 지위는 이중적이었다. 각 개인은 출신 도시에 뿌리를 두고 평생 그 시민권을 유지하되, 이와 별개로 로마시민권을 얻을 수도 있었다. 시민권 보유자는 충분한 경제적·학문적 배경을 갖췄다면, 즉 명문가 출신이라면 로마에서 정치활동에 참여할 수도 있고 심지어는 로마 기병대나 원로원에 들어갈 수도 있었다. 기원후 2세기에 들어서면서부터는 중범죄를 저지른 것만 아니라면 시민권을 쉽게 얻을 수 있었고 마침내 212년 안토니누스칙령이 선포되면서부터 누구나 시민권을 가질 수 있었다. 이로써 대다수가 이중시민권을 보유하게 됐지만 이와는 별개로 시민권을 바꾸기는 매우 어려웠다. 오로지 황제만이 개인 출신지의 시민권을 수정할 수 있었다.

로마 세계 내 외국인 인구가 계속 증가한 것은 정복지가 늘어났다는 의미이기도 했다. 212년 이후로 로마시민의 수는 약 4000만 명에 달했다. 이는 서구 세계 전체의 자유민 수에 가까웠다. 로마시민권이라는 고유한 특권을 모든 사람에게 확대한다는 것은 기원전 3세기부터 당시까지 서구 역사를 통틀어 전례 없는 일이었으며, 그 이후에도 찾아볼 수 없는 일이었다. 이로써 넓은 의미에서의 지중해 세계 자유민들은 누구나 이탈리아 또는 로마에 사는 로마인들과 동등한 법적 특권을 누렸고, 출신 도시의 법과 더불어 로마의 시민법을 적용받게 됐다. 이는 이후 근대법의 탄생에 영향을 미쳤다. 예를 들어 로마 혹은 속주(프로빙키아)의 정무관에 의해 유죄 판결을 받았거나 받을 예정인 로마시민은 누구든지 황제에게 직접 항소를 올릴 수 있었다. 또한 로마시민권의 혜택이 남성에게 우선으로 돌아갔던 것은 사실이나, 로마에서는 여성도 지중해 세계 그 어느 곳에서도 누릴 수 없었던 권리들을 가질 수 있었다.

고대사회의 또 다른 특징은 노예제도다. 로마의 노예 인구는 매우 오랫동안 시민 인구보다 많았다(외국인노예는 자료가 거의 없으므로 논외로 하였다). 하지만 로마에서는 합법적으로 노예해방이 가능했다. 실제로 제정 초기에는 노예해방에 제한을 뒀을 정도로 많은 이들이 노예신분에서 벗어나곤 했다. 특히 도시에서 일하는 노예, 즉 자기 가족과 수시로 만날 수 있는 노예가 주로 해방됐다. 해방된 노예는 자신을 해방한 주인의 가정에 일종의 가족 구성원의 역할로 통합되었다. 이들은 주인의 성을 따를 수가 있었고 마치 자녀처럼 전 주인을 주인이 아닌 가장으로 여겼다. 해방된 노예가 사망하면 유산이 주인에게 돌아가기도 했다. 물론 노예 출신이라는 낙인이 전혀 없었던 것은 아니라서 해방 후 다음 혹은 그다음 세대까지는 정치계에 참여할 수 없었다. 그런데도 해방노예는 분명 로마사회를 이루는 가장 역동적인 구성요소였다. 도시에 속한 노예나 황제의 노예 역시 해방될 수 있었다. 특히 황제의 노예는 해방 후 로마제국의 행정 분야에서 중요한 역할을 도맡기도 했다.

사회적 출신에 따른 법적 지위

지위의 연원

사회적 지위에 따른 인구변화 (노예는 추정치)

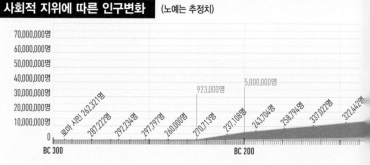

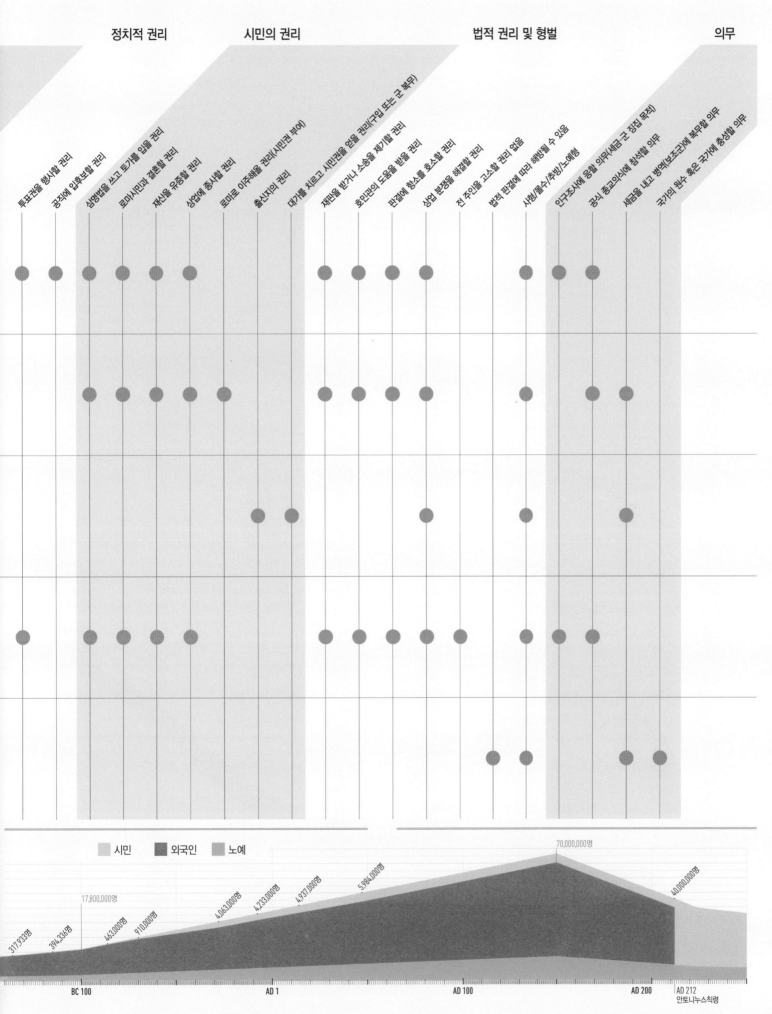

3 • 사회적·정치적 피호제, 클리엔텔라

로마사회는 시민의 재산을 경제적 기반으로 삼았다. 이를 위해 5년마다 두 차례에 걸친 인구조사를 실시했고, 도미티아누스황제 통치기부터는 황제가 직접 시민들의 재산을 파악하기도 했다. 공화정기의 로마사회에서는 가장 상위에 원로원의원과 기사계급이 있었다. 이 두 집단의 재산 수준은 비슷했는데, 원로원의원은 정계에서 활동한다는 차이만 있을 뿐 사실상 기사계급에 속한다고 봐도 무방

했다. 이들은 주로 선거를 준비하거나 자신의 피호인(클리엔테스)을 지원하는 데 재산을 소비하곤 했다. 원로원의원은 상업을 겸할 수 없었으므로 소비한 재산을 다시 축적하고자 법무관직과 집정관직을 거쳐 부유한 속주, 특히 전쟁 중인 속주의 총독으로 임명받기를 원했다. 한편 기사계급은 백인대장(켄투리오)이나 대대장(트리부누스 밀리툼)으로 지내면서 속주에서 세금 징수나 공공 배급에 관여하며 재산을 불리곤 했다. 게다가 기사계급은 상업활동을 통해 수익을 남기는 것도 가능했다.

클리엔텔라 제도 (공화정기)

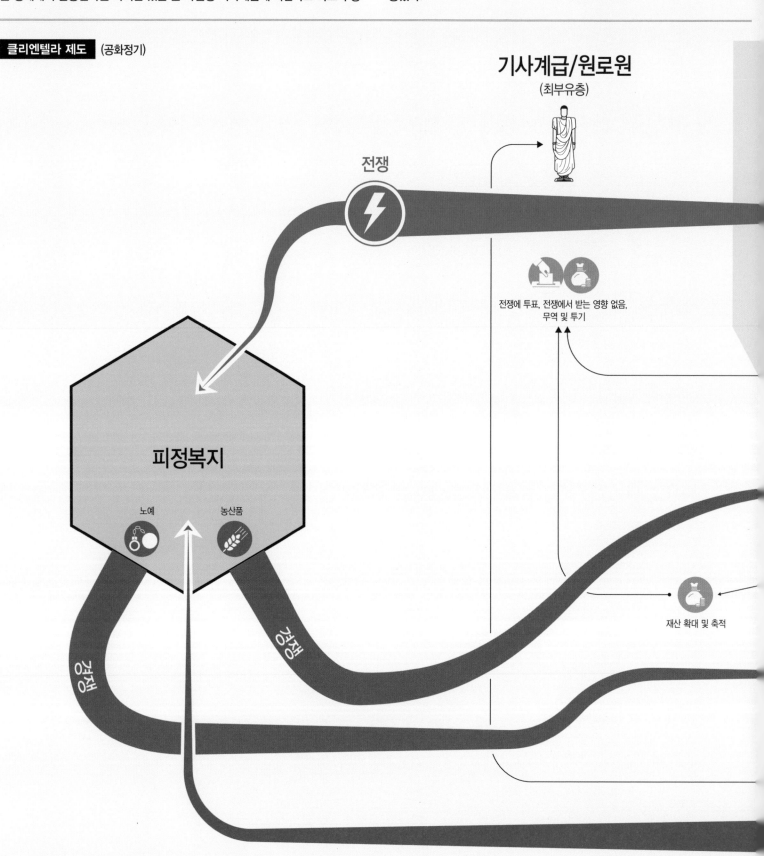

기사계급/원로원
(최부유층)

전쟁

전쟁에 투표, 전쟁에서 받는 영향 없음, 무역 및 투기

피정복지

노예   농산품

경제   경제

재산 확대 및 축적

로마의 평민층을 빈곤층과 혼동해서는 안 된다. 물론 도시에 거주하는 평민 중에는 빈곤에 가까운 생활을 하는 이들도 있었으나 사실 평민층 대부분은 상인 혹은 소지주로 일부는 오히려 부유했다. 군단 병력 대부분은 각자 소유한 재산에 따라 배정된 평민층이었지만, 군단의 지휘관직은 기사계급 또는 원로원 출신이 맡았다. 그런데 경제적 또는 군사적인 차원에서 변수가 생기면 이러한 체제는 무너지고 평민 중 하위 계층은 원로원이 속한 명문가의 피호인(클리엔테스)이 돼야 하는 상황에 빠졌지만, 피호인이 된 평민은 보다 쉽게 정치계에 발을 들일 수 있

었다. 이는 공화정 말기에 체제가 흔들렸던 원인이 되기도 했다. 전반적인 차원에서 볼 때 이러한 체제는 일단 한 번 무너지면 그 자체로 정복전쟁이나 내전의 한 원인이 됐다.

제정기에 들어선 뒤 이 체제가 없어지지는 않았지만 더 이상 부의 창출을 위해 속주 정부를 이용할 수 없게 되었고 군대마저 황제에게만 종속되고 말았다. 또한 실질적인 노동력은 대부분 자유민이 아닌 노예였다.

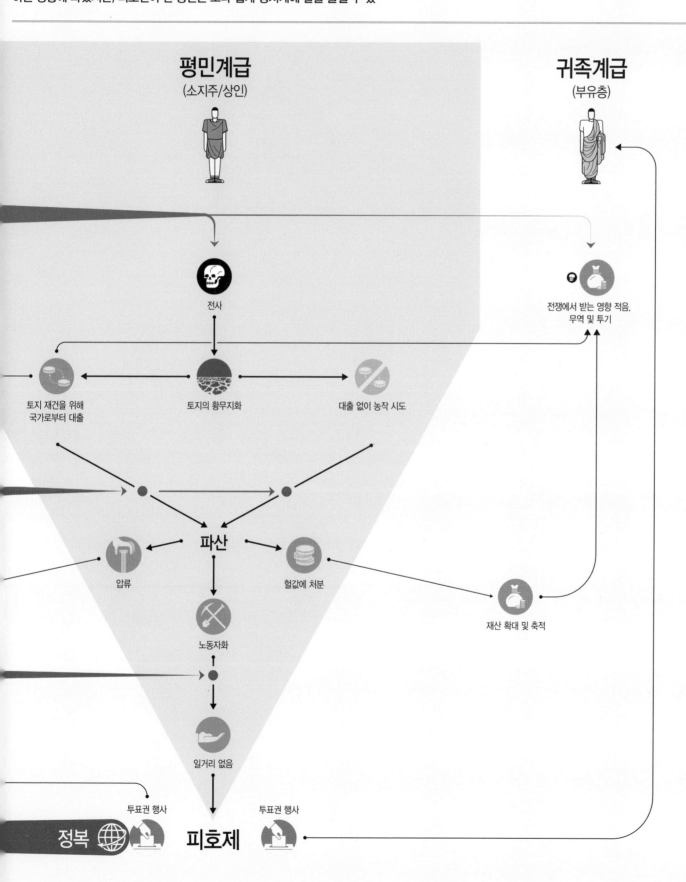

평민계급
(소지주/상인)

귀족계급
(부유층)

전사

전쟁에서 받는 영향 적음,
무역 및 투기

토지 재건을 위해
국가로부터 대출

토지의 황무지화

대출 없이 농작 시도

파산

압류

헐값에 처분

재산 확대 및 축적

노동자화

일거리 없음

투표권 행사

투표권 행사

정복

피호제

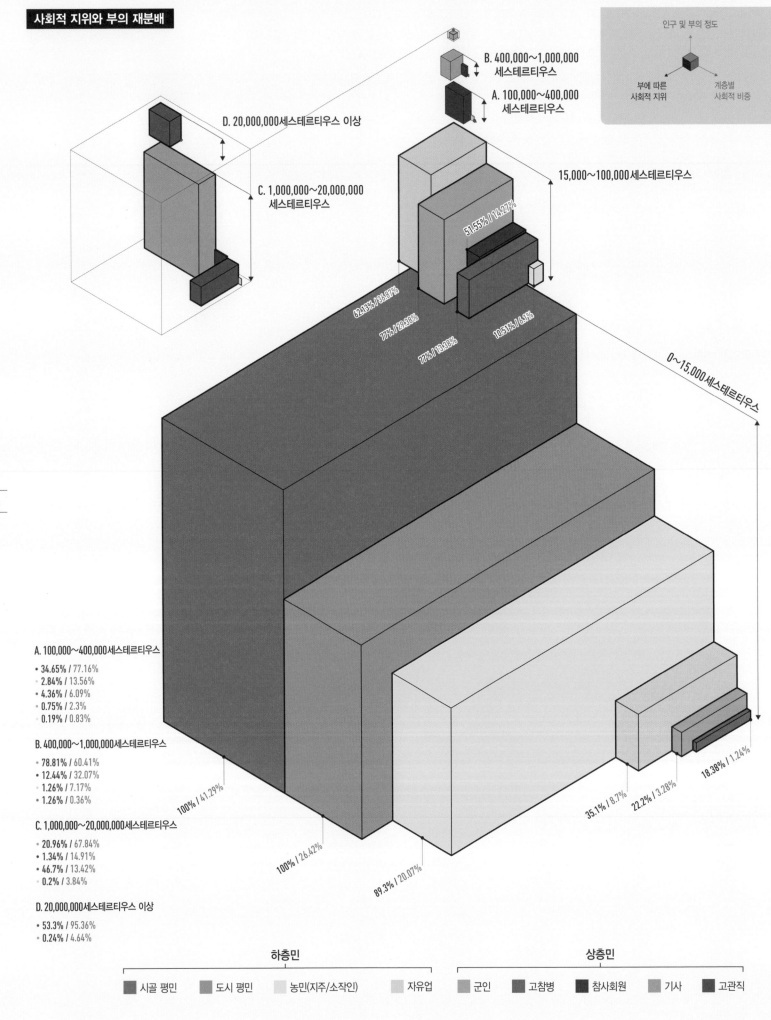

사회적 지위와 부의 재분배

B. 400,000~1,000,000 세스테르티우스

A. 100,000~400,000 세스테르티우스

D. 20,000,000세스테르티우스 이상

C. 1,000,000~20,000,000 세스테르티우스

인구 및 부의 정도

부에 따른 사회적 지위

계층별 사회적 비중

15,000~100,000세스테르티우스

51.55% / 14.27%

62.13% / 36.67%

77% / 29.39%

77% / 19.38%

10.57% / 6.1%

0~15,000 세스테르티우스

100% / 41.29%

100% / 26.42%

89.3% / 20.07%

35.1% / 8.7%

22.2% / 3.28%

18.38% / 1.24%

A. 100,000~400,000세스테르티우스

- 34.65% / 77.16%
- 2.84% / 13.56%
- 4.36% / 6.09%
- 0.75% / 2.3%
- 0.19% / 0.83%

B. 400,000~1,000,000세스테르티우스

- 78.81% / 60.41%
- 12.44% / 32.07%
- 1.26% / 7.17%
- 1.26% / 0.36%

C. 1,000,000~20,000,000세스테르티우스

- 20.96% / 67.84%
- 1.34% / 14.91%
- 46.7% / 13.42%
- 0.2% / 3.84%

D. 20,000,000세스테르티우스 이상

- 53.3% / 95.36%
- 0.24% / 4.64%

하층민 · 상층민

시골 평민 · 도시 평민 · 농민(지주/소작인) · 자유업 · 군인 · 고참병 · 참사회원 · 기사 · 고관직

4 • 사회구조

아래 도식은 로마시민 가정의 구조를 표현한 것이지만 사실 기원후 3세기 이후 서구 세계 전반의 가족구조와 크게 다르지 않다. 심지어 여성의 지위가 달랐던 그 라이키아어권 사회의 가족구조와도 유사하다. 다만 여기서는 로마의 가족구조는 물론 로마시민과 그 가족 구성원 사이의 권리들을 함께 보여주고 있다.

적어도 아우구스투스황제 통치 전까지는 가장이 모든 권리를 가지고 있었다. 반면 아우구스투스 통치기에 들어선 뒤로는 간통이 일어나면 사법부가 직접 개입할 수도 있었고, 한 여성이 자녀를 세 명 이상 출산하면 남성의 후견에서 완전히 벗어날 수도 있었다. 가정(도무스)의 모든 구성원은 가장의 권한에 종속됐다. 노예나 하인, 그리고 로마시민이 된 해방노예도 가족(파밀리아)에 속해 가장의 권위 아래에 있었다. '파밀리아'라는 단어 자체도 시중드는 일꾼을 일컫는 '파물루스'라는 단어에서 파생됐다. 한편 로마에는 젠스 율리아, 젠스 클라우디아, 젠스 코르넬리아 등 한 조상 아래에서 파생된 모든 후손을 한데 모은 거대 가문(젠테스)들이 존재했는데, 이 가문들은 피호인을 두곤 했다. 피호인은 해당 가정의 가장 및 가족과 경제·정치·친선 등의 분야에서 긴밀한 관계를 유지했다. 더 나은 삶을 바라는 평민이 피호인이 되기도 했지만, 때로는 거대 가문의 지지를 받고자 피호인이 되는 기사 또는 원로원의원도 있었다. 폼페이나 움브리아 등의 이탈리아 도시나 속주 자체가 피호제의 혜택을 받기도 했다. 거대 가문의 가장과 공식적으로 계약하여 피호공동체의 지위를 얻는 식이었다. 피호인이 보호 가문의 지원을 기대하는 것처럼, 반대로 보호 가문은 피호인의 정치적·군사적 지원을 기대하는 것이 일반적이었다.

로마의 가족구조와 사회적 관계

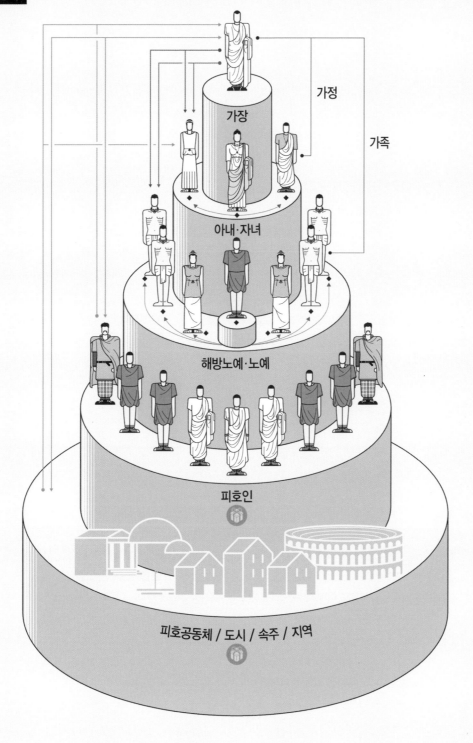

로마 여성의 삶

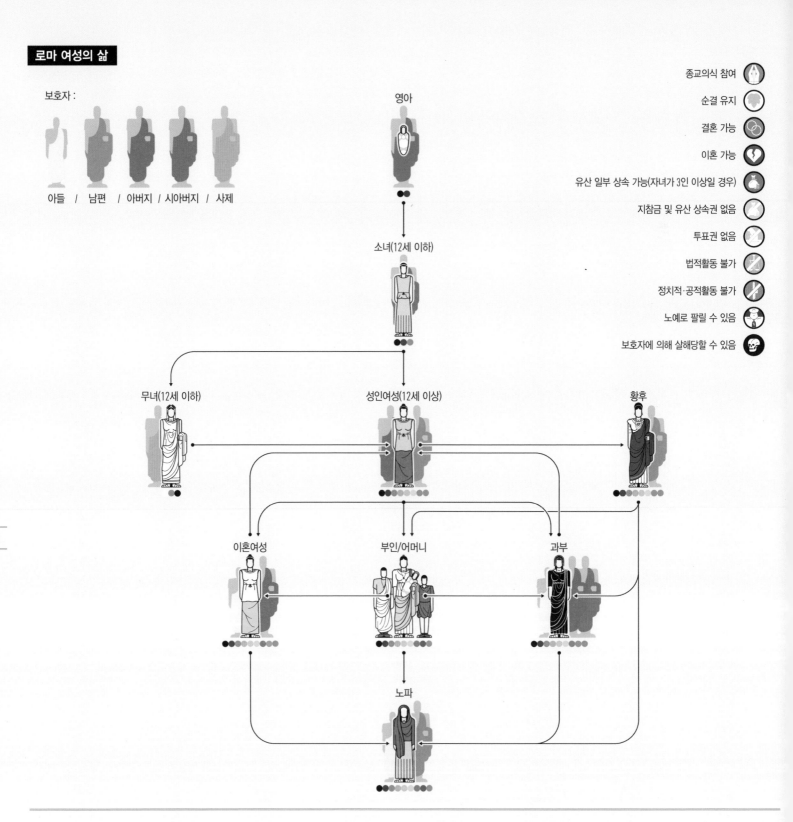

보호자 :

아들 / 남편 / 아버지 / 시아버지 / 사제

영아

소녀(12세 이하)

무녀(12세 이하)

성인여성(12세 이상)

황후

이혼여성

부인/어머니

과부

노파

종교의식 참여

순결 유지

결혼 가능

이혼 가능

유산 일부 상속 가능(자녀가 3인 이상일 경우)

지참금 및 유산 상속권 없음

투표권 없음

법적활동 불가

정치적·공적활동 불가

노예로 팔릴 수 있음

보호자에 의해 살해당할 수 있음

출생 후 가장에게 구성원으로 받아들여진 여자아이는 소녀(비르고)라고 불리며 남아와 마찬가지로 가족의 종교의식에 참여하곤 했다. 특히 명문가 출신은 지역 축제나 공식의례에도 참여했다. 12세부터는 결혼 적령기에 들어서는데, 로마의 제도에 따르면 여성은 결혼과 동시에 남편의 권위에 종속되기도 하지만 종전대로 아버지의 권위 아래에 머무를 수도 있었다. 결혼 지참금도 아버지 혹은 남편에게 귀속됐다. 로마 여성이 로마시민이 아닌 남성과 결혼하는 것은 축첩으로만 가능했다. 6~10세가 되면 최고신관에게 무녀(베스탈)로 선발(캅타)될 수 있었는데, 이렇게 뽑힌 6명의 무녀(고대 후기에는 7명이었을 것으로 추정)들은 함께 포룸에 있는 베스타 신전의 성화를 지켰다. 이 성화는 왕정기부터 유지된 것으로 추정되는데, 기원후 391년 테오도시우스황제의 명령으로 꺼졌다. 베스타 무녀는 약 30년의 임기 동안 반드시 순결을 지켜야 했다. 이들은 최고신관의 권위에 종속되었고, 공적인 삶에서 많은 혜택을 누릴 수 있었다.

'마트로나'라고 불리던 기혼여성의 지위는 제정기에 들어서며 다소 개선되었으나, 그래도 명문가에서는 여전히 아버지가 직접 딸의 남편감을 선택하곤 했다. 심지어 2~3세인 어린 딸의 남편을 예정해두기도 했다. 그러나 이혼이 어렵지는 않았다. 상황에 따라 차이는 있으나 재혼하지 않은 이혼여성이나 사별로 인해 과부가 된 여성은 대부분 전남편이나 아버지, 시아버지의 권위에 종속되는 경우가 많았다. 물론 이러한 관습은 전부 부유층의 사례일 뿐, 그 외 계층 여성들의 삶은 거의 알려지지 않았다.

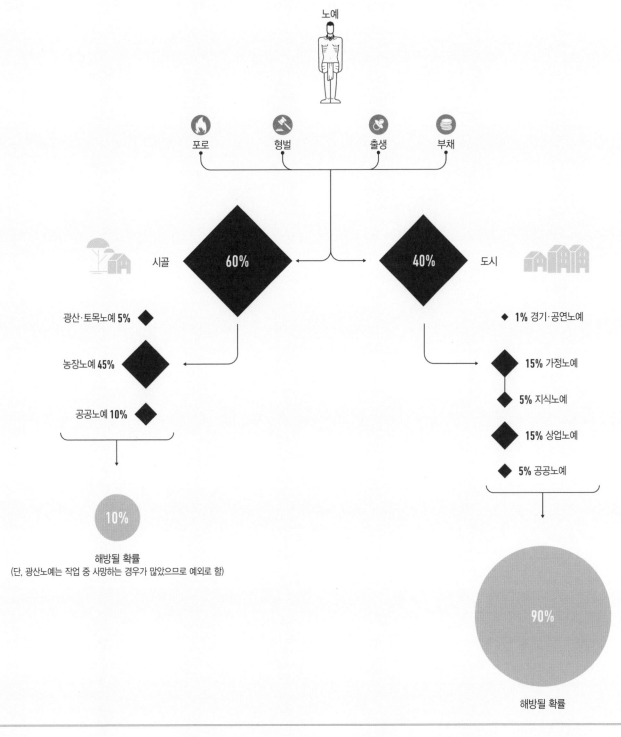

노예

포로 　 형벌 　 출생 　 부채

시골 60% → ← 40% 도시

광산·토목노예 5%

농장노예 45%

공공노예 10%

10%

해방될 확률
(단, 광산노예는 작업 중 사망하는 경우가 많았으므로 예외로 함)

◆ 1% 경기·공연노예

15% 가정노예

5% 지식노예

15% 상업노예

5% 공공노예

90%

해방될 확률

여느 지중해 국가들처럼 로마에서도 노예제도가 성행했다. 노예가 되는 가장 흔한 원인은 바로 전쟁포로였다. 물론 노예형을 선고받거나, 부채를 갚지 못해 채권자에게 스스로를 노예로 팔기도 했다. 또한 노예의 자녀로 태어나 출생과 동시에 노예가 되기도 했다. 대규모 정복전쟁이 줄어들기 시작한 2세기 중반까지만 해도 노예의 수는 시민의 수보다 더 많았다. 노예는 다양한 분야에 투입되었다. 특히 노예형을 받은 자들은 주로 광산으로 보내졌는데 이들은 오래 버티지 못하고 일찍 목숨을 잃는 경우가 많았다. 보통 도시노예보다 인구가 많았던 시골노예 중에는 농장노예가 큰 비중을 차지했다. 대규모 농작지나 작은 규모의 농장 모두 노예의 손으로 경작되었으며 심지어 노예에게 전권을 맡기고 주인은 부재하는 경우도 적지 않았다. 농장노예 중에서도 사슬에 묶인 채 노동을 해야 하는 노예와 감독관 역할을 하는 노예의 삶은 차이가 있었다. 또한 시골노예는 해방될 확률이 매우 낮았다. 반면 도시노예의 운명은 나은 편이었다. 도시노예의 종류는 매우 다양했다. 가사, 수공업, 교육 등에 종사하는 노예도 있었고 일부는 상업에 종사하기도 했으며 특히 사업가는 물론 공연이나 경기를 기획하는 이들도 노예를 두곤 했다. 노예를 둔 주인은 노예끼리의 결혼을 허가해줬고 노예가 '파밀리아'를 이루어 인구를 늘릴 수 있도록 권장했다. 로마시는 물론 이탈리아 도시들이나 속주들 역시 행정노예를 두고 있었으며, 제정기에는 황제가 행정기관 또는 개인 영역에 노예를 두기도 했다.

갈리아 루그두넨시스

부족명 / 도시명(현재 지명)
1. 오시스미족 / 보르기움(카르엑스)
2. 베네티족 / 도리오리툼(반)
3. 코리오솔리테스족 / 파눔 마르티스(코르쇨)
4. 남네테스족 / 포르투스 남네티스(낭트)
5. 레도네스족 / 콘타테스(렌)
6. 아브린카튀족 / 잉게나(아브랑슈)
7. 베넬리족 / 코세디아(쿠탕스)
8. 바이오카세스족 / 아우구스토도룸(바이외)
9. 비두카세스족 / 아르게누스(비외)
10. 칼레테스족 / 율리오보나(릴본)
11. 벨리오카세스족 / 로토마구스(루앙)
12. 렉소비이족 / 노비오마구스(리지외)
13. 아울레르키 에부로비케스족 / 메디올라눔(에브뢰)
14. 에수비이족 / 사기이(세에)
15. 아울레르키 디아블린테스족 / 노비오두눔(쥐블랭)
16. 안데카비족 / 율리오마구스(앙제)
17. 케노마니족 / 빈디눔(르망)
18. 투로네스족 / 카이사로두눔(투르)
19. 카르누테스족 / 아우트리쿰(샤르트르)
20. 파리시오족 / 루테티아(파리)
21. 세노네스족 / 아게딩쿰(상스)
22. 트리카세스족 / 아우구스토보나(트루아)
23. 아이뒤족 / 아우구스토두눔(오툉)
24. 세구시아비족 / 포룸 세구시아보룸(푀르)
25. 식민시 코피아 클라우디아 아우구스타 루그두눔(리옹)

갈리아 아퀴타니아

부족명 / 도시명(현재 지명)
1. 픽토네스족 / 리모눔(푸아티에)
2. 비투리게스족 / 아바리쿰(부르주)
3. 아르베르니족 / 아우구스토네메툼(클레르몽)
4. 벨라비족 / 루에시오(르퓌)
5. 가발레스족 / 안데리툼(자볼스)
6. 루테니족 / 세고두니움(로데즈)
7. 카두르키족 / 디보나(카오르)
8. 락토라테스족 / 식민시 락토라(렉투르)
9. 아우스키족 / 아우구스타 아우스키이(오슈)
10. 콘베나이족 / 루그두눔 콘베나룸(생 베르트랑 드 코망주)
11. 엘루사테스족 / 식민시 엘루사(오즈)
12. 타르벨리족 / 아콰이 아우구스타(악스 레 테름)
13. 보이이족 / 보이오스(라모트)
14. 비투리게스족 / 부르디갈라(보르도)
15. 바사테스족 / 코시움(바사스)
16. 니티오브로게스족 / 아기눔(아쟁)
17. 페트로코리이족 / 베순나(페리괴)
18. 산토네스족 / 메디올라눔(생트)
19. 오시스미이족 / 보르기움(카르엑스)

갈리아 나르보넨시스

부족명 / 도시명(현재 지명)
1. 알로브로게스족 / 식민시 율리아 비엔나(빈)
2. 보콘티족 / 식민시 발렌티아(발랑스)
3. 데아 아우구스타 보콘티오룸(디에)
4. 바핑쿰(가프)
5. 헬비족 / 알바 헬보룸(알베)
6. 트카스티니족 / 아우구스타 트리카스티니(생 폴 트루아 샤토)
7. 바시오 보콘티오룸(베종 라 로멘)
8. 식민시 피르마 율리아 세쿤다노룸 아라우시오(오랑주)
9. 메미니이족 / 카르펜토락테 메미노룸(카르팡트라스)
10. 소기온티족 / 소기온티오룸(시스트롱)
11. 레이족 / 식민시 율리아 아우구스타 아폴리나리움 레이오룸(리예스)
12. 식민시 옥타바노룸 파카타 포룸 율리(프레쥐스)
13. 안티폴리스(앙티브)
14. 살루비이족 / 툴리아(툴롱)
15. 마실리아(마르세유)
16. 식민시 율리아 아우구스타 아콰이 섹스티아이(엑스)
17. 식민시 율리아 아프타(아프트)
18. 카벨리오(카바이용)
19. 식민시 율리아 파테르나 아렐라텐시움 섹스타노룸(아를)
20. 글라눔(생레미)
21. 식민시 아우구스타 네마우수스(님)
22. 아레코미키족 / 클라우디아 루테바(로데브)
23. 식민시 율리아 셉티마노룸 바이테라이(베지에르)
24. 아가타(아그드)
25. 식민시 율리아 파테르나 클라우디 나르보 마르티우스(나르본)
26. 식민시 율리아 카르카소(카르카손)
27. 식민시 율리아 루스키노(샤토 루시용)
28. 텍토사기이족 / 톨로사(툴루즈)

브리탄니아

갈리아 루그두넨시스

갈리아 아퀴타니아

갈리아 나르보넨시스

라이티아

이탈리아

히스파니아

식민시(콜로니아) ●
갈리아 코마타의 수도 ★

0km   100km

로마 세계에서 도시(폴리스, 키비타스)는 단순한 행정구역이 아닌, 자체적인 헌법과 차별적인 지위를 지닌 독특한 형태의 독립체를 의미했다. 대부분의 외국 도시는 고유한 시민법이 있었다. 하지만 식민시(콜로니아)나 자치시(무니키피움) 같은 로마식 공동체는 정도의 차이는 있지만 주로 로마의 제도를 따라가곤 했다. 각 도시에 부여되는 지위는 대부분 로마에 정복되는 순간 결정되기도 했지만 정복 이후에 단계적으로 승급되기도 했다. 제정기의 로마 도시들은 가장 명예로운 지위인 식민시 타이틀을 얻기 위해 애를 썼다.

자치시나 식민시에는 라틴시민권이 적용되었으며 나아가 식민시는 완전한 로마시민권을 부여받을 수도 있었다. 라틴시민권은 로마가 기원전 5세기부터 기원전 1세기까지 이탈리아 도시들에 부여한 공동체 혹은 개인의 권리로, 로마시민권의 일부 권한만을 부여한 것이었다. 하지만 이탈리아의 도시들은 제한적인 시민권에 불만을 품었고, 이렇게 시작된 라틴시민권 문제는 결국 동맹시전쟁(기원전 90~89년)으로 막을 내렸다. 이후 라틴시민권은 도시 또는 지역 전체를 로마제국으로 통합시키는 수단이 되었다. 선택받은 일부 속주의 거주민은 일괄적으로 라틴시민권을 부여받았으며, 제정기에는 도시의 정무관과 그의 가족은 모든 권한을 포함한 로마시민권을 얻었다.

한편 동맹시전쟁 이후로 모든 로마인은 이중시민권을 가졌다. 출신 도시의 시민권을 유지하되, 로마시민이 되면 로마시민권도 부여받을 수 있었기 때문이

포룸 하드리아니
(보르뷔르흐)

울피아·노비오마구스
(네이메헌)

콜로니아 울피마 트라야나

게르마니아
인페리오르

콜로니아 클라우디아
아라 아그리피넨시스
(쾰른)

메나피이족

모리니족

카스텔룸 메나피오룸
(카셀)

타르반나
(테루안)

아투아투카
(통에런)

네르비이족

아콰이 마티아코룸
(비스바덴)

아트레바테스족

네메타쿰
(아라스)

바가쿰
(바베)

암비아니족

보르베토마구스
(보름스)

사마로브리바
(아미앵)

비로만뒤족

트레베리족

아우구스타 트레베로룸
(트리어)

게르마니아
수페리오르

아우구스타 비로만두오룸
(생 캉탱)

갈리아
벨기카

벨로바키족

수에시오네스족

레미족

카이사로마구스
(보베)

메디오마트리키족

디보두룸
(메츠)

실바넥테스족

아우구스타 수에시오눔
(수아송)

두로코르토룸
(랭스)

아우구스토마구스
(상리스)

멜디족

브루코마구스
(브뤼마트)

란티눔
(모)

루테티아
(파리)

갈리아
루그두넨시스

툴룸
(툴)

레우키족

아게딘쿰
(상스)

안데만투눔
(랑그르)

로마 도로
속주 경계
도시국가·도시 경계
XXX 부족명
속주 수도
도시국가
비쿠스/도시권(알려진 것만)
임시·영구 숙영지(알려진 것만)

33

었다. 예를 들어 로마의 유명한 정치가 키케로도 출신지인 아르피눔시의 시민이 자 로마의 시민이었다. 결국 제정기 로마시민의 공적 지위는 그들이 태어난 이탈리아 도시 또는 속주에 따라 정해졌다. 이중시민권을 가지면 공직을 이중으로 맡을 수도 있었는데, 특히 부유층이 그랬다. 예를 들어 출신지에서 정무관, 후원가 등으로 활동하면서 로마에서는 기사계급이나 원로원에 들어갈 수 있었다. 그런데 출신지의 시민권을 바꾸는 것은 거의 불가능했다. 그래도 다른 이탈리아 도시나 속주와 개인적으로 긴밀한 관계를 쌓아왔다면 모든 의무를 수용하는 조건으로 그곳의 거주민신분을 얻을 수 있었다. 이탈리아 외의 외국 도시 출신자는 해당 도시의 시민권을 가지면서 로마시민권을 얻을 수 있었으나 기원후 212년부터는

로마제국의 모든 자유민이 로마시민권을 부여받게 되었다.

　도시들은 본래의 것을 유지하거나 로마의 체제를 본떠 각각 고유한 체제를 갖추었다. 그러나 도시에 거주하지 않는 개인 또는 부족을 제외하면 대부분 유사한 체제로 운용했다. 각 도시에는 시민들이 있고, 이 시민들은 투표를 통해 법을 정하며 정무관과 사제들을 선출했다. 해마다 선출되는 정무관들은 시민들을 다스렸다. 지역의회(원로원, 참사회, 그라이키아식 의회인 '불레')는 정무관 출신들로 구성되었으며 자문단의 역할을 했다. 법을 시행하는 정무관은 대도시에서 사건 대부분의 판결을 직접 내렸으나 소도시에서는 로마 총독이 순방했을 때 판결을 내렸다. 또한 각 도시의 정무관은 세금을 징수했다.

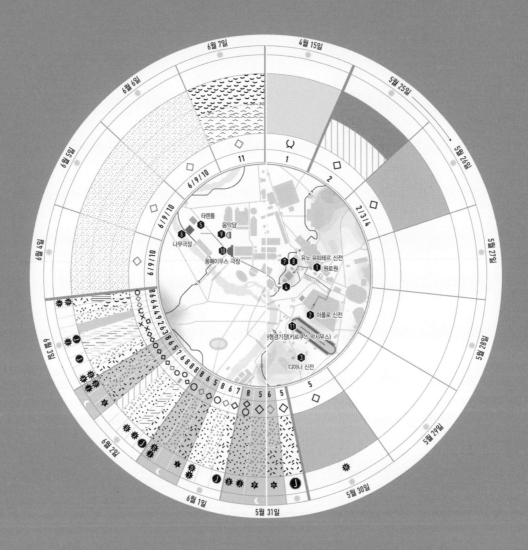

2

로마의 정치, 종교, 사회

로마의 정치체제

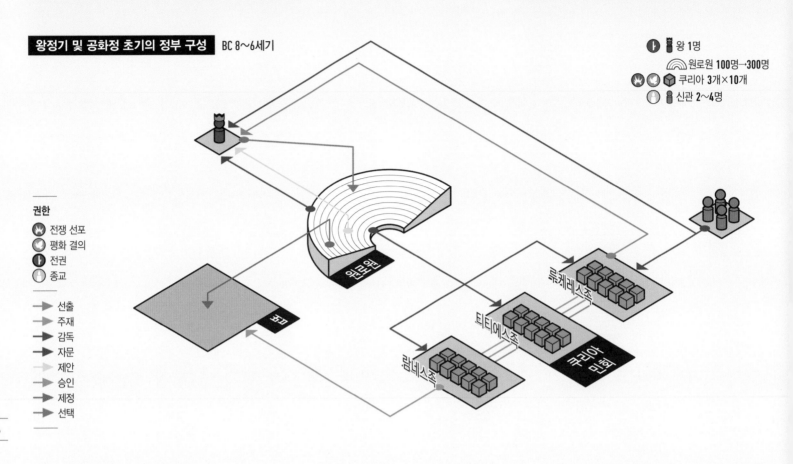

왕정기 및 공화정 초기의 정부 구성 BC 8~6세기

왕 1명
원로원 100명→300명
쿠리아 3개×10개
신관 2~4명

권한
- 전쟁 선포
- 평화 결의
- 전권
- 종교

- ➡ 선출
- ➡ 주재
- ➡ 감독
- ➡ 자문
- ➡ 제안
- ➡ 승인
- ➡ 제정
- ➡ 선택

람네스족   티티에스족   류케레스족   쿠리아 민회   왕   원로원

1 • 제정기 이전까지의 정치체제

로마는 기원후 4세기까지도 스스로를 '공화국'이라고 칭했다. 로마의 공식 명칭도 '로마인민과 로마시민(포풀리 로마니 퀴리티움)'의 '공적인 일(레스 푸블리카)'이라고 명시되어 있었다. 여기서 '로마인민'이란 군복무를 할 수 있으며 일반 투표에 참여할 수 있고 정무관들의 통치를 받는 로마인들을 의미했다. 다시 말해 로마인이 곧 로마라는 국가를 상징하는 것이었다. 한편 '로마시민'은 '로마인민을 구성하는 공민'을 의미했다. 국가를 정의하는 이러한 방식은 면밀한 정확성이 로마식 철학에서 중대한 역할을 했음을 보여 준다.

로마의 인민은 군대의 신병 모집 기준이 되기도 하는 민회(코미티아)들로 이루어졌다. 왕정 초기의 민회(코미티아 쿠리아타)는 세 개의 쿠리아로 구성되었으나 이후 그 숫자는 30개(각 쿠리아당 10개로 나뉨)로 증가했다. 이 민회들은 공화정 말까지도 유지되다가 이후에는 공동축제를 여는 등 종교적인 차원에서만 쓰이게 되었지만, 그럼에도 고위정무관(집정관, 법무관)에게 명령권(임페리움)을 부여해주는 쿠리아법(렉스 쿠리아타)을 통과시킨 역할을 한 것도 바로 민회공동체였다.

전해지는 바에 따르면 왕정기 말기에 새로운 민회가 만들어졌는데, 군사적 단위인 백인대(켄투리아)를 기반으로 하는 켄투리아민회(코미티아 켄투리아타)가 바로 그것이었다. 켄투리아민회는 일종의 군사 조직으로 분류돼 로마성벽 내로 들어가지 못하고 항상 캄푸스 마르티우스에서 민회를 열어야 했다. 공화정기 로마인들은 재산 규모에 따라 총 193개의 켄투리아(기병 켄투리아 18개, 보병 켄투리

아 170개, 비무장병 켄투리아 5개)에 배정되었다. 또한 이렇게 켄투리아에 속한 로마시민은 5년마다 인구조사를 통해 등록지를 기준으로 35개 부족(트리부스, 단 그중 4개가 로마의 트리부스였다)으로 분류되었다. 켄투리아민회는 정무관과 사제들을 선출하고 법안을 표결했다. 중범죄 재판에도 참여하였으며 특히 기원전 1세기부터는 국가반역죄 재판의 판결을 결의하기도 했다. 한편 평민들은 일찍부터 평민회를 결성해 평민 대표인 호민관을 선출하고 투표를 통해 결의하곤 했다. 본래 시민 등록지에서만 열리던 평민회는 이후 트리부스민회와 함께 포럼에서 열리는 민회로 자리 잡았다. 이들은 법을 표결하고, 하위정무관(재무관, 조영관)과 평민 정무관(호민관, 평민 조영관)을 선출했으며, 국가범죄 재판을 시행할 수도 있었다.

고위정무관(집정관, 법무관)은 민회를 주재했고, 로마와 속주들을 다스렸으며, 군대에 명령을 내릴 수 있었다. 민회는 물론 원로원(정무관 출신자 100명으로 구성되었다가 이후 300명, 600명까지 늘어났다), 재판 등의 소집과 주재를 맡기도 했다.

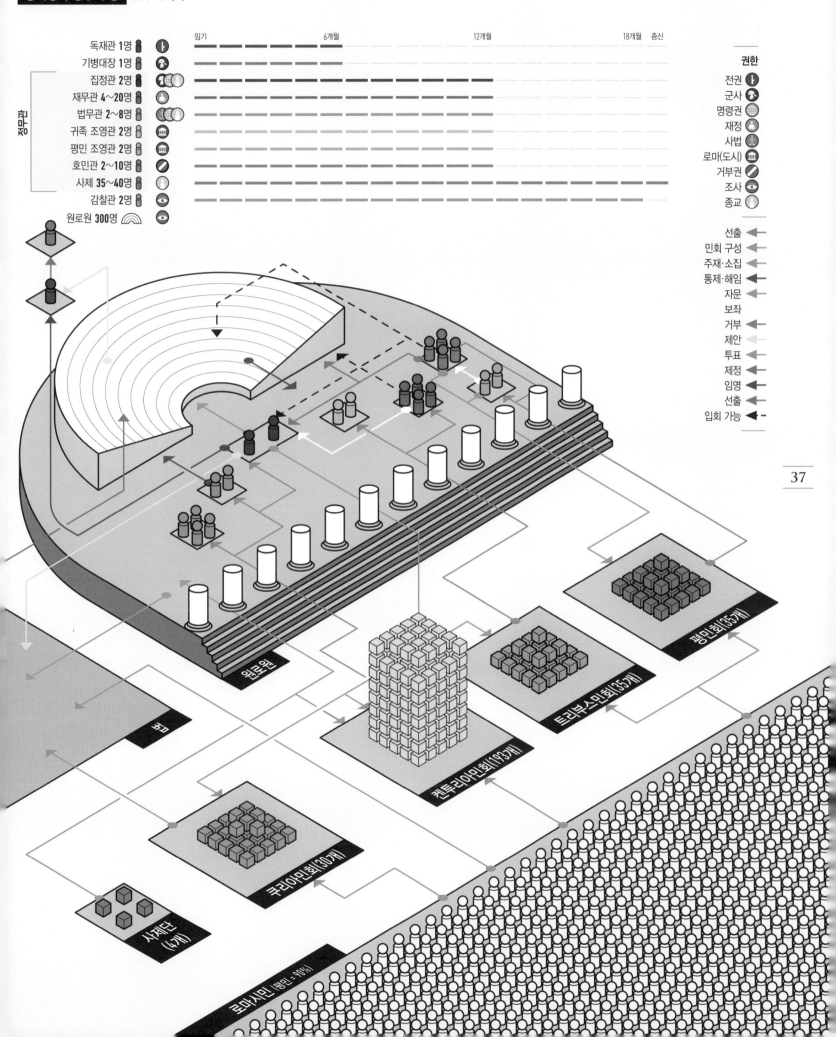

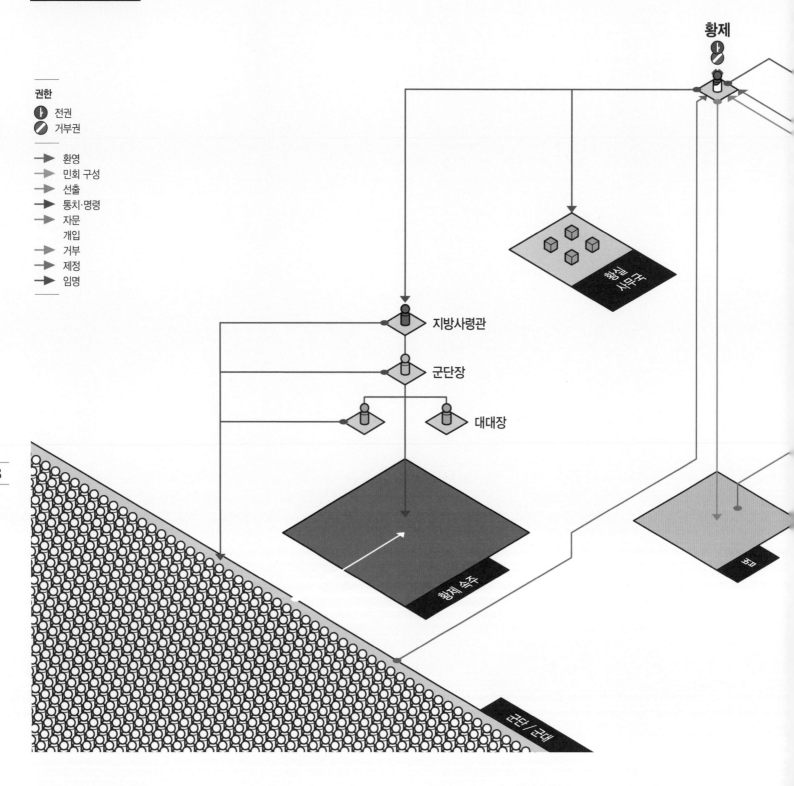

권한

⏺ 전권
⏀ 거부권

➡ 환영
➡ 민회 구성
➡ 선출
➡ 통치·명령
➡ 자문
　 개입
➡ 거부
➡ 제정
➡ 임명

황제

지방사령관

군단장

대대장

2 • 제정기의 정치체제

제정기에 접어들고 처음 300년 동안은 민회, 관직 등의 체제들이 공화정기와 큰 차이 없이 유지됐다. 다만 이는 속주를 통치하거나 군대(부관 또는 '레가투스'라 불리는 군단장 역할)를 통솔하고 시설(식량 공급, 로마·이탈리아 통치, 도로, 티베리스강 연안, 수도교 등)을 관리할 고위정무관을 충분히 확보하기 위해 집정관 수가 늘어났다. 그러나 가장 큰 변화는 바로 원로원이나 정무관들과는 별개로 존재하는 '황제'라는 직위가 생겨난 것이었다.

제1인자라는 의미에서 '프린켑스'라고도 불리던 로마의 황제에게는 여러 책임이 동반됐다. 그 책임에는 군대가 주둔 중인 속주의 통치, 로마와 이탈리아의 치안, 식량 공급 등도 포함되었다. 클라우디우스황제(기원후 41~54년 재위) 통치기부터는 기사계급이 도맡아 하던 황실행정도 점차 변화하기 시작했고, 이로써 황제는 모든 분야에 관여할 수 있게 되었다. 황제는 정무관들의 권한을 부여받아 특히 고위정무관(집정관, 법무관)에게 주어지는 명령권이나 호민관의 특권(포테스타스)도 사용할 수 있었다. 제정기 초기에는 이런 권한들에 1년, 5년, 10년의 기한을 두도록 하였지만 이는 이내 유명무실한 제도가 되었다. 때로는 황제 스스로가

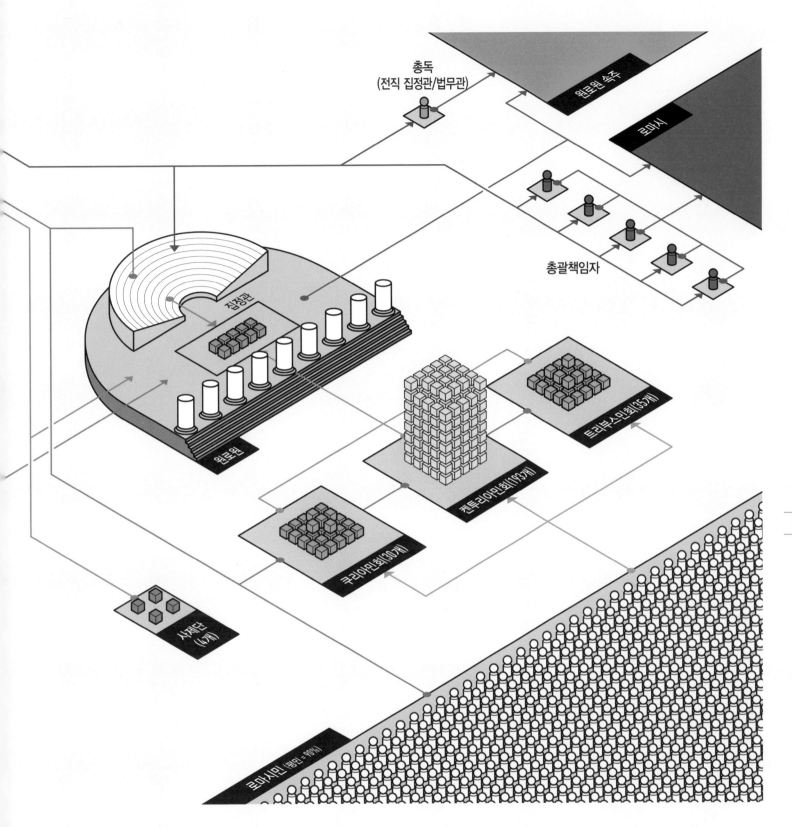

총독
(전직 집정관/법무관)

원로원 속주

로마시

총괄책임자

집정관

원로원

캔투리아민회(193개)

쿠리아민회(30개)

트리부스민회(35개)

사제단
(4개)

로마시민(평민 = 90%)

집정관 역할을 하거나 인구조사를 시행하기도 했다. 실제로 도미티아누스황제 통치기부터는 감찰관 역할이 황제의 영구적인 권한으로 바뀌었다. 또한 전통적으로 법관 역할도 황제의 것이었고, 정무관 선출 역시 형식만 남아 있을 뿐 온전히 황제의 의사에 따라 결정되게 바뀌었다. 집정관, 법무관 등의 정무관직은 이제 행정적인 권한만 지닐 뿐, 실질적인 의사결정은 중앙 권력인 황제에게 달려 있었다. 한편 원로원의원들은 그보다는 주요 속주를 다스리거나 국가시설을 관리하는 등의 책무를 맡고 싶어 했다.

황제의 주도권은 오랜 기간에 걸쳐 서서히 확대되었고, 3세기의 절반 이상을 차지했던 혼란과 침략의 시기가 지나자 4세기 초 무렵에는 새로운 형태의 정치체제가 자리를 잡기 시작했다. 2세기에는 일종의 지방행정관리인 '이우리디쿠스'가 신설되어 이탈리아에 배치되었고, 3세기 말에는 이들을 감찰하는 '코렉토르'(초기 1명, 이후 2명으로 증가)가 임명되었으며 속주로도 보내졌다. 디오클레티아누스황제는 개혁을 통해 속주들은 관구(디오이케시스) 단위로 묶었고, 각 관구에 황제와 직접적으로 연결된 기사계급 출신의 대리인(비카리우스)을 보내 다스리도록 했다. 이로써 원로원 속주의 개념은 사라지고 모든 속주를 황제가 다스리게 되었다. 이후 디오클레티아누스황제는 또 이 관구를 보다 작은 단위로 나누었다.

공화정 및 제정 로마에서의 입법 과정

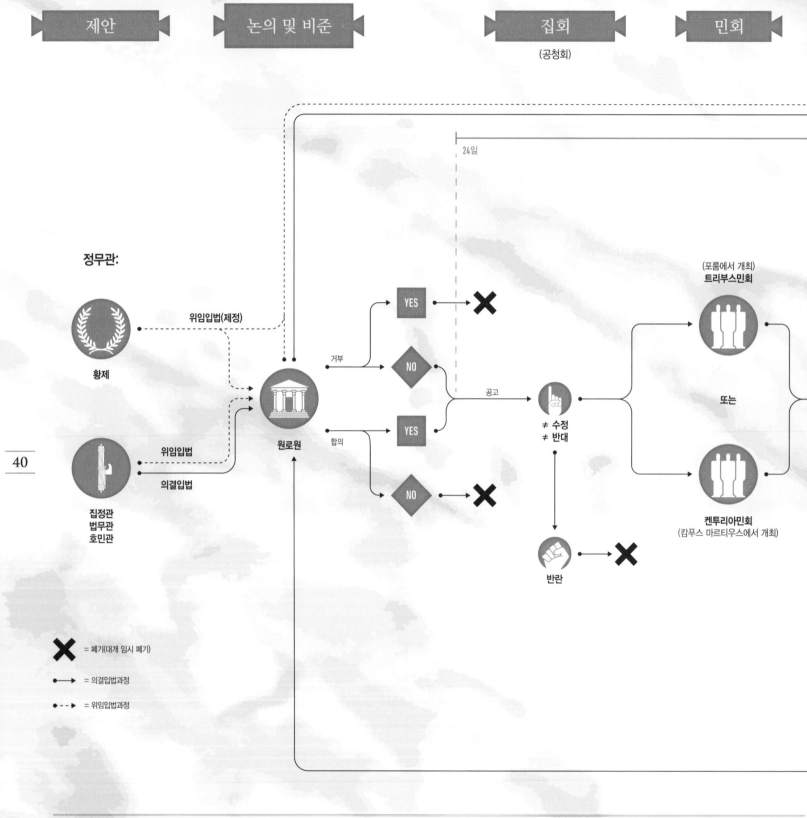

제안 ◀▶ 논의 및 비준 ◀▶ 집회 (공청회) ◀▶ 민회

정무관:

황제

위임입법(제정)

집정관
법무관
호민관

위임입법

의결입법

원로원

거부 → YES → ✕

NO

합의 → YES

NO → ✕

공고 → ≠ 수정
≠ 반대

반란 → ✕

24일

(포룸에서 개최)
트리부스민회

또는

켄투리아민회
(캄푸스 마르티우스에서 개최)

✕ = 폐기(대개 임시 폐기)

●▶ = 의결입법과정

●--▶ = 위임입법과정

켄투리아민회 내 과반수 기준의 변화

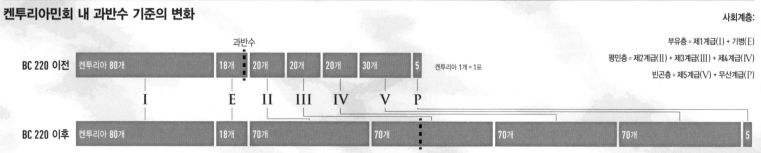

사회계층:

부유층 = 제1계급(I) + 기병(E)

평민층 = 제2계급(II) + 제3계급(III) + 제4계급(IV)

빈곤층 = 제5계급(V) + 무산계급(P)

과반수

BC 220 이전	켄투리아 80개	18개	20개	20개	20개	30개	5	켄투리아 1개 = 1표

I   E   II   III   IV   V   P

BC 220 이후	켄투리아 80개	18개	70개	70개	70개	70개	5

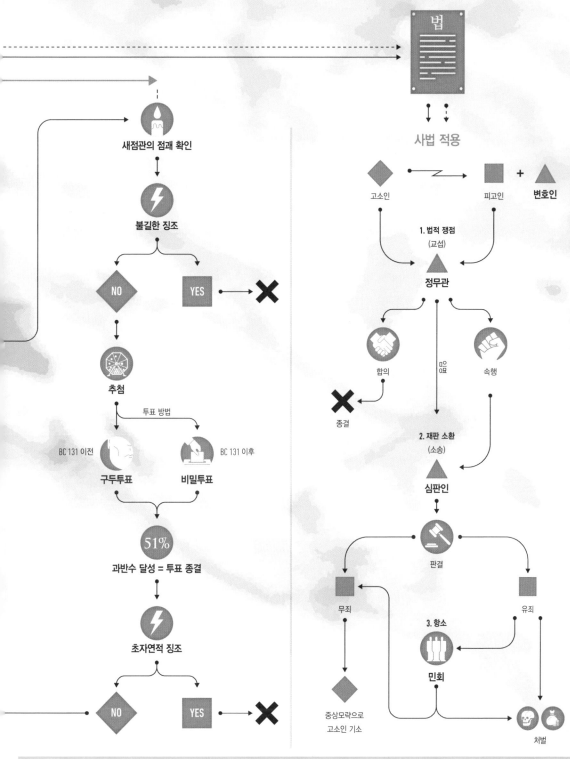

표결 실시

법

사법 적용

새점관의 점괘 확인
불길한 징조
NO / YES → ✕
추첨
투표 방법
BC 131 이전 — 구두투표
BC 131 이후 — 비밀투표
51%
과반수 달성 = 투표 종결
초자연적 징조
NO / YES → ✕

고소인 → 피고인 + 변호인
1. 법적 쟁점 (교섭)
정무관
합의 / 무효 / 속행
합의 → 종결 ✕
2. 재판 소환 (소송)
심판인
판결
무죄 / 유죄
3. 항소
민회
중상모략으로 고소인 기소
처벌

3• 법의 제안·표결·적용

로마법은 로마가 낳은 가장 위대한 유산 중 하나다. 기원전 5세기, 로마법의 주요 원칙들을 새겨 넣은 '12표법'이 포럼에 공시되었다. 이후 이 원칙을 토대로 수 세기에 걸쳐 여러 법률이 제정되었다. 법률은 모든 인민(켄투리아민회) 또는 평민(트리부스민회)의 표결을 거쳐 완성되었다. 평민을 대표하는 호민관이 제안하는 법률은 기원전 287년이 되어서야 비로소 모든 시민에게 적용되기 시작했다. 공화정 말기, 원로원은 호민관이 제출하는 법안을 다른 정무관의 법안과 마찬가지로 승인해야 하는 의무가 있었다. 표결을 통한 법률 제정 과정은 늘 고위정무관(집정관 또는 법무관)이나 호민관의 거부권에 가로막힐 가능성이 있었다. 일반적으로 민회의 승인을 얻지 못하면 법안은 결국 폐기되었다. 한편 공화정 말기 법학자들은 이러한 법률을 기반으로 법적 판단을 내렸고, 제정기에 들어서는 황제가 그 역할을 대신했다. 이러한 법적 판단은 황제 칙법과 함께 묶여 유스티니아누스 법전(기원후 529년)으로 편찬되었다.

황제 권한의 변화

	공화정 말기	아우구스투스	티베리우스	하드리아누스
황제	—	▲ ⬡ ●	▲ ⬡ ●	▲ ⬡ ●
황제자문기구	—	—		▲ ⬡ ●
집정관	▲ ●			
원로원	▲ ⬡ ■ ● ★			
민회	⬡ ■ ★	⬡ ■ ★	★	★

■ 의결권
▲ 입법권
⬡ 정무관 임명
● 재정관리
★ 승인

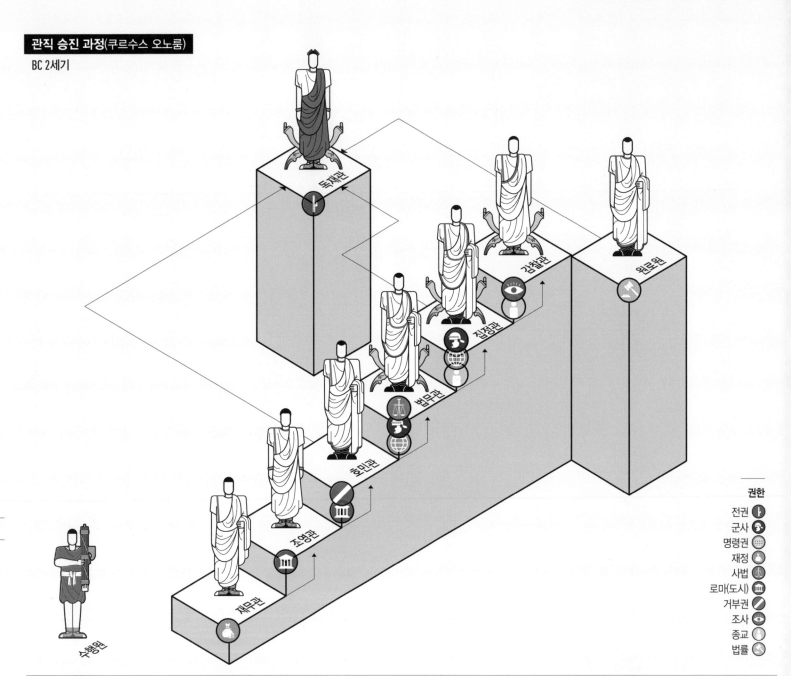

권한

전권
군사
명령권
재정
사법
로마(도시)
거부권
조사
종교
법률

4 • 정무관

로마의 행정권은 늘 선출직인 정무관에게 주어졌다. 정무관의 수는 공화정 초기부터 기원전 5세기까지 계속 증가했으나 제정기에 들어서는 황제직이 생겨나며 정무관들의 권한이 축소되었다. 정무관직은 원로원계급이나 기사계급 소속 특권층에서 선출되었다. 초기 정무관 선출 방식에 대한 자료는 거의 없지만, 젊은 청년도 재무관으로 선출되어 원로원에 입회할 수 있었다는 건 확인할 수 있다. 시기에 따라 차이는 있으나 기원전 2세기 기준으로 정무관직의 입후보를 위한 최소 연령은 28세 이상이었다. 관직을 차례로 밟든 그렇지 않든, 감찰관에 의해 제명되는 경우만 아니라면 정무관 출신은 원로원에 들어갈 수 있었다. 조영관(초기에는 37세 이상 입후보 가능, 기원후시대에 들어 27세 이상으로 조정됨)을 거쳐 법무관(40세 전후), 집정관까지 올라갈 수도 있었기 때문이다. 기원전 5세기에는 로마 명문가와 신흥세력 간에 갈등이 빚어졌고 그 결과 마침내 호민관이라는 새 관직이 생겨났다. 평민들을 보호하는 역할인 호민관 역시 선출직이었는데, 부유층을 중심으로 하는 켄투리아민회가 아닌 모든 시민을 아우르는 트리부스민회('트리부스'라 불리는 35개 부족으로 구성)에서 평민 조영관과 호민관을 선출했다. 고위정무관

에게 주어지는 신성불가침권을 동일하게 부여받는 호민관은 평민에게 내려진 판결에 항소를 제기할 수도 있고, 정무관의 행위에 거부권을 행사하여 하루 동안 활동을 무효화하는 것도 가능했다. 초기에는 2명이었던 호민관 정원은 이후 10명까지 증가했고, 이들은 점차 통치 기구의 일부가 되기에 이르렀다. 기원전 4세기에는 별다른 조건 없이도 원로원을 소집하거나 문제시되는 정무관의 결정을 반박할 수 있었지만 이후 법적 절차를 활용해야 할 때는 트리부스민회를 통해야 하게 됐다. 적어도 기원전 180년경부터는 모든 호민관이 원로원에 들어갔을 것으로 추정한다.

법무관(공화정기 40세 이상, 제정기 30세 이상)에게는 명령과 판결을 내리기 위한 최고 권한인 명령권(임페리움)이 주어졌다. 이는 로마 시내와 성벽 외부 1마일 반경까지 민간적 차원의 명령을 내릴 수 있는 권한이었지만 로마 밖에서도 절대적이었다. 다른 정무관들에게는 특권인 포테스타스가 주어졌는데, 이는 국가의 이름으로 행동할 수 있는 권한이었다. 집정관과 법무관들은 붉은 띠가 두 개 들어간 의복인 '토가 프라이텍스타'를 입었다. 집정관은 두 명 선출하는데 공화정기에는 40세, 제정기에는 33세 이상만 선출할 수 있었다. 집정관은 더 높은 명령권을 지녔는데, 이처럼 권한은 컸지만 제약은 법무관 명령권과 동일했다.

로마의 관직들

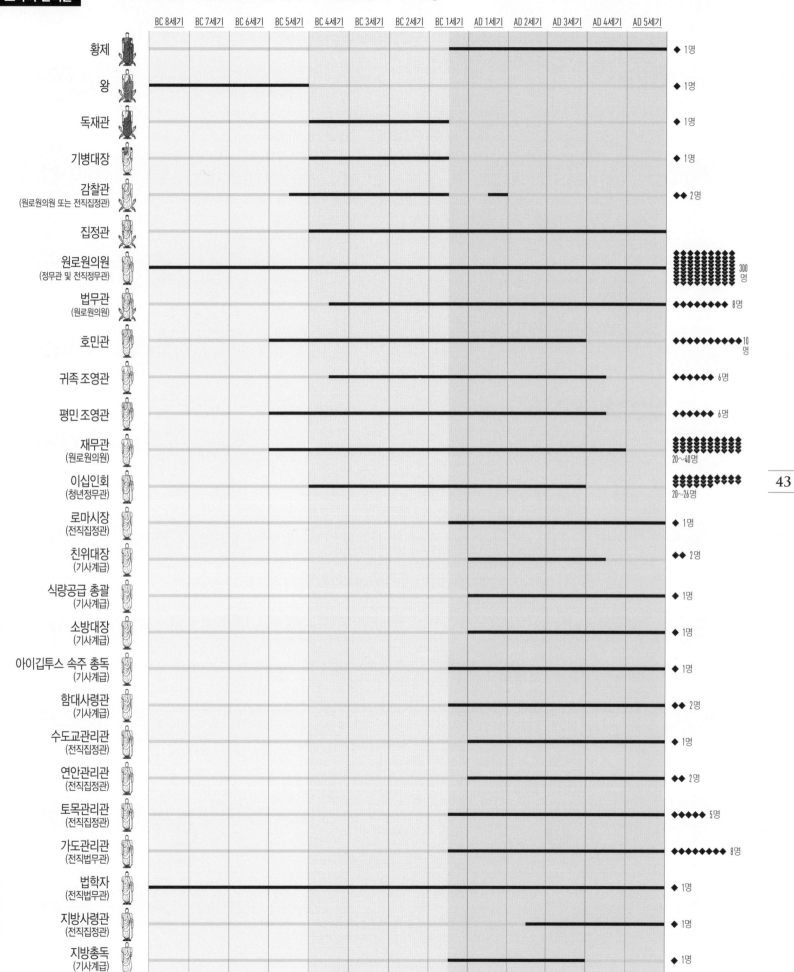

■ 왕정기 ■ 공화정기 ■ 제정기 ━ 출현 및 활동 시기 ◆ = 1명

	BC 8세기	BC 7세기	BC 6세기	BC 5세기	BC 4세기	BC 3세기	BC 2세기	BC 1세기	AD 1세기	AD 2세기	AD 3세기	AD 4세기	AD 5세기	
황제														◆ 1명
왕														◆ 1명
독재관														◆ 1명
기병대장														◆ 1명
감찰관 (원로원의원 또는 전직집정관)														◆◆ 2명
집정관														
원로원의원 (정무관 및 전직정무관)														300명
법무관 (원로원의원)														◆◆◆◆◆◆◆◆ 8명
호민관														◆◆◆◆◆◆◆◆◆◆ 10명
귀족 조영관														◆◆◆◆◆◆ 6명
평민 조영관														◆◆◆◆◆◆ 6명
재무관 (원로원의원)														20~40명
이십인회 (청년정무관)														20~26명
로마시장 (전직집정관)														◆ 1명
친위대장 (기사계급)														◆◆ 2명
식량공급 총괄 (기사계급)														◆ 1명
소방대장 (기사계급)														◆ 1명
아이깁투스 속주 총독 (기사계급)														◆ 1명
함대사령관 (기사계급)														◆◆ 2명
수도교관리관 (전직집정관)														◆ 1명
연안관리관 (전직집정관)														◆◆ 2명
토목관리관 (전직집정관)														◆◆◆◆◆ 5명
가도관리관 (전직법무관)														◆◆◆◆◆◆◆◆ 8명
법학자 (전직법무관)														◆ 1명
지방사령관 (전직집정관)														◆ 1명
지방총독 (기사계급)														◆ 1명

43

로마의 황제와 왕조

1 • 황제의 권위와 칭호

로마황제라는 자리는 세 가지 요인으로 결정된다. 첫째는 황제들 간의 친족 관계, 둘째는 민간 영역에서의 권위, 셋째는 군사적 권위다. 이 세 요인이 황제의 칭호를 결정짓는다. 티베리우스, 칼리굴라, 클라우디우스를 제외한 황제 제호는 대부분 동일한 방식을 따랐다. 아우구스투스황제의 칭호는 임페라토르 카이사르 아우구스투스로, 임페라토르는 개인의 이름이자 지위, 카이사르는 씨족명, 아우구스투스는 칭호였다. 황제들은 이러한 법칙 위에 자신의 이름과 아버지(친부 또는 양부)의 이름을 추가했다. 따라서 카이사르라는 한 가문이 황제의 권위를 영속했음을 표상했다.

황제의 칭호에는 법 또는 민회의 투표에 의해 부여된 권한을 표기하기도 했다. 최고 신관이라는 뜻의 '폰티펙스 막시무스'는 대부분 포함됐고, 그 외에도 '호민관의 권위', '선출된 황제', '집정관', '조국의 아버지', '감찰관' 등의 권한이 사용됐다. 특히 '호민관의 권리'는 호민관으로서의 모든 권위와 특권을 해마다 새롭게 부여한다는 의미에서 뒤에 숫자를 넣곤 했다. 이 호민관의 특권이 있어야 원로원 회의에 참석해 발의안을 낼 수도 있고 정무관들의 결정에 거부권을 행사할 수도 있었다. '선출된 황제'는 황제에게 군사를 통솔할 명령권(임페리움)이 있음을 의미했다. 이는 황제 즉위 당시 군대와 원로원으로부터 받는 권한으로, 이후 전쟁에서 승리를 거둘 때마다 부여되기도 했다.

황제는 이러한 권위들 덕분에 해마다 바뀌는 정무관들의 행정과 구분된 별도의 황실행정을 꾸릴 수 있었다. 기사계급을 중심으로 하는 행정체제를 갖추고 황실노예 및 해방노예을 두었다. 또한 황실행정의 최상위층에는 고위급 기사계급 출신의 관리인들이 지휘하는 부서들이 있었다. 일부 속주나 하위 속주들은 기사계급 출신의 총독이 다스렸다. 한편 로마는 친위대장이 황제 다음으로 가장 높은 수준의 권한을 지녔다.

칭호에 표현된 황제의 권위 AD 116, 트라야누스황제의 사례

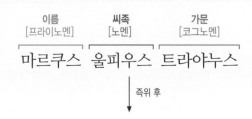

이름	씨족	가문
[프라이노멘]	[노멘]	[코그노멘]
마르쿠스	울피우스	트라야누스

즉위 후

임페라토르 카이사르, 디비 네르바이 필리우스,

네르바 트라야누스 옵티무스 아우구스투스, 게르마니쿠스 다키쿠스 파르티쿠스,

폰티펙스 막시무스, 트리부니키아 포테스타테 XX,

임페라토르 XIII, 프로콘술, 콘술 VI, 파테르 파트리아이

황제 카이사르, 신격 네르바의 아들, 지고의 황제 네르바 트라야누스 아우구스투스, 게르마니아·다키아·파르티아전쟁의 승리자,
최고 신관, 호민관 특권 20년째 보유, 13대 황제, 총독, 집정관으로 6회 선출, 조국의 아버지

군사 통수권자	**행정·사법** – 로마와 속주들의 통치자 – 제국의 최고정무관 – 황제는 매해 집정관 임명식을 거치지는 않으므로 횟수만을 병기	**종교** 최고신관, 사제단을 다스림 = 로마종교의 명망 높은 책임자	**승리** – 전쟁 중 혹은 종전 후 원로원에 의해 승리자의 칭호를 부여받음 – 작전 시 군은 황제를 지지할 것을 공표함	**혈통** – 카이사르: 카이사르 가문에 속함 – 디비 네르바이 필리우스: 신격화된 네르바황제의 아들	**명예** 황제 즉위 후 수개월 내에 원로원으로부터 부여받는 명예로운 칭호

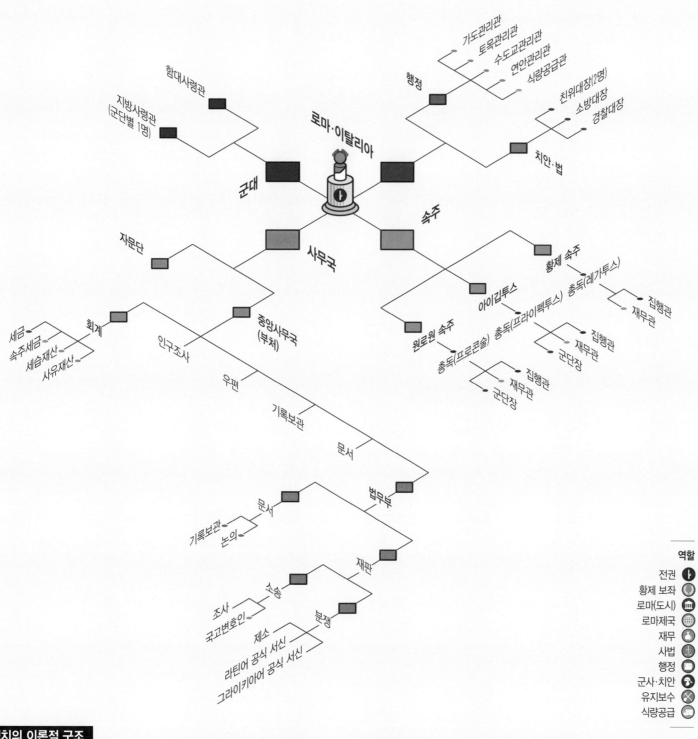

로마·이탈리아

행정
- 가도관리관
- 토목관리관
- 수도교관리관
- 연안관리관
- 식량공급관

치안·법
- 친위대장(2명)
- 소방대장
- 경찰대장

함대사령관

지방사령관
(군단별 1명)

군대

속주
- 황제 속주
- 아이깁투스
- 원로원 속주

총독(레가투스)
- 집행관
- 재무관

총독(프라이펙투스)
- 집행관
- 재무관
- 군단장

총독(프로콘술)
- 집행관
- 재무관
- 군단장

자문단

사무국

중앙사무국
(부처)

회계
- 세금
- 속주세금
- 세습재산
- 사유재산

인구조사

우편

기록보관

문서

법무부

문서
- 기록보관
- 논의

재판

소송
- 조사
- 국고변호인

분쟁
- 제소
- 라틴어 공식 서신
- 그라이키아어 공식 서신

역할
- 전권
- 황제 보좌
- 로마(도시)
- 로마제국
- 재무
- 사법
- 행정
- 군사·치안
- 유지보수
- 식량공급

- 통치
- 사임
- 보좌
- 계승

사두정치의 이론적 구조

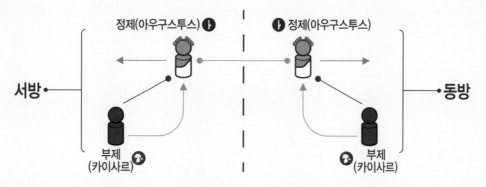

정제(아우구스투스)

정제(아우구스투스)

서방

동방

부제
(카이사르)

부제
(카이사르)

2 • 황제친위대, 프라이토리아니

프라이토리아니는 본래 법무관급 지휘관의 막사를 지키던 호위대를 가리키는 말이었다. 하지만 아우구스투스황제가 군단에서 정예병들을 뽑아 로마 곳곳에 배치하면서 황제친위대를 의미하는 단어로 바뀌었다. 기원전 2년, 아우구스투스황제는 기사계급 출신 친위대장(프라이펙투스 프라이토리오) 두 명을 세우고 정예병들을 포메리움 외곽의 비미날리스(오늘날 로마 시내의 테르미니역 근방)에 배치했으며, 기원후 23년에는 이 자리에 친위대기지를 세웠다. 친위대의 병력은 본래 500명 단위의 대대 아홉 개 규모였으나 이는 곧 열 개로 증가했고, 2세기경에는 처음의 두 배까지 늘어났다. 한편 친위대를 신뢰하지 않았던 셉테미우스 세베루스황제는 그 대신 197년 알바롱가지역에 제2군단 파르티카를 배치해 3세기 중반 동부전선에 투입되기 전까지 친위대 역할을 시켰다. 기존의 친위대가 사라지지는 않았지만, 그 뒤로는 실질적으로 언급된 기록이 없다. 이후 디오클레티아누스황제가 친위대의 규모를 한차례 축소하였고, 뒤이어 312년 콘스탄티누스황제가 해산했다.

친위대 병사들은 이탈리아 및 속주에서 선발되었다. 친위대 백인대장은 로마 출신의 젊은 기사계급 또는 진급한 친위대 병사 출신이 맡았다. 그러나 명령을 내리는 주체는 백인대장이나 제1백인대장(프리미필루스)이 아닌 친위대장 및 감독관(프린켑스)이었다. 정찰병(스페쿨라토르)은 삼백인대장(트레케나리우스)의 명령을 받았다. 친위대대는 군기를 보유하지는 않았지만 별도의 휘장을 가지고 있었고, 중무장하는 일이 흔하지는 않았다. 한편 대대들은 대대장(트리부누스)의 지휘를 따랐다. 율리우스-클라우디우스왕조에서는 게르만 출신의 근위대가 구성되기도 했는데 이는 트라야누스황제 통치기에 정예기병 1,000명으로 대체되었고, 이 또한 312년 콘스탄티누스황제에 의해 해산되고 친위기병대(스콜라이)가 그 자리를 메웠다.

로마 내 주둔군 AD 23

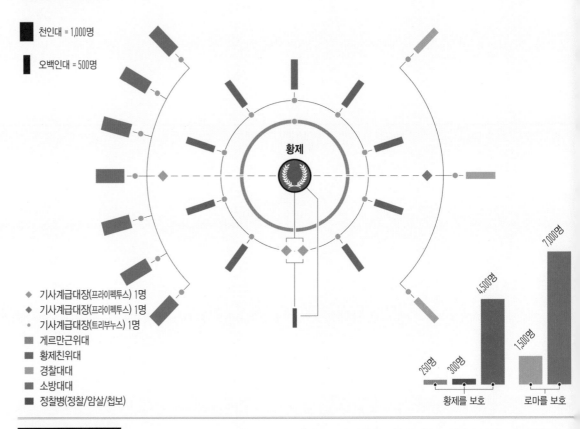

■ 천인대 = 1,000명
■ 오백인대 = 500명

황제

◆ 기사계급대장(프라이펙투스) 1명
◆ 기사계급대장(프라이펙투스) 1명
• 기사계급대장(트리부누스) 1명
■ 게르만근위대
■ 황제친위대
■ 경찰대대
■ 소방대대
■ 정찰병(정찰/암살/첩보)

250명 300명 4,500명 1,500명 7,000명

황제를 보호   로마를 보호

친위대의 규모변화

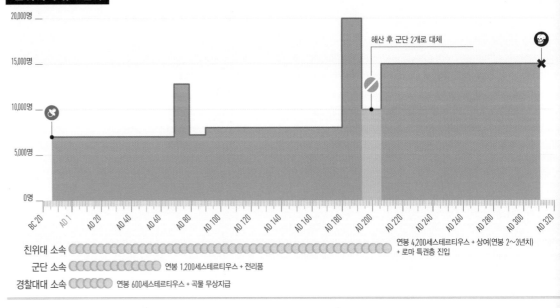

해산 후 군단 2개로 대체

20,000명
15,000명
10,000명
5,000명
0명

BC 20 · AD 1 · AD 20 · AD 40 · AD 60 · AD 80 · AD 100 · AD 120 · AD 140 · AD 160 · AD 180 · AD 200 · AD 220 · AD 240 · AD 260 · AD 280 · AD 300 · AD 320

친위대 소속 ●● 연봉 4,200세스테르티우스 + 상여(연봉 2~3년치) + 로마 특권층 진입
군단 소속 ●●●●●●●●●●●●●● 연봉 1,200세스테르티우스 + 전리품
경찰대대 소속 ●●●●●● 연봉 600세스테르티우스 + 곡물 무상지급

전쟁 시
AD 1세기

전쟁 시
AD 2세기

친위대
AD 1세기

전쟁 시
AD 3세기

경찰
AD 1세기

속주 수의 변화

- ■ 정복한 속주
- ■ 한 속주가 다수로 분할
- ■ 여러 속주가 하나로 통합
- ■ 변화 없음

황제가 관저에서 머무른 시간 비중
총 통치기간 대비 점유율

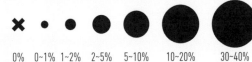

0% 0~1% 1~2% 2~5% 5~10% 10~20% 30~40%

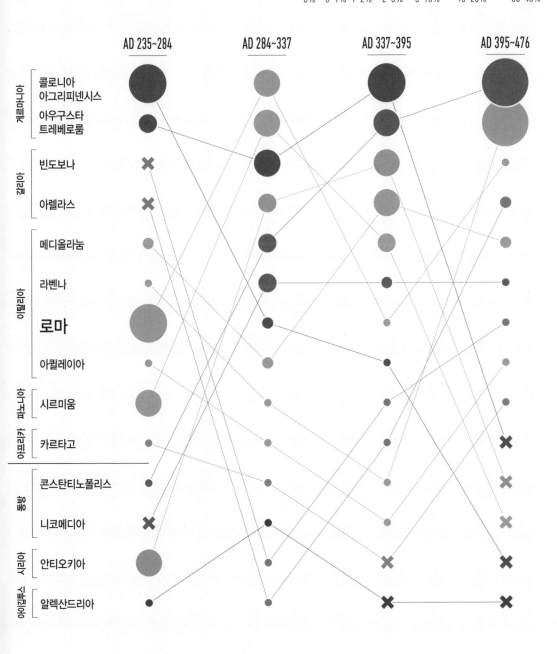

3 • 황제 관저

아우구스투스황제부터 세베루스왕조까지 황제의 공식 관저는 팔라티누스언덕에 자리 잡고 있었다. 제정기에 들어서면서 관저의 형태는 변화를 거듭했다. 도미티아누스황제와 세베루스왕조 통치기에는 응접실, 대형 집무실 등을 갖춘 웅장한 궁전에 가까워졌다. 3세기 말 이후 사두정치를 거치면서는 각 황제의 저택이 제국의 영토 곳곳에 세워졌다. 디오클레티아누스황제는 니코메디아와 안티오키아에, 갈레리우스황제는 시르미움에, 막시미아누스황제는 메디올라눔에, 그리고 콘스탄티우스 1세는 아우구스타 트레베로룸에 머물렀다.

콘스탄티누스 1세가 정권을 잡으면서 관저체제도 바뀌었다. 313~314년 아렐라테에 머무르던 그는 이곳으로 조폐소를 옮겼고 종교회의를 개최했다. 이후 316년에는 아우구스타 트레베로룸을 거쳐 326년 로마에서 통치 20주년을 기념했다. 326~327년에는 시르미움에서 겨울을 보내고 327년 말 다누비우스강 지역을 시찰한 뒤 니코메디아에 거처를 두어 겨울을 지냈다. 329년 겨울, 다시 시르미움에서 지낸 그는 330~337년 콘스탄티노폴리스에 새로운 수도를 지으면서 이곳에 관저를 추가로 세웠다.

콘스탄티누스의 자손들은 360년까지 기존의 관저에서 지냈고, 그 이후의 정제와 부제들은 전쟁지역들을 따라 관저를 옮겨 다녔다. 갈리아의 부제였던 율리아누스는 356년 겨울을 빈도보나에서 보낸 뒤 357년에는 아르겐토라툼, 357~358년과 358~359년 겨울은 루테티아(오늘날의 파리)에서, 360년 겨울에는 다시 빈도보나에서, 361년은 콘스탄티노폴리스에서, 362년에는 안티오키아에 정착해 페르시아 원정을 준비했다.

395년, 콘스탄티노폴리스가 마침내 동로마제국의 수도로 선포되고, 당시 호노리우스황제가 통치하던 서로마제국은 메디올라눔, 로마에 이어 라벤나를 새로운 수도(402~476년)로 삼았다.

1. 율리우스-클라우디우스왕조 BC 28~AD 68

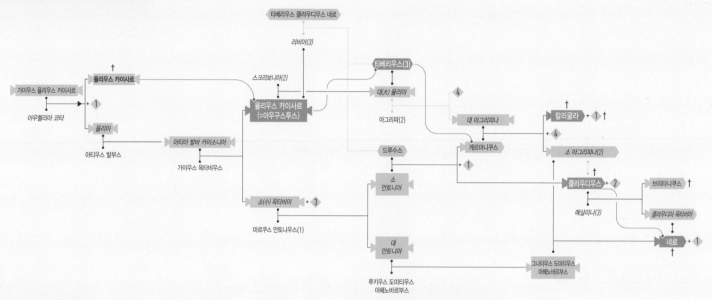

2. 플라비우스왕조 AD 69~96

3. 네르바-안토니누스왕조 AD 96~92

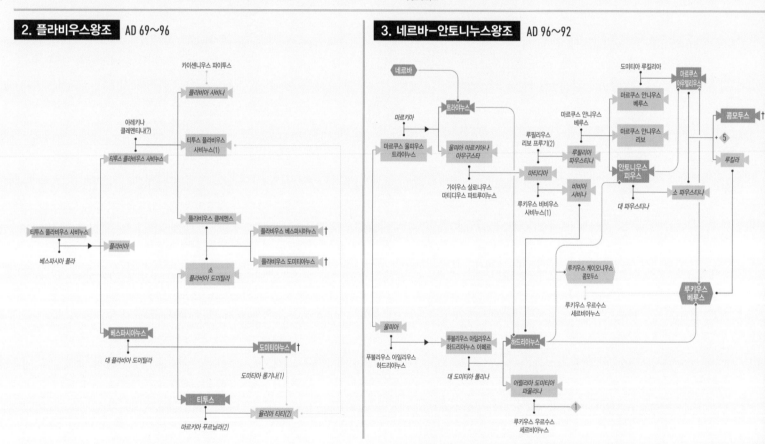

4 • 왕조

로마황제의 권위는 법률이나 투표 등 공적 행위를 통해 정해지는 일종의 합의 대상이었지만, 그보다 더 중요한 요소는 바로 황제의 가문이었다. 옥타비아누스(아우구스투스)는 제2차 삼두정치 초기부터 율리우스 카이사르와의 혈연관계를 이용했고, 기원전 39년에는 자신의 이름에 '디비 필리우스(신의 아들)'라는 칭호를 추가했다. 또한 아내에게 특권과 명예를 부여하고 보좌관들을 데려와 가족 구성원으로 삼았다(아그리파를 사위로 삼은 것도 같은 이유였다). 특히 새로운 혈연관계를 만들기 위해 종종 입양을 활용했다.

오늘날 로마제국의 첫 왕조를 율리우스-클라우디스왕조라고 부르는 것은 이

것이 율리우스, 즉 카이사르의 가문과 클라우디아의 가문이 아우구스투스의 사위인 티베리우스를 매개로 연계되어 있기 때문이다. 기원후 68년까지는 이 왕조 내에서 황제를 임명하였으나, 2년간의 내전 끝에 베스파시아누스황제를 필두로 한 플라비우스 가문이 권력을 차지했다. 이후 베스파시아누스의 두 아들인 티투스와 도미티아누스가 그 뒤를 이었다.

아우구스투스가 시작한 황제체제에서는 비록 내전을 통해서일지라도 한 왕조에서 다음 왕조로 넘어가는 것이 가능했다. 또한 새 왕조의 등장과 함께 처음으로 로마가 아닌 이탈리아(리에티) 출신의 가문에게 권력이 넘어가기도 했다. 뒤이어 왕조의 권위는 트라야누스황제와 그의 자손들을 거쳐 히스파니아의 로마 식민시 출신 가문으로 넘어갔고, 그 후 리비아와 소아시아에서 기원한 셉티미우스

4. 세베루스왕조 AD 193~235

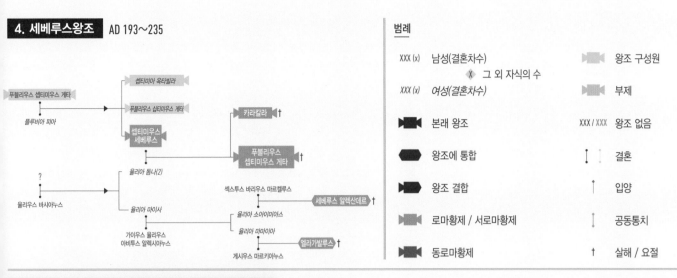

5. 콘스탄티누스·발렌티니아누스·테오도시우스왕조 AD 284~458

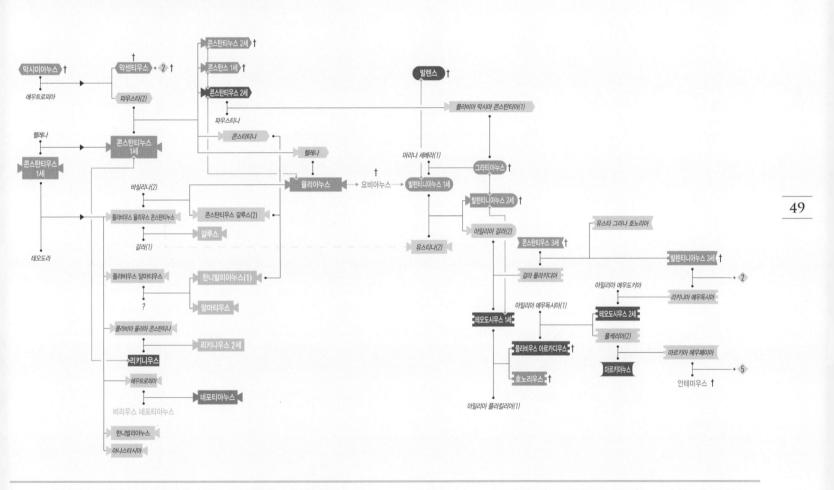

가문이 로마 정착 후 새 왕조를 세웠다. 사두정치 시기부터는 다누비우스강 지역의 군사 가문에서 황제들이 선출되었다. 발렌티니아누스 1세로 시작된 마지막 왕조도 마찬가지로 가문이 바탕이 되었다.

한편 왕조 건립과 폭력은 결코 떼려야 뗄 수 없는 관계였다. 41년 암살된 칼리굴라황제처럼 폭정 때문에 원로원의 반대가 너무 거세질 때면 여전히 황제에게 권위가 있어도 그를 제거하려는 모의가 생겨나곤 했다. 결국 황제가 암살되면 왕조는 다른 가문의 손에 넘어갔다. 가장 심각한 위기는 왕조 계승권의 정당성이 불분명해 후손들 사이에서 갈등이 일어나는 일이었다. 이 경우 한 명이 무력과 정략으로 황제직을 가로채 새 왕조를 건립할 때까지 갈등이 지속되었다. 이전 왕조의 마지막 황제의 암살 이후 96년에 새롭게 세워진 네르바-안토니누스왕조가 그

러했다. 이 왕조는 193년 세베루스왕조로 교체되었는데, 세베루스왕조 간의 내전은 197년까지 이어졌다. 세베루스왕조는 235년까지 권력을 유지하였으나 이후로 약 반세기에 걸쳐 온갖 종류의 전쟁이 끊임없이 이어졌다. 그 후 사두정치(테트라키아)가 시작되면서 로마에 상대적인 평화가 돌아왔지만, 여기서도 왕조 초기 인위적인 친족 구조가 형성되었다. 형제 관계라고 칭하는 두 명의 정제(아우구스투스)가 각각 부제(카이사르)를 임명하여 양자로 입양하거나 사위로 삼아 함께 로마를 다스리고자 한 것이다. 이처럼 입양, 결혼 등의 제도를 통해 친족 중심으로 왕조를 구성하는 방식은 사실상 서로마제국의 마지막 순간까지도 유지됐다.

5 • 로마황제 연대표

옥타비아누스가 안토니우스 내전에서 승리를 거둔 기원전 30년부터 서로마제국이 멸망한 기원후 476년까지 로마제국에는 총 7개의 왕조가 존재했다. 특히 율리우스-클라우디우스왕조, 플라비우스왕조, 네르바-안토니누스왕조, 세베루스왕조는 기원후 235년까지 로마의 확대와 평화를 이어가는 한편 수많은 도시의 집합체나 다름없는 제국을 다스리기 위한 중앙행정체제를 구축하였으며 시민법을 규정하여 로마의 점진적 통일에 기여했다.

특히 첫 왕조였던 율리우스-클라우디우스왕조(기원전 30년~기원후 68년) 때 로마제국은 평화를 누렸고, 일시적으로 라인강, 다누비우스강, 시리아에 이르는

거대한 영토를 정복하였으며, 정치체제의 발달과 황실행정이 구축됐다. 다음 왕조인 플라비우스왕조(기원후 70~96년)에서는 황실행정의 확립을 이어갔으며, 정세 면에서는 라인강과 다누비우스강 국경지역의 평화를 가져왔다. 뒤이어 네르바-안토니누스왕조(96~193년)는 다누비우스강과 아라비아지역에 대한 정복을 재개했다.

내전 이후 세워진 세베루스왕조(193~235년)는 에우프라테스강, 다누비우스강, 라인강의 경계지역을 안정시키고자 하였다. 안토니누스황제부터 세베루스황제까지의 통치기를 보통 로마제국의 황금기로 보는데, 이 또한 35년간 이어진 내전과 침략으로 결국 235년에 끝을 맺고 말았다. 혼란스러운 로마의 정세로 인해 사두정치라는 새로운 체제가 등장했다. 이후 로마제국은 다시 안정을 찾았으나,

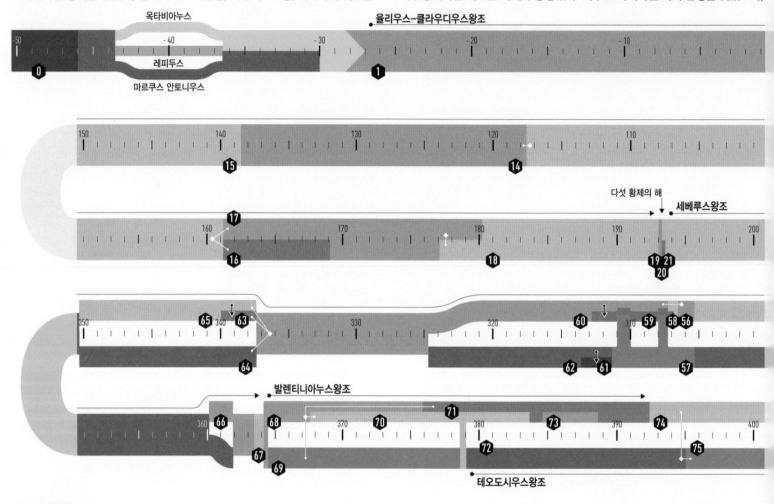

황제들의 삶

1. 통치기간

- 31명 = 1년 이하
- 11명 = 20년 이상
- 10명 = 2년 이하
- 20명 = 20년 이하
- 8명 = 10년 이하
- 12명 = 5년 이하

2. 사망 원인

- 병사 6명
- 21명 모의에 의한 암살
- 10명 친위대에 의한 암살
- 31명 (자연사)
- 92명
- 40명
- 9명 측근에 의한 암살
- 6명 ?
- 6명
- 2명 '타의적' 자살
- 9명 전사

3. 종교

- 29명
- 1명
- 63명
- 26명

제국을 두 지역으로 나누어 통치하는 정부 분할이 이루어지면서 다시 변화가 찾아왔다.

312년, 콘스탄티누스 1세가 막센티우스황제를 상대로 승리를 거두어 제국을 통일하였고 이후 363년까지 콘스탄티누스왕조의 지배가 이어졌다.

그러나 발렌티니아누스왕조(364~455년)가 권력을 잡으면서 로마 군대 내 야만족의 숫자는 점점 늘어갔고 이와 동시에 계속 제국이 침략당하면서 서로마는 점차 힘을 잃고 동로마의 권력이 강화되기 시작했다. 발렌티니아누스 3세를 마지막으로 이제 로마의 황제는 이민족의 꼭두각시 노릇밖에는 할 수 없게 되었고, 이러한 상황이 이어지다가 476년, 서로마제국의 역사는 마지막 황제인 로물루스 아우구스툴루스의 퇴위로 끝을 맺었다.

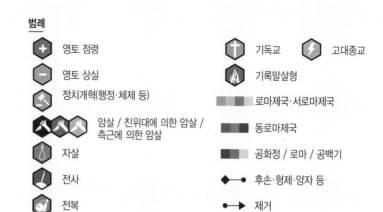

범례

- ➕ 영토 점령
- ➖ 영토 상실
- 🔨 정치개혁(행정·체제 등)
- 암살 / 친위대에 의한 암살 / 측근에 의한 암살
- 자살
- 전사
- 전복

- ✝ 기독교
- 고대종교
- 🔥 기록말살형
- 로마제국·서로마제국
- 동로마제국
- 공화정 / 로마 / 공백기
- ◆— 후손·형제·양자 등
- ●→ 제거

51

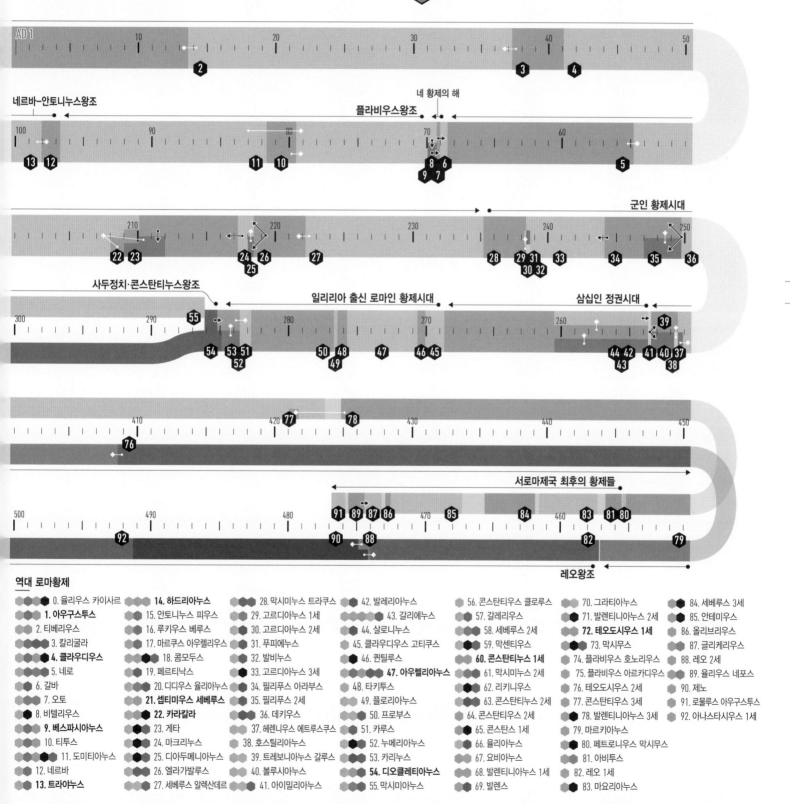

역대 로마황제

0. 율리우스 카이사르	14. **하드리아누스**	28. 막시미누스 트라쿠스	42. 발레리아누스
1. 아우구스투스	15. 안토니누스 피우스	29. 고르디아누스 1세	43. 갈리에누스
2. 티베리우스	16. 루키우스 베루스	30. 고르디아누스 2세	44. 살로니누스
3. 칼리굴라	17. 마르쿠스 아우렐리우스	31. 푸피에누스	45. 클라우디우스 고티쿠스
4. 클라우디우스	18. 콤모두스	32. 발비누스	46. 퀸틸루스
5. 네로	19. 페르티낙스	33. 고르디아누스 3세	**47. 아우렐리아누스**
6. 갈바	20. 디디우스 율리아누스	34. 필리푸스 아라부스	48. 타키투스
7. 오토	**21. 셉티미우스 세베루스**	35. 필리푸스 2세	49. 플로리아누스
8. 비텔리우스	**22. 카라칼라**	36. 데키우스	50. 프로부스
9. 베스파시아누스	23. 게타	37. 헤렌니우스 에트루스쿠스	51. 카루스
10. 티투스	24. 마크리누스	38. 호스틸리아누스	52. 누메리아누스
11. 도미티아누스	25. 디아두메니아누스	39. 트레보니아누스 갈루스	53. 카리누스
12. 네르바	26. 엘라가발루스	40. 볼루시아누스	**54. 디오클레티아누스**
13. 트라야누스	27. 세베루스 알렉산데르	41. 아이밀리아누스	55. 막시미아누스

56. 콘스탄티우스 클로루스	70. 그라티아누스	84. 세베루스 3세
57. 갈레리우스	71. 발렌티니아누스 2세	85. 안테미우스
58. 세베루스 2세	**72. 테오도시우스 1세**	86. 올리브리우스
59. 막센티우스	73. 막시무스	87. 글리케리우스
60. 콘스탄티누스 1세	74. 플라비우스 호노리우스	88. 레오 2세
61. 막시미누스 2세	75. 플라비우스 아르카디우스	89. 율리우스 네포스
62. 리키니우스	76. 테오도시우스 2세	90. 제노
63. 콘스탄티누스 2세	77. 콘스탄티우스 3세	91. 로물루스 아우구스투스
64. 콘스탄티우스 2세	**78. 발렌티니아누스 3세**	92. 아나스타시우스 1세
65. 콘스탄스 1세	79. 마르키아누스	
66. 율리아누스	80. 페트로니우스 막시무스	
67. 요비아누스	81. 아비투스	
68. 발렌티니아누스 1세	82. 레오 1세	
69. 발렌스	**83. 마요리아누스**	

로마의 종교

1 • 로마의 신과 종교의식

로마의 수도와 여러 도시에는 다수의 종교 및 종교단체가 있었다. 2,000~3,000여 개에 달하는 로마의 도시들은 각각 고유의 공식종교를 가지고 있었고, 가문이나 집단(결사체, 직업단체 등)마다도 사적종교가 있었다. 어떤 종교를 선택하는지는 개인에게 달린 것이었으나 출생, 시민권 취득(군 복무를 통한 취득 등), 노예해방 등의 사건이 발생하면 반드시 로마 공식종교의 신자가 되어야 했다. 사적종교 공동체에 들어가게 되는 건 해당 가문에서 출생하는 경우나 결혼, 입양, 매매 등을 통해 다른 가문에 입적하는 경우가 많았다. 개인의 결심으로 종교를 선택하게 되는 건 특정 결사체에 가입하는 경우 등에 한했다.

사실 당시의 종교는 어떤 계시나 성서, 교리 등을 기반으로 한다기보다는 선조부터 내려온 전통이나, 국가 또는 공사 집단의 결정에 따라 만들어진 것에 더 가까웠다. 이러한 종교는 의례를 통해 신과 로마공동체를 연결하고 현세에 대한 신들의 계획에 동참하기를 원했기에 주로 의례와 관련된 의무를 중시했다. 이 종교의 목표는 개인의 영혼이나 사후 세계에서의 안녕이 아니었다. 주로 공식종교를 위한 신성한 권리보호, 의식의 관리, 성유물의 보존 등이 중요하게 여겨져 이를 관리하는 사제들이 생겼다. 종교의식은 집정관, 법무관, 때로는 황제 등의 고위직이 주재했으며 일부 사제단이 담당하기도 했다.

한편 외국인 기반 도시나 공동체도 고유의 종교를 유지할 수 있었다. 반대로 다른 도시 출신의 외국인도 현재 거주하는 도시의 종교의식에 참여할 수 있었다. 특히 그라이키아나 소아시아의 유서 깊은 도시들은 고유의 전통을 유지하였으나, 유럽 북부에 있는 도시들은 '개종'의 의무가 없었음에도 이내 로마와 비슷한 종교들을 새롭게 형성했다. 전반적으로 외국인 기반 도시는 고유의 종교와 신을 유지하고 자치시 역시 본래의 신과 관습을 선택하는 경우가 많았다. 식민시가 되어도 여전히 선택은 자유였지만 보다 '로마식'에 가까워지는 것이 일반적이었다. 로마의 종교는 식민 지배나 군대 주둔을 통해 여러 속주에 널리 퍼져 있었고, 반대로 다른 종교의 신들도 로마에 다수 전해져 있었다. 이는 여행자나 상인들의 유입이 많았고, 특히 전쟁이 잦았던 덕분(전쟁에서 승리하기 위해 특정한 신들을 로마로 '소환'하여 조력자로 삼기도 했다)일 것이다.

로마의 공식종교는 로마시민과 연관이 깊었다. 종교의식은 로마인을 위해, 다시 말해 로마의 안녕을 위해 치러졌다. 이후에는 황제의 안녕을 위해서도 치러지곤 했다. 공식적으로 인정된 로마 신들에게는 정해진 일정에 따라 제사가 올려졌다. 공식종교 행사는 이처럼 제의나 점괘를 통한 예언이 주를 이뤘다. 신에게 바치는 봉헌물로는 소량의 향부터 크고 작은 동상, 제단, 신전에 이르기까지 다양했으며, 그중에서도 제물을 사용해 향연을 여는 경우가 가장 흔했다. 제사를 통해 동물 또는 식물을 신에게 바치고, 제사 후 제물을 해체하여 일부는 제단의 불에 던져 태우고 나머지는 제사 참여자들이 나누어 먹었다. 저승과 연관된 신들에게 바치는 제사에서는 나누어 먹는 과정 없이 제물을 완전히 태워 버렸다. 살아 있는 인간이 저승의 신들과 함께 연회를 열 수는 없기 때문이었다. 제사는 정기·비정기축제 때도 치러졌으며, 이 경우 다양한 행사(전차 경기, 연극, 사냥 등)를 종종 동반했다.

점괘를 통한 예언에는 새점과 신탁점이 있었다. 새점은 새들이 비행하는 모습이나 어떤 행동을 하는지를 관찰하여 내리는 점괘로, 로마의 정무관들은 로마 밖으로 이동하기 전에 새점관(아우구르)과 창자점관(하루스펙스)에게 점괘를 묻기도 했다. 특히 정무관들은 어떤 행동이 예정된 날에는 동트기 전에 미리 점을 보고 길흉을 따졌다. 신탁점은 그라이키아어로 쓰인 《시빌라의 서(Libri Sibyllini)》를 통해 이뤄졌다. 10인사제회(데켐비르), 이후에는 인원이 더 늘어난 15인사제회(퀸데켐비르)가 이 예언서에 쓰인 문장 두어 개를 선정해 그라이키아어로 된 이합체 시를 지어 원로원에 전하면 원로원의 논의를 거쳐 집정관에게 전달되는 식이었다.

로마의 공식 신들은 주로 라티움과 이탈리아 중부가 기원이었다. 로마의 범위가 점차 확장되며 일부는 마그나 그라이키아나 그라이키아, 아프리카 등에서 유래하기도 했다. 제정기에는 영토가 커지면서 새로운 신들이 대거 유입되었는데, 주로 전쟁에서의 승리를 기원하기 위해 타문화의 신을 가져왔다. 예를 들어 아우구스투스황제 통치기에는 아폴로와 마르스 울토르가, 베스파시아누스황제 통치기에는 이시스와 세라피스가 로마의 신으로 소개되었고, 247년에는 아우렐리아누스황제가 팔미라제국 정복을 위해 무적의 태양신(솔 인빅투스)을 들여왔다고 추정된다. 또한 엘라가발루스황제는 본래 시리아의 에메사라는 사원 도시에서 숭배하던 태양신 엘라가발루스를 들여와 공식적인 로마의 신으로 삼았다.

기원전 44년에 카이사르가 사망한 뒤로는 '디부스', 즉 신격화된 황제들을 위한 의식도 로마의 공식의례에 포함되었다. 물론 특별한 존재는 영생불멸을 얻는다는 생각은 오래전부터 있었다. 그러나 다소 문학적이었던 이러한 생각을 그라이키아식의 장엄한 장례식과 죽지 않은 채로 하늘로 승천한 유일한 두 인간인 헤르쿨레스와 에스쿨라페 신화를 연결하여 하나의 의례로 구현했다. 특히 헤르쿨레스의 신격 신화를 다수 모방했던 것으로 보인다. 황제의 시신을 화장할 때 입회인을 두어 그가 황제의 시신을 화장 또는 매장할 때 황제 본인 혹은 그의 혼(아니무스)이 승천하는 것을 보았노라 증언하도록 했기 때문이다. 이를 통해 세상을 떠난 황제는 신격화된 인간(디부스)이 되고, 신이 되었으므로 그에 대한 종교의식과 사제들을 둘 권리가 생겼다. 동방에서는 황제들이 여전히 살아 있는 상태에서 신에 상응하는 명예를 받는다고 보았고, 서방에서는 황제들의 게니우스(신성한 영혼)가 제사와 덕을 받는다고 보았다.

사적의례 역시 대상이 되는 신이나 의례의 내용 면에서는 공식의례와 크게 다르지 않았다. 가정에서는 가족을 돌보는 신, 이를테면 가장의 게니우스나 라레스(수호신), 가족 구성원의 마네스(죽은 자들의 혼이 모여 만들어진 신) 등을 숭배하였고, 각 가정의 전통에 따라 로마의 신들에게 의례를 올리기도 했다. 물론 모든 개인은 사적의례와는 별개로 공식의례에 참여하고 신전이나 공식적인 제사장소 바깥에서 제사를 올릴 수도 있었다. 로마에 이주한, 혹은 제2의 도시에 이주한 외국인들은 개인적으로 자신만의 종교의식을 치를 수 있는 권리가 있었다. 결사체들은 고유의 종교를 가지고 일정에 따라 제사를 올리기도 했다. 사적종교들은 자율적인 공동체를 이루었고, 주로 일반 가정의 가장이나 결사체에서 해마다 선출하는 대표들이 종교공동체의 권위자나 의례를 주재하는 집전자로 세워졌다.

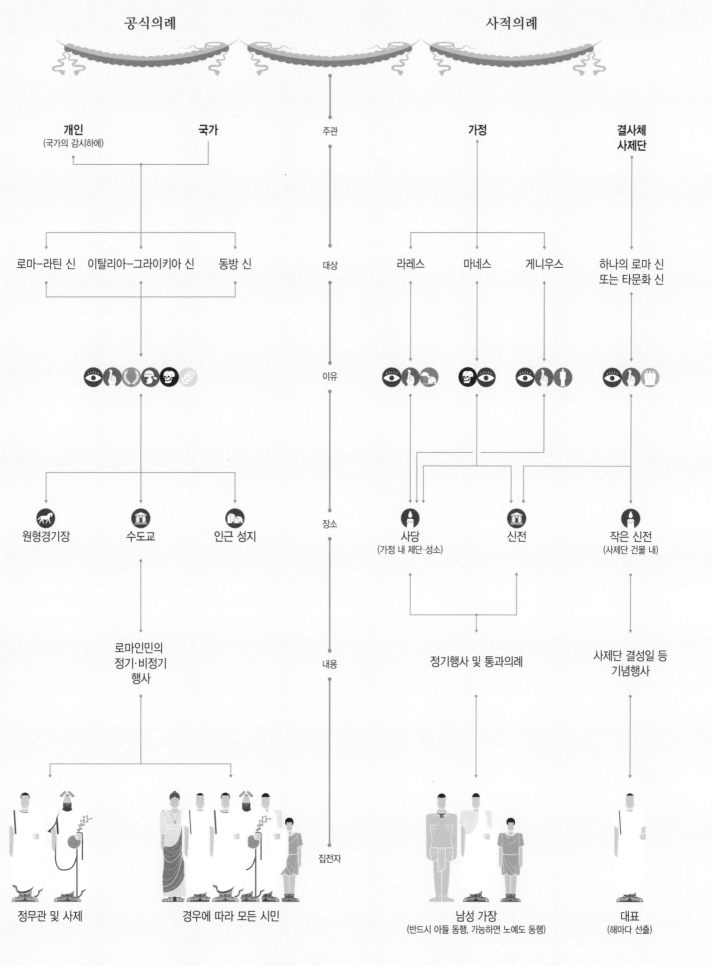

공식의례   사적의례

개인   **국가**   주관   **가정**   **결사체 사제단**
(국가의 감시하에)

로마–라틴 신   이탈리아–그라이키아 신   동방 신   대상   라레스   마네스   게니우스   하나의 로마 신 또는 타문화 신

이유

장소

원형경기장   수도교   인근 성지   사당   신전   작은 신전
(가정 내 제단·성소)   (사제단 건물 내)

53

로마인민의
정기·비정기
행사   내용   정기행사 및 통과의례   사제단 결성일 등 기념행사

집전자

정무관 및 사제   경우에 따라 모든 시민   남성 가장   대표
(반드시 아들 동행, 가능하면 노예도 동행)   (해마다 선출)

 악령을 물리치고 신의 축복을 기원함   현세의 문제   황제의 제례   전쟁    사망 관련 제례   추수   가정보호   가족·하인보호   사제단·결사체보호

로마의 주요 신(분야, 유래, 출현 시기)

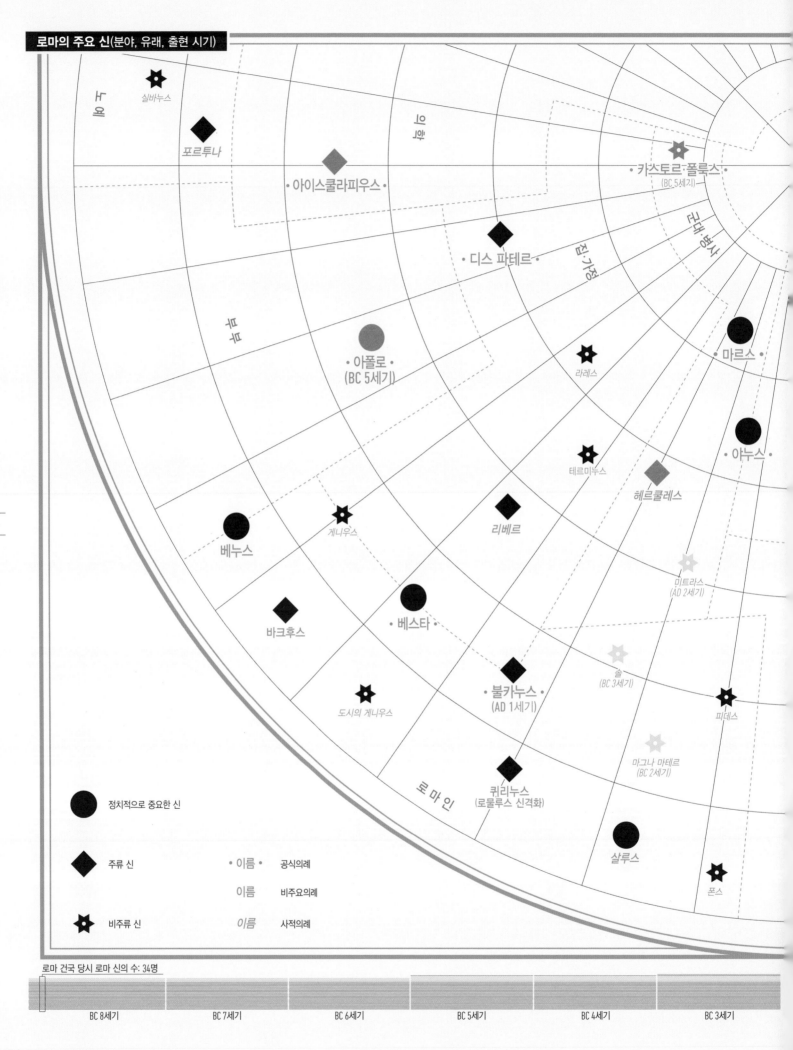

요

실바누스

포르투나

의학

· 아이스쿨라피우스 ·

· 카스토르·폴룩스 ·
(BC 5세기)

· 디스 파테르 ·

전·가정

군마·방사

· 아폴로 ·
(BC 5세기)

· 마르스 ·

라레스

부부

테르미누스

· 야누스 ·

헤르쿨레스

게니우스

리베르

베누스

미트라스
(AD 2세기)

바크후스

· 베스타 ·

· 불카누스 ·
(AD 1세기)

솔
(BC 3세기)

도시의 게니우스

피데스

· 퀴리누스 ·
(로물루스 신격화)

마그나 마테르
(BC 2세기)

로 마 인

살루스

폰스

● 정치적으로 중요한 신

◆ 주류 신

✦ 비주류 신

· 이름 · 공식의례

이름 비주요의례

이름 사적의례

로마 건국 당시 로마 신의 수: 34명

| BC 8세기 | BC 7세기 | BC 6세기 | BC 5세기 | BC 4세기 | BC 3세기 |

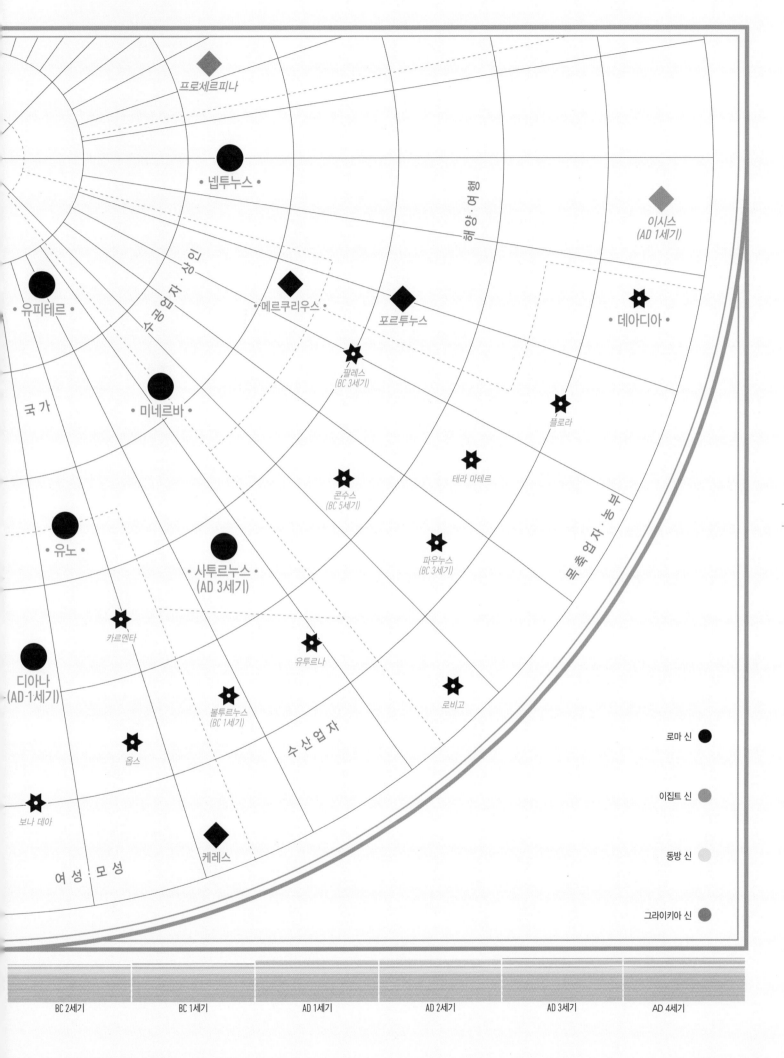

프로세르피나

• 넵투누스 •

이시스
(AD 1세기)

유피테르 •

메르쿠리우스 •

포르투누스

• 데아디아 •

팔레스
(BC 3세기)

국 가

• 미네르바 •

플로라

테라 마테르

콘수스
(BC 5세기)

• 유노 •

• 사투르누스 •
(AD 3세기)

파우누스
(BC 3세기)

카르멘타

디아나
(AD-1세기)

유투르나

로비고

볼투르누스
(BC 1세기)

수 산 업 자

옵스

보나 데아

케레스

여 성 · 모 성

55

로마 신 ●

이집트 신 ●

동방 신 ●

그라이키아 신 ●

베스타 신전, 로마

2 • 의례장소, 사제

로마에 초청된 신들에게는 로마 영토 내에 머무를 공간이 주어졌다. 제단이 있는 신성한 공간이나 작은 예배당 또는 신전이 일반적이었고, 때로는 신성한 숲과 우물이 딸린 곳도 있었다. 규모가 큰 신전은 주로 포럼 내부나 포럼 인근에 자리 잡고 있었고, 그 외의 신전들은 로마 시내를 포함한 로마 영토 어디든 지어질 수 있었다. 신전의 형태는 보통 사각형으로, 새점관이 점을 칠 때 지팡이로 그어 구획하는 신성한 공간인 '템플룸'의 형태와 유사했다. 신전을 가리키는 단어인 '템플'도 여기서 유래했다. 신전 내부에는 한 단 높은 곳에 있는 작은 방(켈라)이 있는데,

주변이 기둥으로 둘러싸인 이 공간에서 계단으로 내려오면 현관(프로나우스)이 있었다. 켈라 안에는 의례를 위한 작은 조각상이 놓여 있었다. 카피톨리누스 신전과 같은 일부 신전에는 여러 신에게 켈라를 하나씩 부여하기 위해 이런 켈라가 세 개가 지어져 있기도 했다. 의례용제단은 신전 앞에 놓여 있었다. 신전 뜰 주변으로는 나무가 빽빽히 심어진 신성한 숲이 있었다. 의례에 참여하거나 신전 건물을 보수할 때를 제외하면 이 신성한 공간에 인간은 발을 들일 수 없었다. 신전 주변으로는 주랑이 둘러싸고 있는 경우가 많았다. 주랑은 세속적인 공간으로 여겨져 인간도 얼마든지 드나들 수 있었기에 청중을 수용하고 때로는 축연을 벌이기 위한 장소로 쓰였다. 외국에서 유래한 신전에는 기존 로마 신전에는 없는 독특한 요소

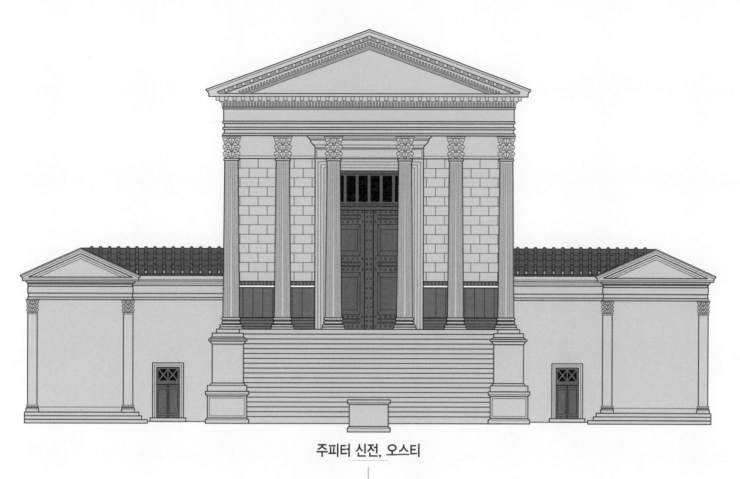

주피터 신전, 오스티

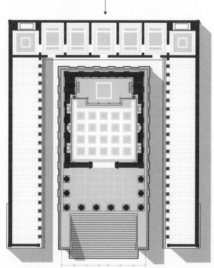

들이 포함되기도 했다. 예를 들어 이시스·세라피스 신전에는 나일강 물이 담긴 우물이 놓였다.

포럼 로마눔에는 둥근 형태의 베스타 성화신전(아이데스)이 있었는데, 이곳에는 로마의 성화가 놓여 있었다. 공식의례를 치를 때 이 성화의 불로 제단에 불을 붙였기 때문에 제물을 올리는 데 매우 중요한 역할을 하는 성화였다. 이곳 외에도 원형신전은 몇 군데 더 찾아볼 수 있는데, 포럼 보아리움에 위치한 그라이키아식('포디움'이라 불리는 주춧대가 없는 형태)으로 지어진 헤르쿨레스 인빅투스 신전도 원형이었다. 원형신전 중 가장 유명한 것으로는 12명의 주요 신을 모시는 신전인 판테온을 꼽을 수 있다. 한편 이러한 신전들 외에도, 로마군기지 내에는 군 휘장

이 걸린 제단과 함께 작은 성소가 마련되곤 했다.

사적의례는 장소는 더욱 간소했다. 개인 주택에는 부모의 게니우스나 라레스를 섬기는 성소가 있었다. 제단을 뜻하는 프랑스어 '라레르'도 여기서 유래했다. 부엌이나 방, 또는 정원 등 성소의 위치는 다양했다. 보통은 벽을 오목하게 판 벽감이나 색을 칠한 벽면 앞에 작은 동상을 놓고 제단을 차렸다. 가족 중 망자가 있으면 주로 도시 바깥에 마네스를 섬기는 제단을 지었다.

결사체 건물의 경우 작은 예배당 앞에서 의례를 치렀다. 유대교 예배당(시나고가) 등 외국인들의 의례장소는 본래의 형태를 유지했다.

공식 종교의식 및
주요 사제단

사제단

역할 ● ● 신

이름
● ● ● ● ●

선출방식 ● ● 계급

출현 빈도 및 시기
● 왕정기   ● 공화정기   ● 제정기

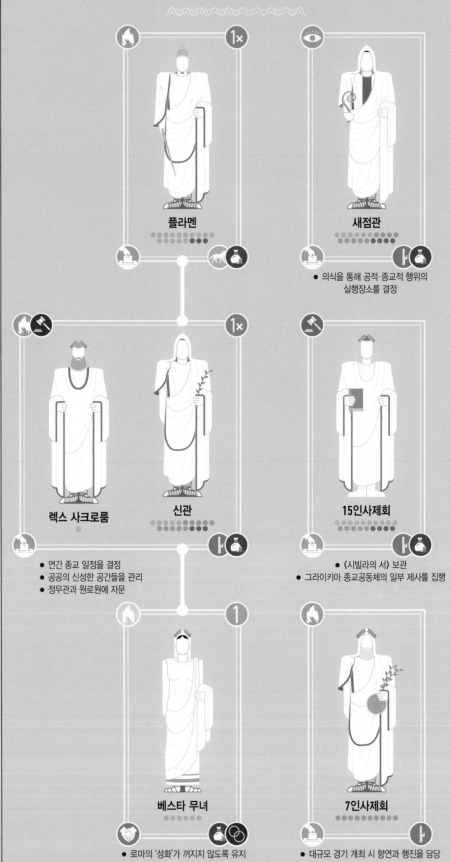

플라멘

새점관

● 의식을 통해 공적·종교적 행위의
  실행장소를 결정

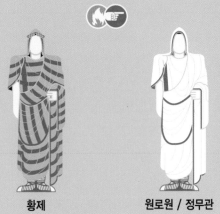

황제

원로원 / 정무관

● 사제와 원로원의원에게 종교적인 문제를 논의할 수 있음
● 종교적으로 올바른 행동이 무엇인지에 대해 답할 수 있음

렉스 사크로룸

신관

15인사제회

● 연간 종교 일정을 결정
● 공공의 신성한 공간들을 관리
● 정무관과 원로원에 자문

● 《시빌라의 서》 보관
● 그라이키아 종교공동체의 일부 제사를 집행

베스타 무녀

7인사제회

● 로마의 '성화'가 꺼지지 않도록 유지

● 대규모 경기 개최 시 향연과 행진을 담당

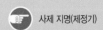

사제 지명(제정기)

외교

새점 및 징조 해석

신성법 관리·감독 / 타문화 종교의 의례 감독

유일신 숭배 / 사제마다 신을 하나씩 숭배

투표 / 선발

제사(로마 건국 전 / 로마 건국 후 / 제정기)

기사계급 / 원로원 / 귀족계급 / 특권계급

로마의 연간 종교행사

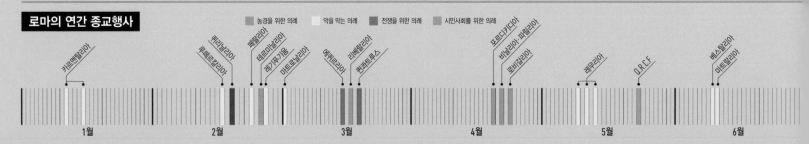

농경을 위한 의례   악을 막는 의례   전쟁을 위한 의례   시민사회를 위한 의례

카르멘탈리아

루페르칼리아

퀴리날리아

페랄리아

테르미날리아

레기푸기움

마트로날리아

에퀴로리아

리베랄리아

퀸콰트루스

포르디키디아

바날리아·파릴리아

로비갈리아

레무리아

Q.R.C.F

베스탈리아

마트랄리아

1월   2월   3월   4월   5월   6월

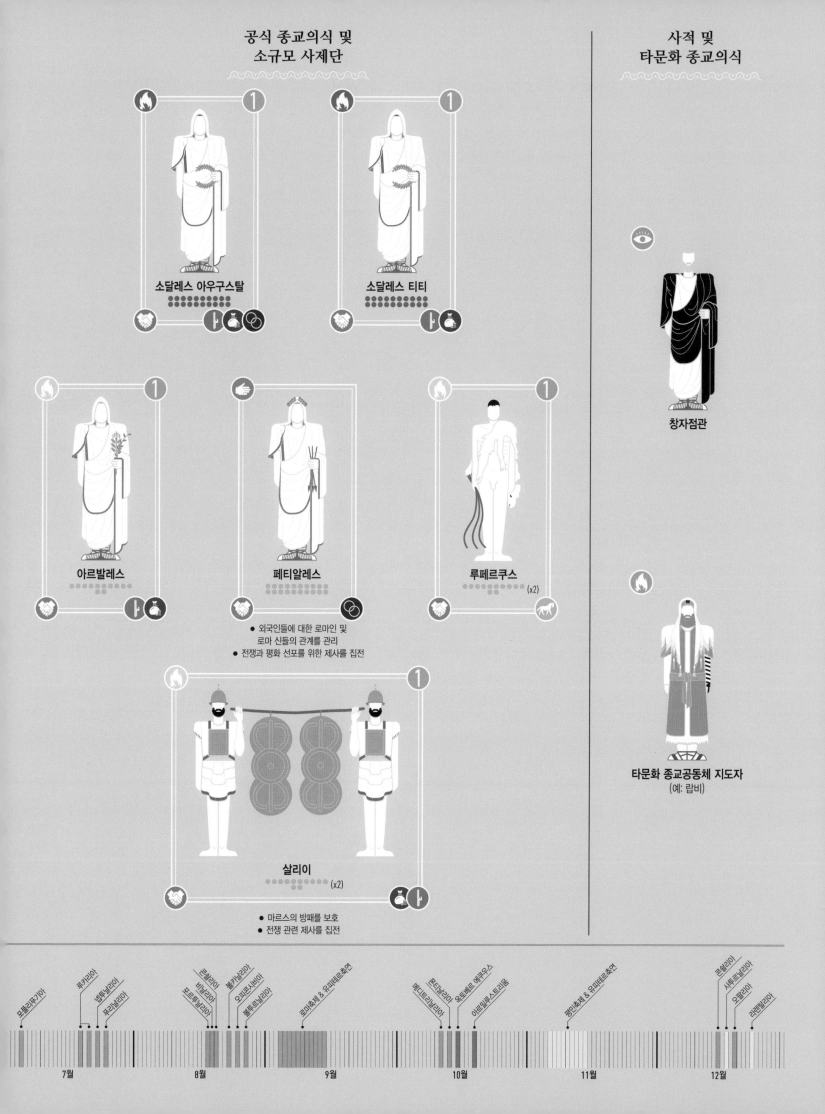

공식 종교의식 및
소규모 사제단

사적 및
타문화 종교의식

소달레스 아우구스탈

소달레스 티티

창자점관

아르발레스

페티알레스

루페르쿠스 (x2)

- 외국인들에 대한 로마인 및
  로마 신들의 관계를 관리
- 전쟁과 평화 선포를 위한 제사를 집전

타문화 종교공동체 지도자
(예: 랍비)

살리이 (x2)

- 마르스의 방패를 보호
- 전쟁 관련 제사를 집전

포플리포기아
루카리아
넵투날리아
푸리날리아
란살리아
비날리아
포르투날리아
콘살리아
불카날리아
오피콘스비아
볼투르날리아
공마축제 & 유피테르축연
메디트리날리아
폰티날리아
옥토베르 에쿠우스
아르밀루스트리움
평민축제 & 유피테르축연
콘술리아
사투르날리아
오팔리아
라렌탈리아

7월   8월   9월   10월   11월   12월

3 • 종교축제의 예: 백년제(루디 사이쿨라레스)

기원전 1세기, 《시빌라의 서》에는 한 세대의 마지막을 기록하고 새로운 세대의 안녕을 기원하기 위해 이제는 사라진 종교축제인 '백년제(루디 사이쿨라레스)'를 부활시켜야 한다는 조언이 적혀 있다. 로마 역사상 백년제가 치러진 시기는 기원전 17년, 기원후 88년, 204년으로 총 세 번이었다. 이후 213년, 콘스탄티누스황제가 이 전통을 종결했다.

백년제는 15인사제회와 기혼 여성(마트로나)을 중심으로 많은 로마시민과 함께 진행되었다. 축제는 주로 다양한 사전행사를 거쳐 5월 31일에서 6월 1일로 넘어가는 밤에 시작됐다. 장소는 저승의 신인 디스 파테르·프로세르피나 신전 근처 과거의 예배장소인 타렌툼이었다. 사흘간 열리는 백년제는 지난 세대의 끝을 기념하는 야간행사와, 새로운 세대의 시작을 환영하는 주간행사가 포함되었다. 밤이 시작되면 먼저 15인사제회는 사흘에 걸쳐 운명의 여신 파르카이, 출산의 여신 루키나, 대지의 여신 테라 마테르에게 각각 제사를 올렸다. 이후 사제들은 매일 밤 타렌툼 옆에 있는 나무극장으로 가 연극을 관람했다. 그동안 카피톨리누스 언덕에 있는 유노 신전의 켈라 앞에서 황후와 사제가 선발한 109명의 기혼 여성이 사흘 밤에 걸쳐 유노와 디아나를 위한 철야 향연(셀리스테르니움)을 벌였다. 동이 트면 15인사제회가 카피톨리누스언덕으로 가 제사를 시작했는데 첫날인 6월

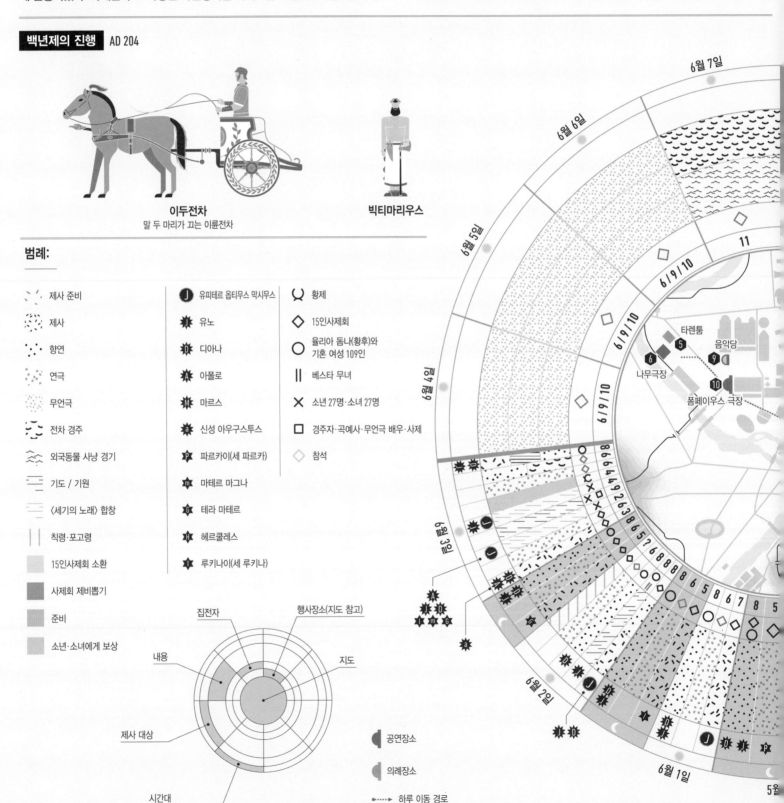

백년제의 진행 AD 204

이두전차
말 두 마리가 끄는 이륜전차

빅티마리우스

범례:

- 제사 준비
- 제사
- 향연
- 연극
- 무언극
- 전차 경주
- 외국동물 사냥 경기
- 기도 / 기원
- 〈세기의 노래〉 합창
- 칙령·포고령
- 15인사제회 소환
- 사제회 제비뽑기
- 준비
- 소년·소녀에게 보상

- 유피테르 옵티무스 막시무스
- 유노
- 디아나
- 아폴로
- 마르스
- 신성 아우구스투스
- 파르카이(세 파르카)
- 마테르 마그나
- 테라 마테르
- 헤르쿨레스
- 루키나이(세 루키나)

- 황제
- 15인사제회
- 율리아 돔나(황후)와 기혼 여성 109인
- 베스타 무녀
- 소년 27명·소녀 27명
- 경주자·곡예사·무언극 배우·사제
- 참석

집전자
내용
지도
제사 대상
시간대
행사장소(지도 참고)

공연장소
의례장소
하루 이동 경로

6월 7일
6월 6일
6월 5일
6월 4일
6월 3일
6월 2일
6월 1일
5월

타렌툼
음악당
나무극장
폼페이우스 극장

1일은 유피테르, 2일은 유노와 디아나에게 제사를 올렸고, 3일에는 팔라티누스 언덕으로 가 아폴로와 디아나에게 제사를 올렸다. 제사를 마친 사제들은 매일 나무극장으로 가서 연극을 관람했고, 그동안 카피톨리누스언덕에서는 109명의 기혼 여성이 유노와 디아나를 위한 향연을 벌였다. 축제 둘째 날인 2일에는 109명의 기혼 여성이 베스타 무녀 두 명의 도움을 받아 황제의 명령을 따라서 유노에게 기도를 올렸다. 3일 아침, 제사를 마치고 연극을 관람한 사제들은 아폴로 신전과 디아나신전으로 돌아왔다. 이곳에서 소년 27명과 소녀 27명이 〈세기의 노래〉를 불렀다. 이후 사제들은 소년·소녀단, 경주자, 그리고 마지막 연극의 무언극 배우들과 함께 카피톨리누스언덕으로 향했다. 소년·소녀단은 유노·유피테르 신전 앞

에서 다시 한번 〈세기의 노래〉를 불렀다. 사제들은 소년·소녀들에게 보상을 나눠 준 뒤 백년제를 마무리 짓고, 나무극장 근방의 임시 원형극장에서 진행되는 전차 경주를 주재했다. 그동안 109명의 기혼 여성들은 유노와 디아나에게 마지막으로 제사를 올리고, 향연이 열리는 동안 아이들은 여성들을 위해 노래를 불렀다. 기혼 여성들은 사제와 별개로 소년·소녀들에게 보상을 나눠줬다. 이후 4일부터 6일까지 추가적으로 필요한 행사들이 열리고, 전차 경주와 사냥 경기를 거쳐 6월 7일에는 완전히 막을 내렸다.

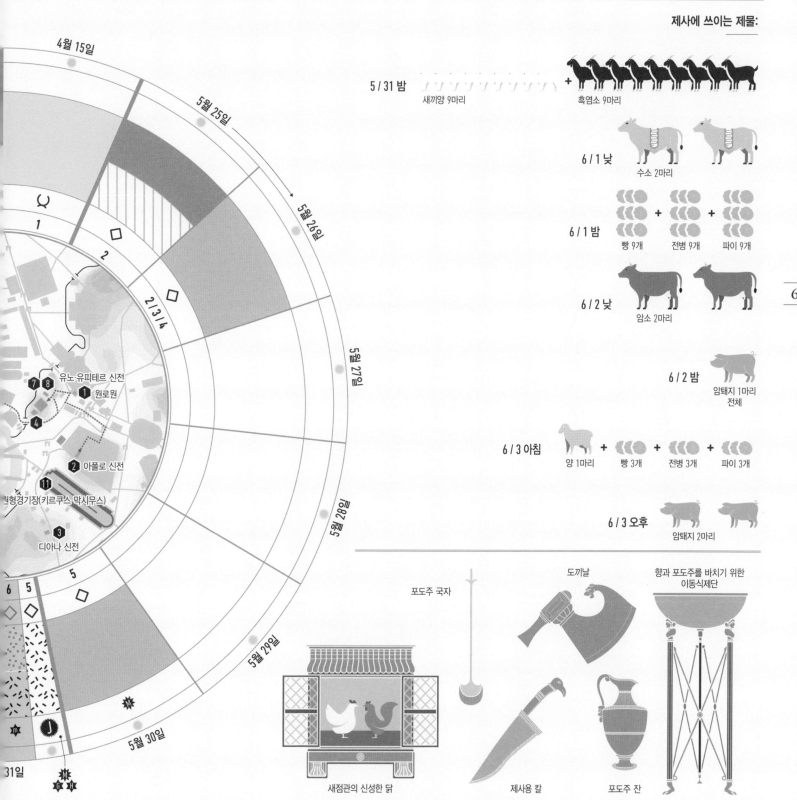

제사에 쓰이는 제물:

5 / 31 밤 — 새끼양 9마리 + 흑염소 9마리

6 / 1 낮 — 수소 2마리

6 / 1 밤 — 빵 9개 + 전병 9개 + 파이 9개

6 / 2 낮 — 암소 2마리

6 / 2 밤 — 암돼지 1마리 전체

6 / 3 아침 — 양 1마리 + 빵 3개 + 전병 3개 + 파이 3개

6 / 3 오후 — 암돼지 2마리

4월 15일
5월 25일
5월 26일
5월 27일
5월 28일
5월 29일
5월 30일
31일

유노·유피테르 신전
① 원로원
② 아폴로 신전
③ 디아나 신전
원형경기장(키르쿠스 막시무스)

포도주 국자
도끼날
향과 포도주를 바치기 위한 이동식제단
새점관의 신성한 닭
제사용 칼
포도주 잔

기원전 1세기 이후 다른 도시들과 마찬가지로 로마에도 유다이아인(유대인) 공동체가 형성됐다. 이들은 고유의 종교의식을 치르고 자신들의 법을 따를 권리가 있었다. 그런데 기원후 65년, 유다이아인이 로마에 저항하며 반란을 일으켰고 이는 결국 70년 로마가 예루살렘을 파괴하는 비극으로 치닫는다. 이는 유대교라는 종교의 성격을 바꾸어 놓는 계기가 됐다. 이전에는 성직자와 성전을 갖춘 유다이아왕국의 공식종교였지만, 이제는 로마의 수많은 종교 중 하나가 된 것이다. 결국 71년 이후로 유대교는 기도나 예배, 축연을 위한 회당(시나고가)이나 개인 주택을 중심으로 퍼져갔다.

기원후 1세기 초, 티베리우스황제 통치기에는 나자레트 출신 예수스라는 청년의 설교를 중심으로 하는 운동이 유다이아인들 사이에서 확산되었다. 기존 사제들의 핍박을 받던 예수스는 결국 유다이아 속주 총독에 의해 체포되어 처형당했다. 하지만 이후 타르수스 출신의 유다이아인이자 로마시민권자였던 사도 파울루스의 활동 덕분에 대도시를 중심으로 기독교 공동체가 세워졌다. 90년에 들어 기독교와 유대교는 완전히 분리되었지만, 로마의 역사가 타키투스가 70년의 유대-로마전쟁을 다룬 내용에 따르면 기독교는 2세기부터 언급되기 시작했다. 한편 비티니아-폰투스 속주의 총독이었던 소 플리니우스가 트라야누스황제에게 보내는 서신문에서는 기독교 운동의 전파와 그에 대한 로마의 입장을 확인할 수 있다. 당시까지만 해도 다른 사람의 고발로 기독교인임이 드러나면 사형에 처하기 일쑤였는데, 트라야누스황제는 이를 금지했다. 게다가 만약 그 고발을 뒷받침할 만한 마땅한 증거가 없다면 고발하는 사람에게도 동등한 처벌을 가할 것이라고 선포했다. 177년 루그두눔(지금의 리옹)에서 일어난 기독교인 대박해 사건 같은 여러 위기가 있었지만 결국 반기독교 운동은 보편화되지도 못했고 영원하지도 않았다. 다만 기독교 운동가들이 대역죄를 선고받고도 공개적으로 종교를 포기하지 않을 때만 처형이 이루어졌다.

결국 기독교는 계속해서 널리 퍼져갔다. 그러던 중 로마제국이 기독교인 박해에 박차를 가했던 3세기 하반기의 여러 사건 뒤로 중대한 변화가 찾아왔다. 콘스탄티누스 1세가 312년 마지막 황위 계승자(비기독교도)를 꺾고 마침내 종교적 평화를 이룬 것이다. 이제 기독교는 숨어서 믿어야 하는 불법적인 종교에서 벗어나 고유의 건물인 바실리카회당과 교회를 세울 수 있게 됐다. 게다가 기독교는 한 세기 만에 황제의 지원을 받으며 유일한 합법적 종교로 군림하였다. 하지만 결국 온갖 종파와 지역으로 뿔뿔이 흩어지고 말았다.

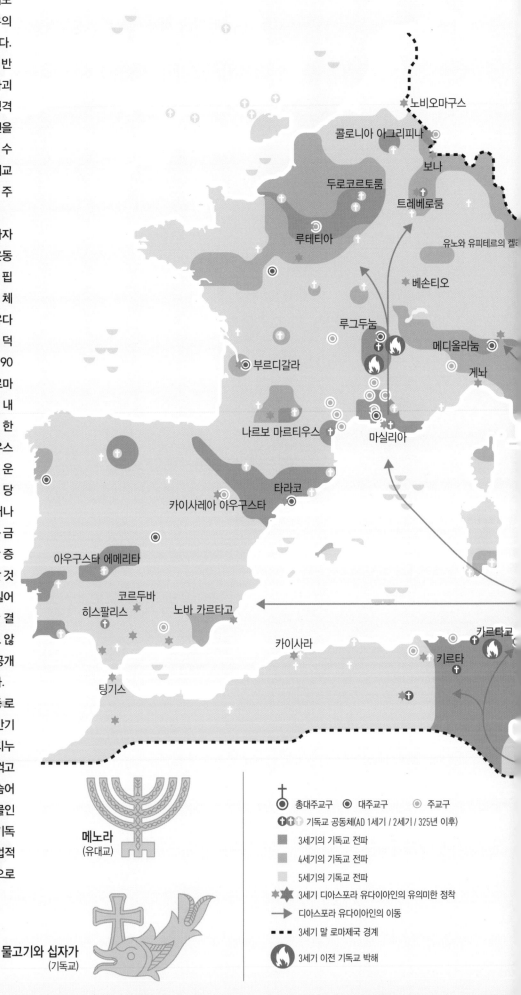

노비오마구스
콜로니아 아그리피나
보나
두로코르토룸
트레베로룸
루테티아
유노와 유피테르의 켈
베손티오
루그두눔
메디올라눔
게놔
부르디갈라
나르보 마르티우스
마실리아
타라코
카이사레아 아우구스타
아우구스타 에메리타
코르두바
히스팔리스
노바 카르타고
카르타고
키르타
카이사라
팅기스

메노라
(유대교)

물고기와 십자가
(기독교)

✝ 총대주교구　◉ 대주교구　◎ 주교구
✝✝✝ 기독교 공동체(AD 1세기 / 2세기 / 325년 이후)
■ 3세기의 기독교 전파
■ 4세기의 기독교 전파
■ 5세기의 기독교 전파
★ 3세기 디아스포라 유다이아인의 유의미한 정착
→ 디아스포라 유다이아인의 이동
┄ 3세기 말 로마제국 경계
🔥 3세기 이전 기독교 박해

기독교의 확산 로마제국 인구 중 기독교인 비중(%)

1. AD 177 / 로마제국 내 기독교인 박해(루그두눔의 순교)
2. AD 202 / 유대교·기독교 포교 전면 금지
3. AD 250 / 기독교 박해(성 키프리아누스의 순교)
4. AD 260 / 기독교 관용 칙령
5. AD 301 / 아르메니아가 최초로 기독교를 공식종교로 받아들임. 티리다테스 3세가 성 그레고리의 세례를 받고 기독교로 개종함
6. AD 303 / 기독교인 박해
7. AD 311 / 세르디카칙령(기독교 관용)
8. AD 312 / 막시미누스칙령(기독교 박해)
9. AD 313 / 밀라노칙령(기독교 관용)
10. AD 331 / 성전들의 재산조사 및 몰수
11. AD 341 / 이교도의 제사 금지
12. AD 356 / 동방종교의 제사 금지 및 성전 폐쇄
13. AD 361 / 이교도 복권 및 기독교에 반대하는 조치
14. AD 381 / 제2도회 콘스탄티노폴리스공의회 개최: 이교도의 제사 금지 철회
15. AD 382 / 국교에서 다신교는 배척, 승리의 제단이 원로원 회의장에서 제거됨
16. AD 385 / 제사 및 제물의 내장 연구 금지
17. AD 386 / 시리아, 아이깁투스, 아프리카의 신전 파괴
18. AD 391 / 로마 내에서 전통적인 사적의례 금지
19. AD 392 / 로마제국 내에서 전통의례(다신교) 금지
20. AD 399 / 지방의 이교도신전 파괴, 카일레스티스 신전 파괴
21. AD 435 / 이교도 제사 금지 회복

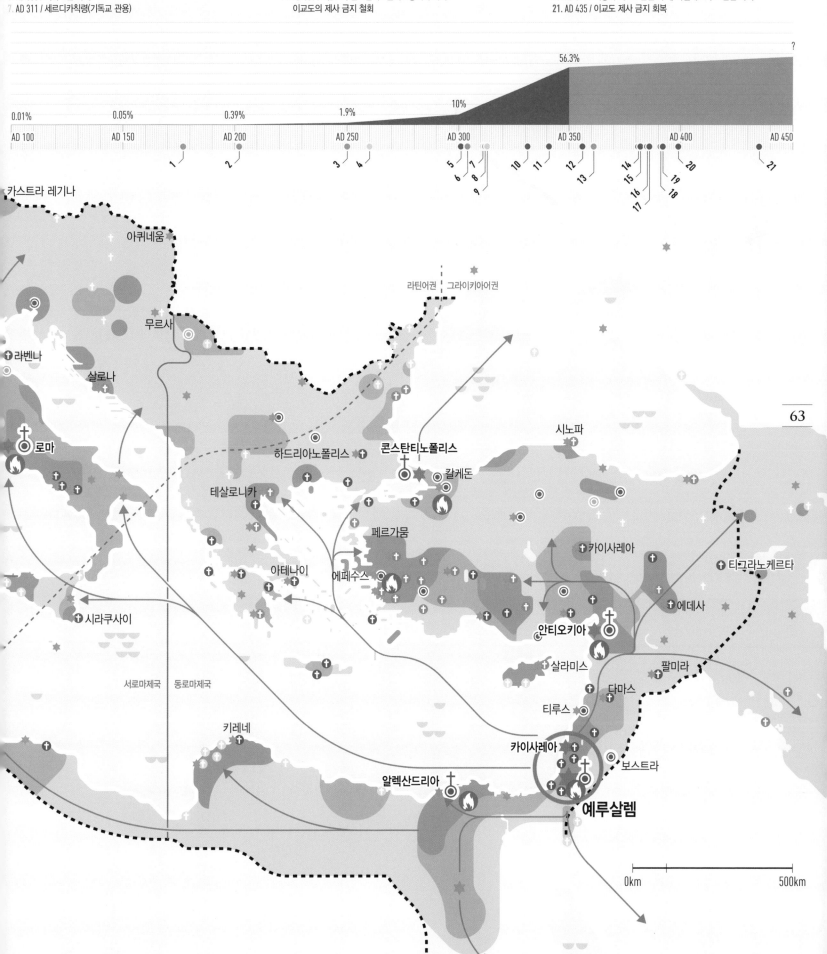

로마의 경제

로마는 공화정기 수많은 전쟁을 거치며 이탈리아반도와 지중해 서부지역을 점령했고, 나아가 기원전 2~1세기에는 지중해 동부와 인근 국가들까지 평정했다. 덕분에 로마인들은 기원후 초반부터 오늘날의 지브롤터해협에서 흑해, 스코틀랜드에서 라인강, 다뉴브강에서 사하라사막까지에 이르는 거대한 영토를 자유롭게 왕래할 수 있었다. 이러한 배경을 고려할 때 이즈음부터 이른바 '국제 경제'라고 부를 만한 것이 생겨났다고 조심스럽게 추측할 수 있다. 로마의 경제체제는 이때부터 약 두 세기에 걸쳐 발전을 거듭하다가 3세기 중반 정치적 갈등과 외부로부터의 침략이 거세지면서 잠시 침체기를 겪었다. 4세기 초, 정세가 안정되면서 로마의 경제는 비교적 회복되었으나 이전과 같은 영화를 누릴 수는 없었다. 라인강과 다누비우스강 너머로 이민족들의 압박이 커졌을 뿐 아니라, 제국이 반으로 분할되며 비교적 더 부유했던 동로마의 새 수도 콘스탄티노폴리스가 집중적으로 발달하기 시작했던 탓이다. 결국 5세기에 들어 서로마제국이 몰락하면서 로마의 경제 역시 빠르게 쇠퇴하고 말았다.

로마 경제의 특징을 어떻게 정의할 수 있을까? 사실 고대의 경제는 오래전부터 이론적인 논쟁의 대상이 되어 왔다. 무엇보다도 근거가 명확하지 않다는 점이 가장 큰 이유다. 고대 경제를 문서화한 자료가 부족하다. 물론 고고학의 발달로 새로운 유물들을 계속 발굴하고 있지만 이를 분석하는 과정도 쉽지 않다. 발굴된 영토의 주인은 누구였는지, 이곳이 농작지였는지 작업장이었는지, 어떤 식으로 운영되었는지, 그 수익은 어떠했는지 알 길이 없다. 도자기처럼 그나마 잘 보존된 유물들이 발견될 때도 있지만, 이것이 고가의 사치품이었을지 아니면 평범한 잡화였을지는 확인할 수 없는 노릇이니 이 또한 의문이 남기는 마찬가지다. 또한 난파선 잔해나 발굴 현장에서 수많은 토기 항아리가 발견됐다고 해도 이것이 로마

1 • 로마의 경제구조

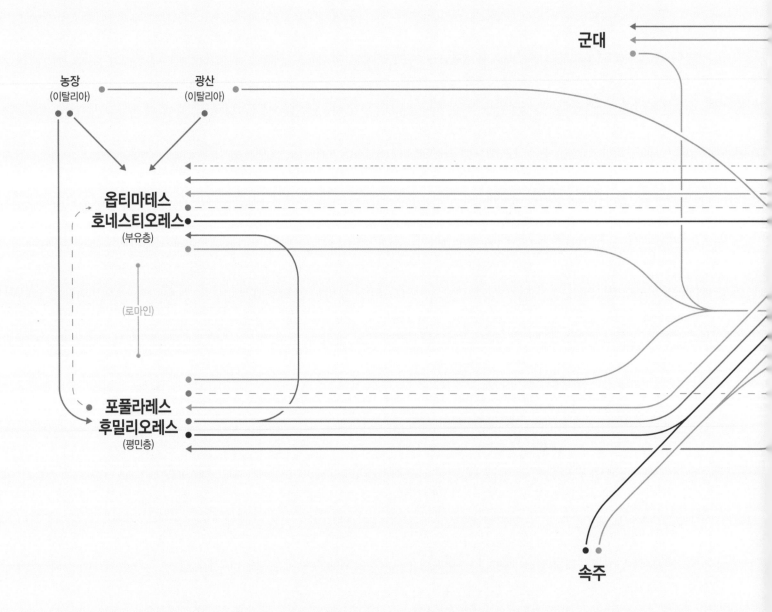

의 포도나 올리브 생산 분야의 믿을 만한 자료가 될 수는 없다. 실제로 이전에는 로마인들이 포도주를 보관하기 위해 이러한 토기 항아리만을 사용했으리라 추측했는데, 이후 고고학 연구를 통해 항아리만이 아닌 나무 통도 함께 쓰였다는 것이 확인됐다. 그때까지만 해도 거의 알려지지 않았던 사실이었다.

고대의 토지는 수익을 약 6%의 낼 수 있는 훌륭한 투자 영역이었을 터이지만, 알려진 기록을 살펴보면 로마인들의 경제관념은 현대 기준으로는 그다지 합리적이지 않아 보인다. 로마인들은 농업에 시장논리를 적용하지 않았고 오로지 자급자족만을 목표로 삼았다. 상업과 제조업 역시 경제적으로는 늘 제한적이고 지엽적인 분야였으며, 오로지 석재, 진주, 향료, 향신료 등 고가의 사치품을 생산하고 거래해야만 높은 수익을 기대할 수 있었다. 물론 제정기 초기 북아프리카나 서부 지역에서 대규모의 농업 개발이 이루어지기도 했지만, 실제로 식용유, 포도주, 도

자기 등 일반적인 생활필수품의 공급이 수요를 웃돈 건 공화정 말기 정도를 제외하면 매우 드물었다. 이처럼 고대 로마의 경제는 아직 밝혀지지 않은 것들이 많다. 역사학적 공백과 지리학적 불균형으로 인해 연구에 한계가 있을뿐더러, 학계 자체가 지니는 이론적 입장 역시 불분명하다. 모지스 핀리, 피터 간시 등의 학자처럼 경제를 문화나 정치의 일부로 보는 '원시주의적' 접근과, 고대의 경제를 현대 사회의 경제적 기준으로 살펴보는 '근대주의적' 접근 중에서 갈팡질팡하고 있기 때문이다. 최근에는 클로드 니콜레와 폴 벤의 연구로 고대 경제관념의 특수성을 인정하되 그 안에서 경제적 수요와 생산 등을 파악하고자 하는 중도주의 노선 역시 힘을 얻고 있다.

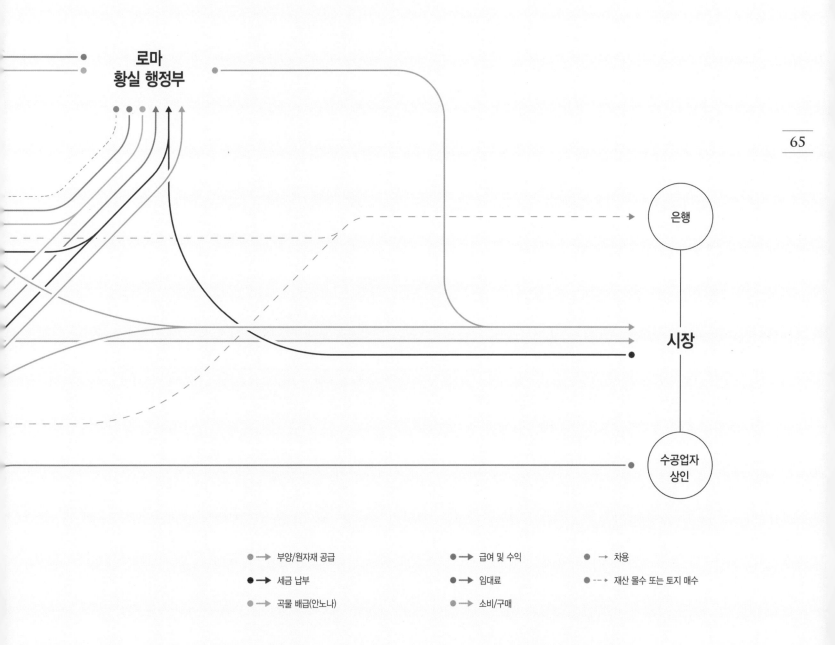

2 • 로마시·이탈리아·로마제국의 수요

공화정기의 경제는 주로 기본적인 수요, 특히 식량의 수요와 깊은 관련이 있었다. 로마에서 식량 공급은 사실 정치적인 문제에 더 가까웠다. 공급 부족이 심해지면 시민들의 반란이 일어날 수 있었기 때문이었다. 따라서 로마인의 경제활동은 상당 부분 밀, 이후에는 기름의 공급에 치중해 있었고, 이는 시장논리와는 거리가 멀었다. 국가와 특권층은 '안노나'라고 불리는 식량 구제 제도를 책임졌다. 4세기경 콘스탄티노폴리스 건립 이후 인구가 급격히 감소한 것을 보면 로마에서 안노나가 얼마나 중요했는지 알 수 있다. 로마 외의 대도시에서도 상황은 비슷했다. 이곳에서는 개인 농장의 농작물을 공급하고 피호인에게 식량을 배급하는 등 지역 귀족후원 제도가 매우 중요했다.

로마의 경제는 자유경쟁과는 거리가 멀었다. 경제적인 위기가 발생할 때마다 공화정기에는 원로원이, 제정기에는 황제가 적극적으로 개입했다. 황제들은 밀을 운반(클라우디우스부터 콤모두스 통치기에는 알렉산드리아에서 로마까지, 그 이후로는 아프리카에서 로마까지)하는 운송업자나 상인에게 세금 혜택과 법적 특권을 주었다. 일상품에 대한 수요는 지역 내의 수공업 생산으로 충분히 채울 수 있었다. 하지만 일부 제품(도자기, 기와, 벽돌, 야금, 대리석)은 운송을 통한 거래가 필요했고 따라서 무역망이 형성되었을 것으로 보인다. 그러나 당시의 거래 흐름이나 유통과 관련된 정보는 거의 남아 있지 않다. 예를 들어 기와나 벽돌은 사실 거래용 상품이 아닌 배의 무게 균형을 잡는 밸러스트로 쓰인 것일 수도 있으므로, 라티움 내 대규모 농장에서 생산된 벽돌이 아프리카에서 발굴됐다고 해서 이것이 꼭 벽돌이 활발히 수출됐다는 것을 입증해줄 수는 없다. 그럼에도 벽돌과 기와에 찍힌 표식을 통해 로마의 군대가 이런 제품들을 가장 많이 생산했다는 사실을 확인할 수 있다. 이러한 벽돌은 군 내부 수요를 충족하기 위해서이기도 했지만, 군기지 주위의 공공시설을 짓는 데 쓰이기도 했다. 기원후 1세기 말부터는 대형 건축물(목욕탕, 신전, 포룸, 주랑 등)의 건설에 벽돌이 다량 사용되었는데, 이에 로마제국은 벽돌 제조업자들을 재빨리 징발해야 했다. 한편 무역으로 가장 많이 거래되었을 것으로 추정되는 제품은 대리석, 화강암, 금속 등으로 특히 대리석은 대체로 공공시설에 쓰였다. 채석장, 광산 등은 대부분 황실 소유였다.

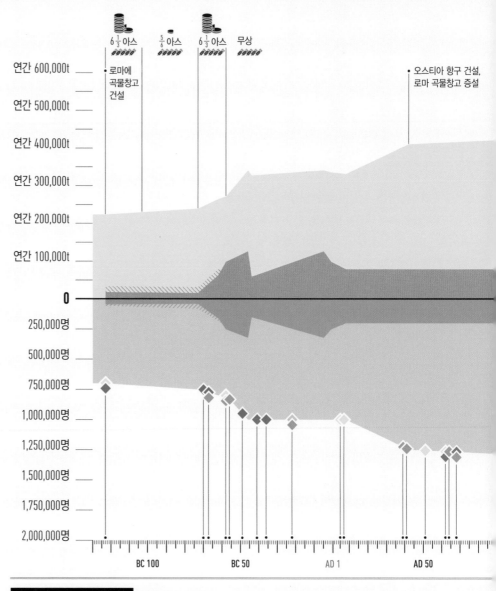

로마의 주요 밀 공급처 시킬리아, BC 73

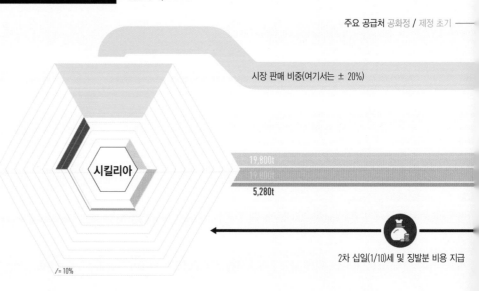

주요 공급처 공화정 / 제정 초기 ——

시장 판매 비중(여기서는 ± 20%)

시킬리아

19,800t
19,800t
5,280t

2차 십일(1/10)세 및 징발분 비용 지급

/ = 10%

시킬리아의 곡물 분배(추정)

1차 십일세 / 세금(10%)	2차 십일세 / 모디우스 당 3세스테르티우스에 구매(10%)	징발분 / 모디우스 당 3.5세스테르티우스에 구매(2.
총독에 의해 징수(±0.7%)	종자로 보관(±12.5%)	국내 소비 / 비축분 / 수출(±64.3%)

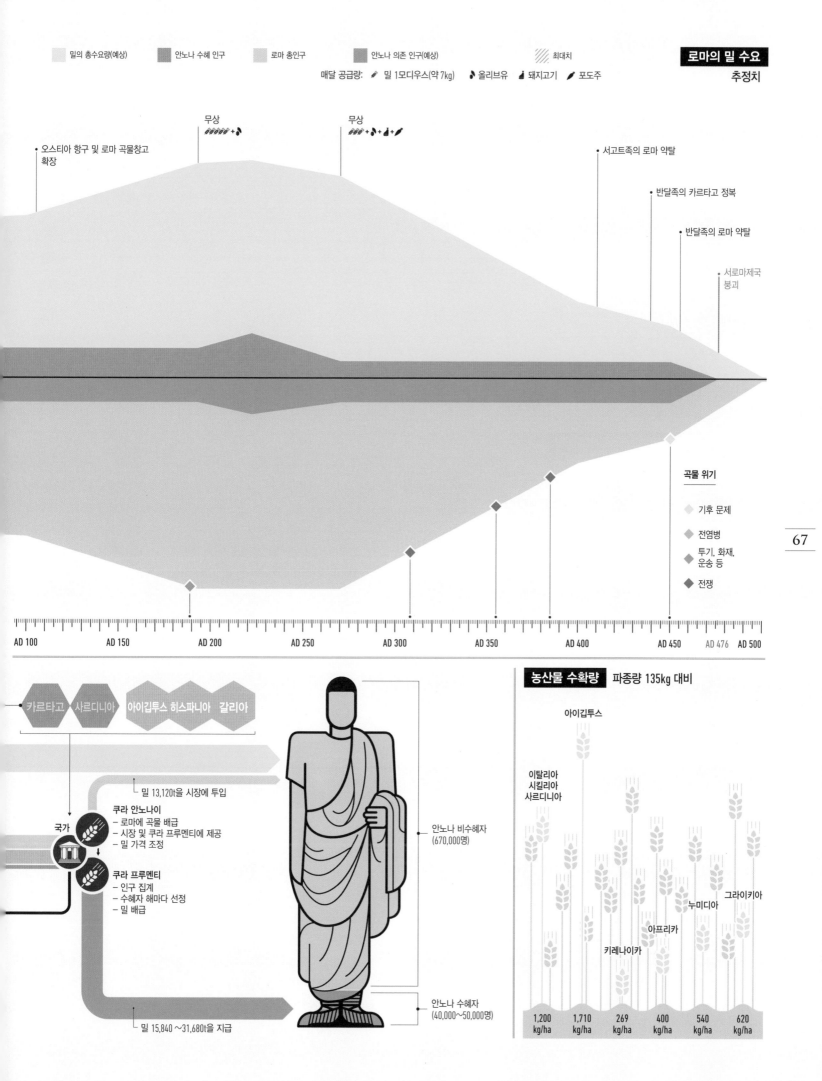

밀의 총수요량(예상)   안노나 수혜 인구   로마 총인구   안노나 의존 인구(예상)   최대치

매달 공급량: 밀 1모디우스(약 7kg) 올리브유 돼지고기 포도주

오스티아 항구 및 로마 곡물창고 확장

무상

무상

서고트족의 로마 약탈

반달족의 카르타고 정복

반달족의 로마 약탈

서로마제국 붕괴

곡물 위기

기후 문제

전염병

투기, 화재, 운송 등

전쟁

AD 100   AD 150   AD 200   AD 250   AD 300   AD 350   AD 400   AD 450   AD 476   AD 500

67

카르타고 사르디니아 아이깁투스 히스파니아 갈리아

밀 13,120t을 시장에 투입

국가

쿠라 안노나이
- 로마에 곡물 배급
- 시장 및 쿠라 프루멘티에 제공
- 밀 가격 조정

쿠라 프루멘티
- 인구 집계
- 수혜자 해마다 선정
- 밀 배급

안노나 비수혜자
(670,000명)

안노나 수혜자
(40,000~50,000명)

밀 15,840 ~31,680t을 지급

농산물 수확량 파종량 135kg 대비

아이깁투스

이탈리아
시킬리아
사르디니아

그라이키아

누미디아

아프리카

키레나이카

| 1,200 kg/ha | 1,710 kg/ha | 269 kg/ha | 400 kg/ha | 540 kg/ha | 620 kg/ha |

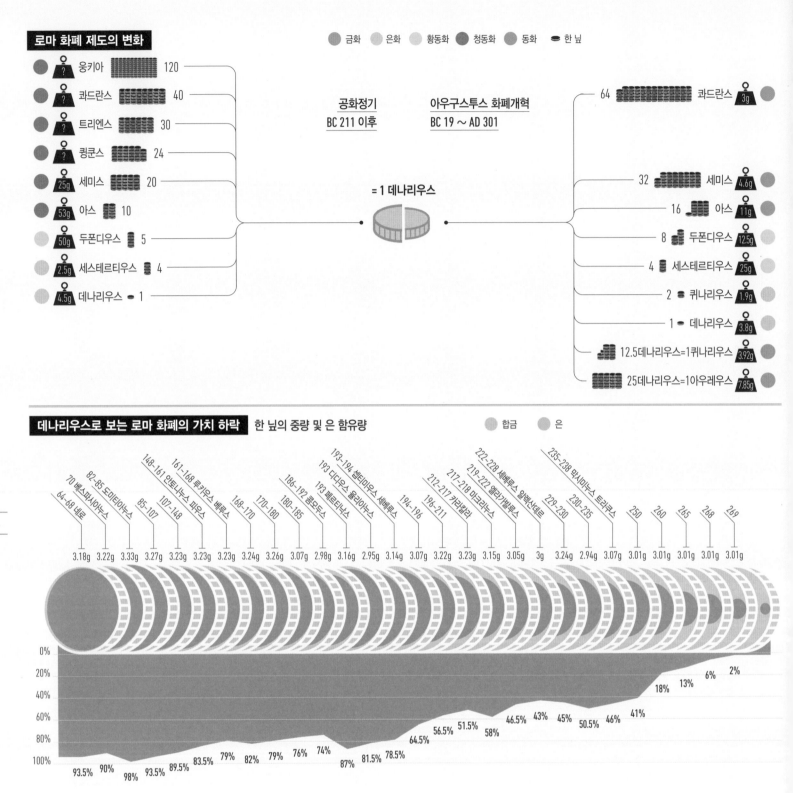

로마 화폐의 역사는 크게 네 단계로 나눌 수 있다. 첫번째는 기원전 4세기까지로, 초기에는 청동 동전이 사용되다가 이후 인물화가 새겨진 청동 주괴가 쓰이기 시작했다. 청동 주괴의 가치는 직접 무게를 달아 정해졌다. 두 번째는 기원전 3세기 말부터로, 당시 제2차 포에니전쟁에 참여한 병사들에게 봉급을 지급하기 위해 그라이키아식 화폐를 본떠 은과 청동의 주조체제를 갖추기 시작했던 시기다. 세 번째는 제정기의 첫 300년이다. 기원전 19년, 아우구스투스황제의 화폐개혁으로 안정된 화폐체제가 계속 이어진 덕분이었다. 아우구스투스는 금화(카이사르에게서 시작됨)·은화와 더불어 비귀금속이 섞인 화폐들을 만들고 각각의 가치를 배수 형태로 명확히 하였다. 청동 동전은 사라졌고, 공화정기 최소 단위 은화였던 세스

테르티우스는 동과 아연이 섞인 합금화가 되었으며, 아스는 순동으로 만들어지기 시작했다. 또한 세스테르티우스가 로마 경제의 기본 화폐 단위로 떠올랐고, 데나리우스는 특히 군인의 봉급 지급과 인구조사 시에 사용되었다.

그러나 시간이 지나면서 화폐의 가치 하락은 점차 빨라졌다. 셉티미우스 세베루스황제는 데나리우스의 은 함유량을 70%에서 50%로 줄였다. 이후 군인 봉급이 인상되자 카라칼라황제는 215년 새로운 화폐 안토니니아누스를 만들었다. 안토니니아누스는 2데나리우스에 해당하는 가치로, 은 함유량은 50%, 중량은 1.5데나리우스와 같았다. 하지만 이 화폐의 가치 또한 점차 하락했으며, 고티쿠스황제 통치기(기원후 268~270년)에는 은 함유량이 3~4%까지 떨어져 외관도

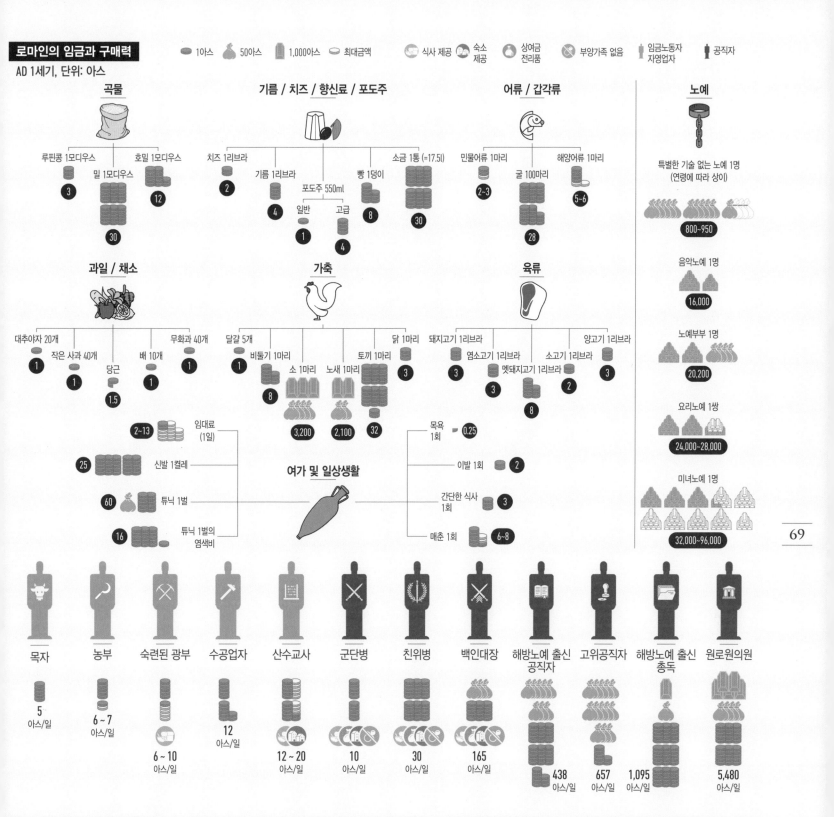

로마인의 임금과 구매력

AD 1세기, 단위: 아스

범례: 1아스 · 50아스 · 1,000아스 · 최대금액 · 식사 제공 · 숙소 제공 · 상여금 전리품 · 부양가족 없음 · 임금노동자 자영업자 · 공직자

곡물

루핀콩 1모디우스 3
밀 1모디우스 30
호밀 1모디우스 12

기름 / 치즈 / 향신료 / 포도주

치즈 1리브라 2
기름 1리브라 4
빵 1덩이 8
소금 1통 (=17.5ℓ) 30
포도주 550ml — 일반 1 / 고급 4

어류 / 갑각류

민물어류 1마리 2~3
굴 100마리 28
해양어류 1마리 5~6

노예

특별한 기술 없는 노예 1명 (연령에 따라 상이) 800~950
음악노예 1명 16,000
노예부부 1명 20,200
요리노예 1쌍 24,000~28,000
미녀노예 1명 32,000~96,000

과일 / 채소

대추야자 20개 1
작은 사과 40개 1
배 10개 1
무화과 40개 1
당근 1.5

가축

달걀 5개 1
비둘기 1마리 8
소 1마리 3,200
노새 1마리 2,100
토끼 1마리 32
닭 1마리 3

육류

돼지고기 1리브라 3
염소고기 1리브라 멧돼지고기 1리브라 2
소고기 1리브라 8
양고기 1리브라 3

여가 및 일상생활

임대료 (1일) 2~13
신발 1컬레 25
튜닉 1벌 60
튜닉 1벌의 염색비 16

목욕 1회 0.25
이발 1회 2
간단한 식사 1회 3
매춘 1회 6~8

목자	농부	숙련된 광부	수공업자	산수교사	군단병	친위병	백인대장	해방노예 출신 공직자	고위공직자	해방노예 출신 총독	원로원의원
5 아스/일	6~7 아스/일	6~10 아스/일	12 아스/일	12~20 아스/일	10 아스/일	30 아스/일	165 아스/일	438 아스/일	657 아스/일	1,095 아스/일	5,480 아스/일

거의 청동화에 가까워졌다. 안토니니아누스의 8분의 1 수준이었던 세스테르티우스는 더 이상 주조되지 않았다.

294년 말, 디오클레티아누스황제는 개혁을 통해 네로황제 통치기에 통용되던 데나리우스와 가치가 같은 화폐인 아르겐테우스, 은이 소량 포함된 눔무스를 비롯해 청동화 세 가지를 새롭게 도입했다. 가치가 하락하긴 했지만 여전히 기본 단위로는 데나리우스가 사용되었다. 뒤이어 콘스탄티누스황제는 311년경 새 화폐 솔리두스(순금 4.5g)를 도입해 금본위제를 시행했다. 이교도신전에 쌓여 있던 금을 몰수한 덕분에 높은 안정성을 유지할 수 있었던 솔리두스는 6세기 비잔티움제국에서까지도 여전히 안전 자산으로 쓰였다.

로마의 화폐는 시장논리에 따르지 않고 국가가 개입해 가치를 통제했다. 공화정기에는 원로원이, 제정기에는 황제가 적극 개입하였는데 특히 제정기에는 고리대금이나 채무를 해결하기 위해 때로는 대출을 지원하기도 했다. 한편 서유럽지역 대부분이 로마의 통치 아래에 있었던 덕분에 무역이나 관세 분야의 화폐 단위를 데나리우스로 통일하는 것이 가능했다.

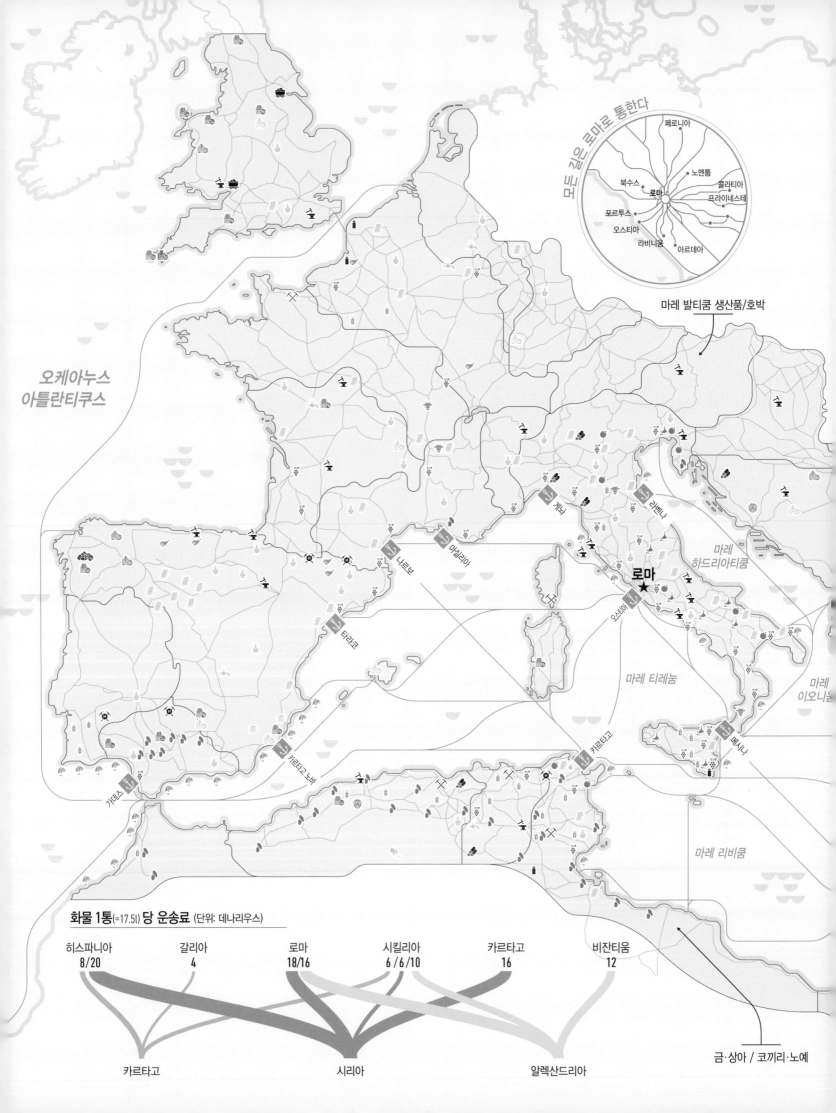

오케아누스
아틀란티쿠스

마레 발티쿰 생산품/호박

머든 길은 로마로 통한다

페로니아
노멘툼
북수스 로마 콜라티아
프라이네스테
포르투스
오스티아
라비니움 아르데아

게누아
나르보
마살리아 라벤나
로마
타라코 마레 하드리아티쿰
오스티아
카르타고 노바 카르타고 마레 티레눔
메시나
가데스 마레 이오니움

마레 리비쿰

화물 1통(=17.5ℓ) **당 운송료** (단위: 데나리우스)

히스파니아	갈리아	로마	시킬리아	카르타고	비잔티움
8/20	4	18/16	6/6/10	16	12

카르타고   시리아   알렉산드리아

금·상아 / 코끼리·노예

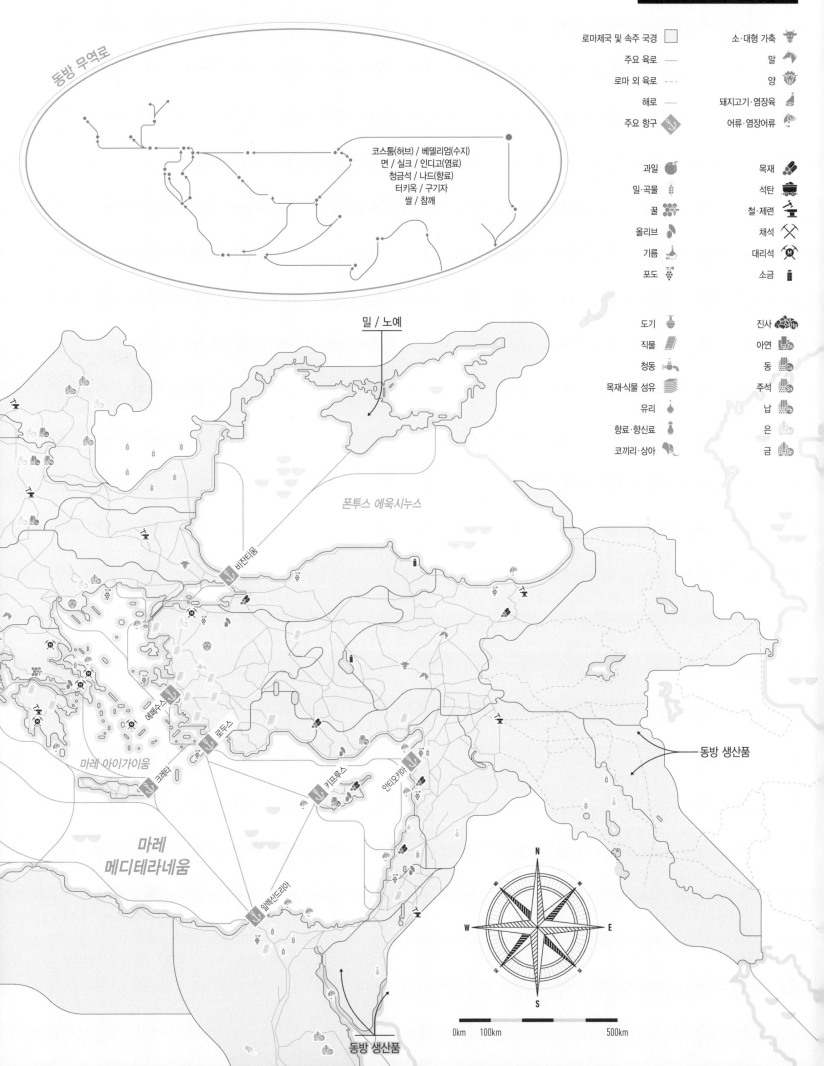

로마제국 및 속주 국경
주요 육로
로마 외 육로
해로
주요 항구

소·대형 가축
말
양
돼지고기·염장육
어류·염장어류

과일
밀·곡물
꿀
올리브
기름
포도

목재
석탄
철·제련
채석
대리석
소금

도기
직물
청동
목재·식물 섬유
유리
향료·향신료
코끼리·상아

진사
아연
동
주석
납
은
금

동방 무역로

코스툼(허브) / 베델리엄(수지)
면 / 실크 / 인디고(염료)
청금석 / 나드(향료)
터키옥 / 구기자
쌀 / 참깨

밀 / 노예

폰투스 에욱시누스

비잔티움

에페수스
로두스
마레 아이가이움
크레타
키프루스
안티오키아

마레
메디테라네움

동방 생산품

알렉산드리아

동방 생산품

N
W E
S

0km 100km 500km

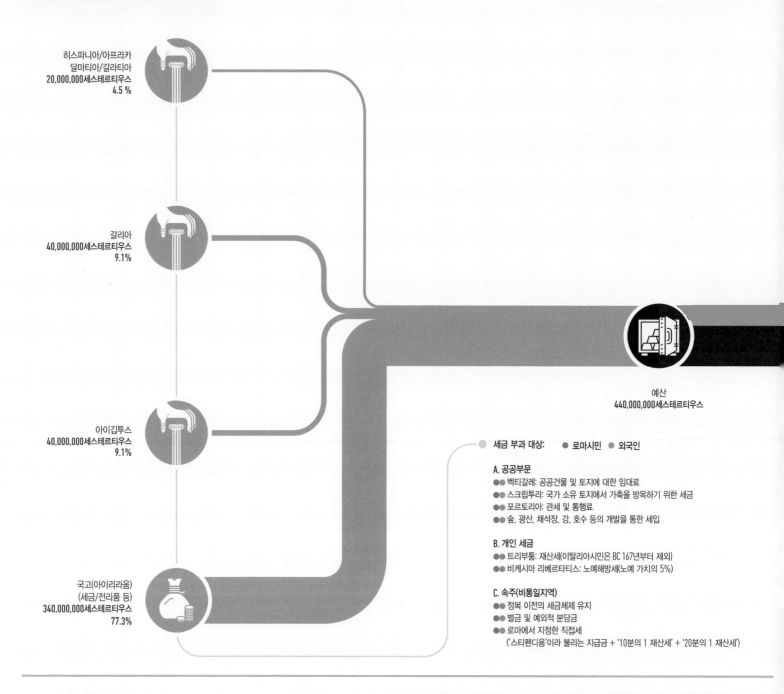

히스파니아/아프리카
달마티아/갈라티아
20,000,000세스테르티우스
4.5 %

갈리아
40,000,000세스테르티우스
9.1%

아이깁투스
40,000,000세스테르티우스
9.1%

국고(아이리라움)
(세금/전리품 등)
340,000,000세스테르티우스
77.3%

예산
440,000,000세스테르티우스

세금 부과 대상: ● 로마시민 ● 외국인

A. 공공부문
●● 벡티갈레: 공공건물 및 토지에 대한 임대료
●● 스크립투라: 국가 소유 토지에서 가축을 방목하기 위한 세금
●● 포르토리아: 관세 및 통행료
●● 숲, 광산, 채석장, 강, 호수 등의 개발을 통한 세입

B. 개인 세금
●● 트리부툼: 재산세(이탈리아시민은 BC 167년부터 제외)
●● 비케시마 리베르타티스: 노예해방세(노예 가치의 5%)

C. 속주(비통일지역)
●● 정복 이전의 세금체제 유지
●● 벌금 및 예외적 분담금
●● 로마에서 지정한 직접세
  ('스티펜디움'이라 불리는 지급금 + '10분의 1 재산세' + '20분의 1 재산세')

72

3 • 국가의 세입과 지출

로마는 해마다 군사작전을 실시하고 상비군을 유지하는 비용에 더해 국민의 식량을 확보하기 위해 언제나 밀 수요가 많았다. 제정기의 밀 수요량은 연간 15만 톤에서 20만 톤 사이였는데, 최대 27만 톤에서 40만 톤까지 늘어났다. 특히 로마군은 연간 10만 톤(1인당 하루 1킬로그램)이 필요했으며 세베루스왕조 통치기에는 그 양이 15만 톤까지 늘어나기도 했다. 이 수요는 주로 로마가 징수한 세금과 황실 자산으로 채워졌다. 디오클레티아누스황제 통치기부터는 로마군도 자유시장에서 식량을 구입할 수 있게 됐다. 사실 밀 수요(이후에는 기름의 수요도 마찬가지였다)의 약 60%는 나라에서 지원하는 식량 구제 제도(안노나)를 통해 채워졌고, 나머지 40%는 부유층 가문들이 소유한 농장의 수확물을 자신의 '피호인'이나 피부양인들에게 나누어 주어 충당했던 것으로 추정된다. 사적 거래 비율은 알 수 없다.

아우구스투스황제 통치기부터는 아이깁투스에 부과한 세금과 더불어 다양한 직·간접세를 징수하기 시작했다. 로마 세금체제의 길고 복합적인 역사는 주로 어디를 어떻게 정복했는지에 따라 변화하곤 했다. 기원전 167년부터는 이탈리아에 거주하는 로마시민은 더 이상 직접세(트리부툼)를 내지 않아도 되었다. 그래도 각종 간접세(이를테면 제정기의 노예해방세 5%, 노예매매세 4%, 방계상속세 5% 등)는 유지되었고 국가 소유의 장소 또는 토지를 이용할 때는 임대료도 내야 했다. 속주들은 직접세 납세가 의무였으나 드물게 이탈리아법을 따르는 도시들은 제외되기도 했다. 직접세에는 소작세나 관세(예를 들어 갈리아인은 알프스산맥 등 로마의 국경을 왕래할 때 통행세 2.5%를 반드시 내야 했다) 등이 포함되었다. 이러한 각 도시의 세금은 해당 지역 당국 혹은 현지 파견된 로마 공직자가 징수하였고, 공화정기에는 세리조합 또는 국가로부터 세금징수권을 매수한 기사계급 로마인들이 징수했다. 제정기, 속주 총독의 재정이나 황실 자산들은 속주 재무관(프로쿠라토르)이 담당했다.

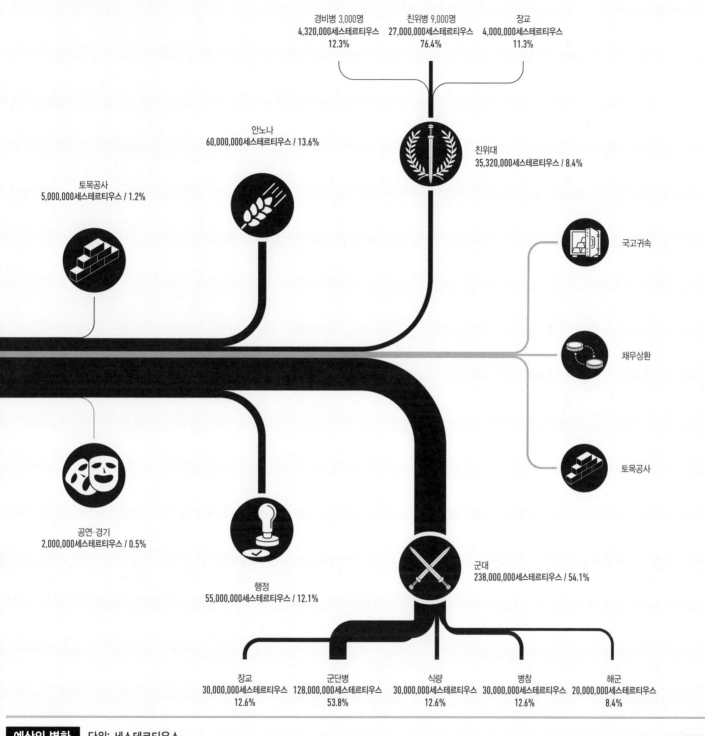

경비병 3,000명
4,320,000세스테르티우스
12.3%

친위병 9,000명
27,000,000세스테르티우스
76.4%

장교
4,000,000세스테르티우스
11.3%

안노나
60,000,000세스테르티우스 / 13.6%

친위대
35,320,000세스테르티우스 / 8.4%

토목공사
5,000,000세스테르티우스 / 1.2%

국고귀속

채무상환

토목공사

공연·경기
2,000,000세스테르티우스 / 0.5%

행정
55,000,000세스테르티우스 / 12.1%

군대
238,000,000세스테르티우스 / 54.1%

장교
30,000,000세스테르티우스
12.6%

군단병
128,000,000세스테르티우스
53.8%

식량
30,000,000세스테르티우스
12.6%

병참
30,000,000세스테르티우스
12.6%

해군
20,000,000세스테르티우스
8.4%

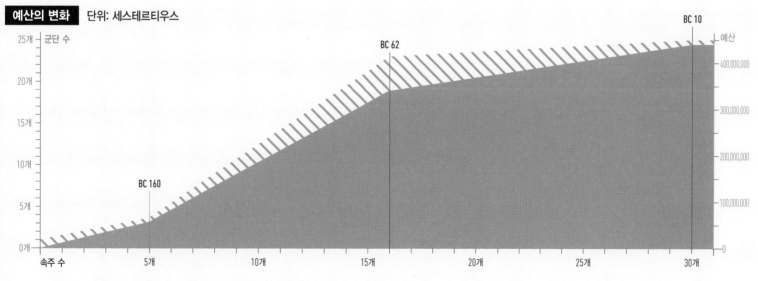

예산의 변화 단위: 세스테르티우스

BC 10

BC 62

BC 160

군단 수

예산

25개

20개

15개

10개

5개

0개

400,000,000

300,000,000

200,000,000

100,000,000

0

속주 수   5개   10개   15개   20개   25개   30개

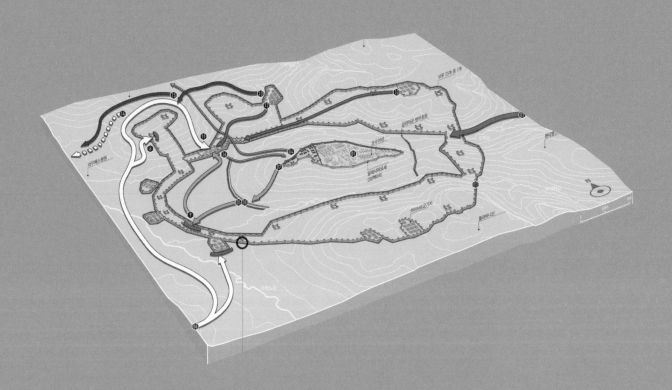

3

로마의 군대

로마의 군단, 레기오

실용주의 해상강국

주요전투 및 작전

로마의 군단, 레기오

1 • 로마군 변천사

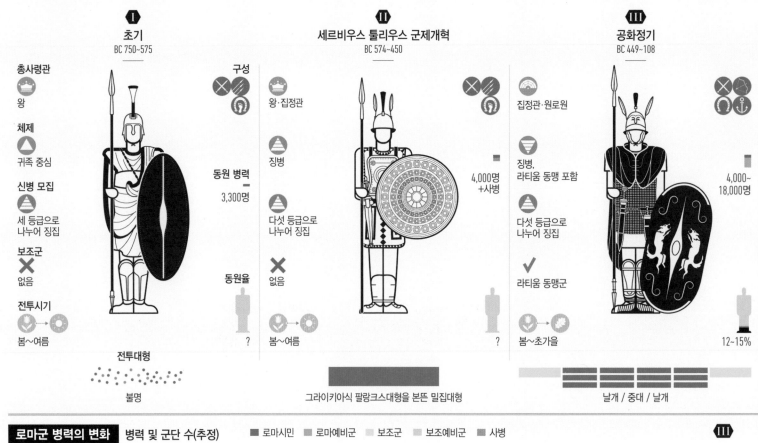

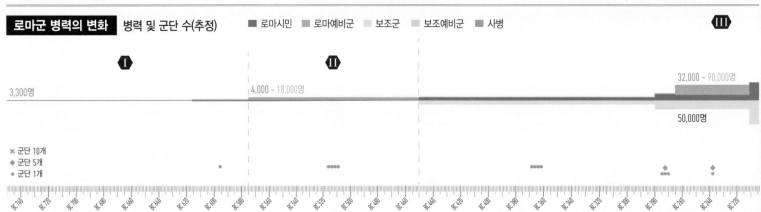

로마가 열한 세기에 걸쳐 수많은 속주를 정복하고 이를 유지하는 동안 로마의 군대 체제 역시 크게 변화했다. 사실 알려진 것과 달리 로마군의 전력 자체는 그렇게 막강하지 않았다. 실제 전장에서도 카르타고나 헬레니즘왕국의 전사들, 그리고 전투가 일상이나 다름없던 이민족 등 당대의 내로라하는 군대들에 비하면 로마군은 늘 열세였다. 하지만 로마는 몇 번의 뼈아픈 패배를 겪었음에도 결국 기원전 4세기부터 기원전 1세기까지 이 모든 적을 무너뜨리고 이후 400여 년간 로마제국을 보전했다. 이는 두 가지 요인 덕분에 가능했다. 첫 번째는 새로운 시민의 유입에 개방적이었다는 점이다. 덕분에 포에니전쟁 이후로 로마의 동원 가능 인구는 폭발적으로 늘어났고, 이로써 제정기의 수많은 반란이나 이민족의 침입에 대

응할 수가 있었다. 두 번째는 로마가 자국의 군대와 장비가 지닌 기술적인 약점을 인정하고 이를 전투부대인 보조군을 활용해 효율적으로 보완했다는 점이다. 로마의 보조군은 주로 로마의 동맹시 출신(기원전 78년부터는 이탈리아의 자유민 모두가 시민권을 얻었으므로 그 전까지의 기준)으로 구성되었다.

기원전 2세기 말 이후 로마는 모든 시민을 재산에 따라 다섯 등급으로 나누어 징집하는 시민군 제도에서 직업군 제도로 전환했다. 영토가 넓어져 전투지역이 멀어졌기 때문이다. 물론 시민군과 보조군이 보완하는 체제 자체는 변함이 없었다. 제정기 초기에는 주로 이탈리아 내의 로마화된 도시를 중심으로 신병 모집이 이루어졌고, 기원후 70년경부터는 이탈리아의 병력이 고갈되어가자 주로 로마

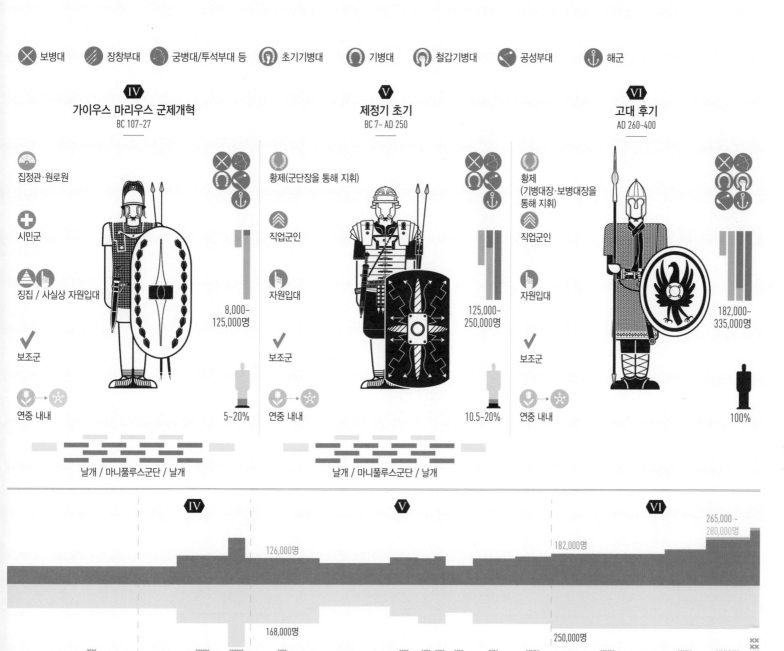

보병대 장창부대 궁병대/투석부대 등 초기기병대 기병대 철갑기병대 공성부대 해군

IV
가이우스 마리우스 군제개혁
BC 107~27

집정관·원로원
시민군
징집 / 사실상 자원입대
보조군
연중 내내

8,000~125,000명
5~20%

날개 / 마니풀루스군단 / 날개

V
제정기 초기
BC 7~ AD 250

황제(군단장을 통해 지휘)
직업군인
자원입대
보조군
연중 내내

125,000~250,000명
10.5~20%

날개 / 마니풀루스군단 / 날개

VI
고대 후기
AD 260~400

황제(기병대장·보병대장을 통해 지휘)
직업군인
자원입대
보조군
연중 내내

182,000~335,000명
100%

IV 126,000명 / 168,000명
V
VI 182,000명 / 250,000명 / 265,000~280,000명

화된 속주(갈리아 나르보넨시스, 히스파니아, 아프리카)에서도 병력을 동원하기 시작했다. 하지만 트라야누스황제는 이탈리아 출신 병력을 유지하겠다는 강한 의지를 가지고 훗날 군단병이 될지도 모를 빈곤층 아동의 교육을 지원했다. 비록 이 제도가 큰 성과를 거두지는 못했지만 그래도 트라야누스황제는 결국 이탈리아 내에서 네 개 군단을 동원했다. 이후 마르쿠스 아우렐리우스황제 역시 정복전쟁을 나서기 위해 또는 이민족의 침략을 막기 위해 이탈리아 내에서 두 개 군단을 동원했다.

그러나 2세기 이후 군단병 모집은 주로 속주, 특히 기존에 군단이 주둔해 있는 속주 중심으로 이루어졌다. 물론 변화는 끊이지 않았다. 율리우스·클라우디우스왕조 통치기에는 전체 군단병 중 속주 출신이 3분의 1에서 절반 정도에 머물렀지만, 플라비우스왕조 및 트라야누스황제 통치기에는 그 비중이 4분의 3까지 늘어났다. 하드리아누스황제 통치기 당시 아프리카에 주둔했던 제3군단 아우구스타는 북아프리카의 속주 출신 군단병의 비중이 무려 93%에 달했다. 북동유럽지역의 군단병 역시 갈리아 나르보넨시스, 히스파니아, 마케도니아 출신이 대부분이었다. 하지만 3세기부터는 주로 현지에 거주하는 퇴역군인의 자제 위주로 군단이 구성되기 시작했다. 당시의 군단병들은 다누비우스강 인근 및 발칸반도 내 속주 출신이 주를 이뤘다.

2 • 로마군단의 구성

오늘날 널리 알려진 기원전 1세기부터 기원후 3세기까지의 로마군단은 보병 500여 명이 모여 대대(코호르스)를 이루고, 다시 대대 열 개가 모여 하나의 군단을 이뤘다. 각 대대는 대대장(트리부누스 밀리툼)의 명령을 따랐고, 대대장들은 군단장(레가투스 아우구스티)의 명령을 따랐다. 대대장은 황제가 임명했다. 주로 원로원의 원 또는 기사계급 출신의 자제거나 각 도시에서 추천받은 인물이었고, 출신에 따라 차이는 있었지만 일반적으로 장기간 직위를 유지했다. 대대 열 개 중 아홉 개는 세 중대(마니풀루스)로 나뉘었고 각 중대는 다시 80명 규모의 백인대 두 개로 나뉘었다. 나머지 한 대대(제1대대)는 다른 중대의 두 배 병력으로 구성되었다. 대대장

이나 백인대장(켄투리오)은 같은 계급 안에서도 상하 관계가 존재했다. 예를 들어 제1대대의 제1백인대장(프리미필루스)은 군단의 최고 서열에 속했고 보통 가장 뛰어난 병사가 맡곤 했다.

군단의 기병대는 30여 명으로 이루어진 기병중대(투르마) 네 개로 구성되었는데, 각 기병중대는 십인대장(백인대장과 동등계급)의 명령을 따랐다. 또한 군단에는 약 1,400명의 잡역병(칼로)도 포함되어 있었다. 이들은 주로 수송이나 유지 보수 등을 맡았고 군단병들의 생활에 필요한 일과, 이를테면 식수 마련, 막사 설치 등을 지원하기도 했다.

제정기 후기엔 군단의 수는 증가하였지만 각 군단의 병력 수는 감소했다. 실제 야전군 대부분은 기동부대로 구성되었다.

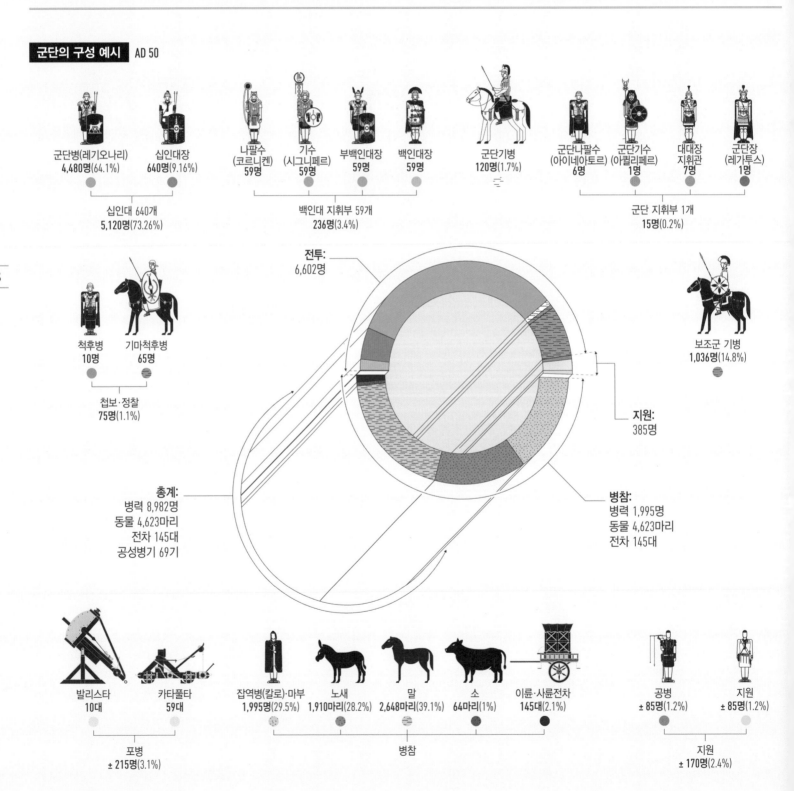

군단의 구성 예시 AD 50

군단병(레기오나리) **4,480명(64.1%)**
십인대장 **640명(9.16%)**
나팔수(코르니켄) **59명**
기수(시그니페르) **59명**
부백인대장 **59명**
백인대장 **59명**
군단기병 **120명(1.7%)**
군단나팔수(아이네아토르) **6명**
군단기수(아퀼리페르) **1명**
대대장 지휘관 **7명**
군단장(레가투스) **1명**

십인대 640개 **5,120명(73.26%)**
백인대 지휘부 59개 **236명(3.4%)**
군단 지휘부 1개 **15명(0.2%)**

척후병 **10명**
기마척후병 **65명**
첩보·정찰 **75명(1.1%)**

전투: **6,602명**

지원: **385명**

병참: **병력 1,995명 / 동물 4,623마리 / 전차 145대**

보조군 기병 **1,036명(14.8%)**

총계: **병력 8,982명 / 동물 4,623마리 / 전차 145대 / 공성병기 69기**

발리스타 **10대**
카타풀타 **59대**
포병 **±215명(3.1%)**

잡역병(칼로)·마부 **1,995명(29.5%)**
노새 **1,910마리(28.2%)**
말 **2,648마리(39.1%)**
소 **64마리(1%)**
이륜·사륜전차 **145대(2.1%)**
병참

공병 **±85명(1.2%)**
지원 **±85명(1.2%)**
지원 **±170명(2.4%)**

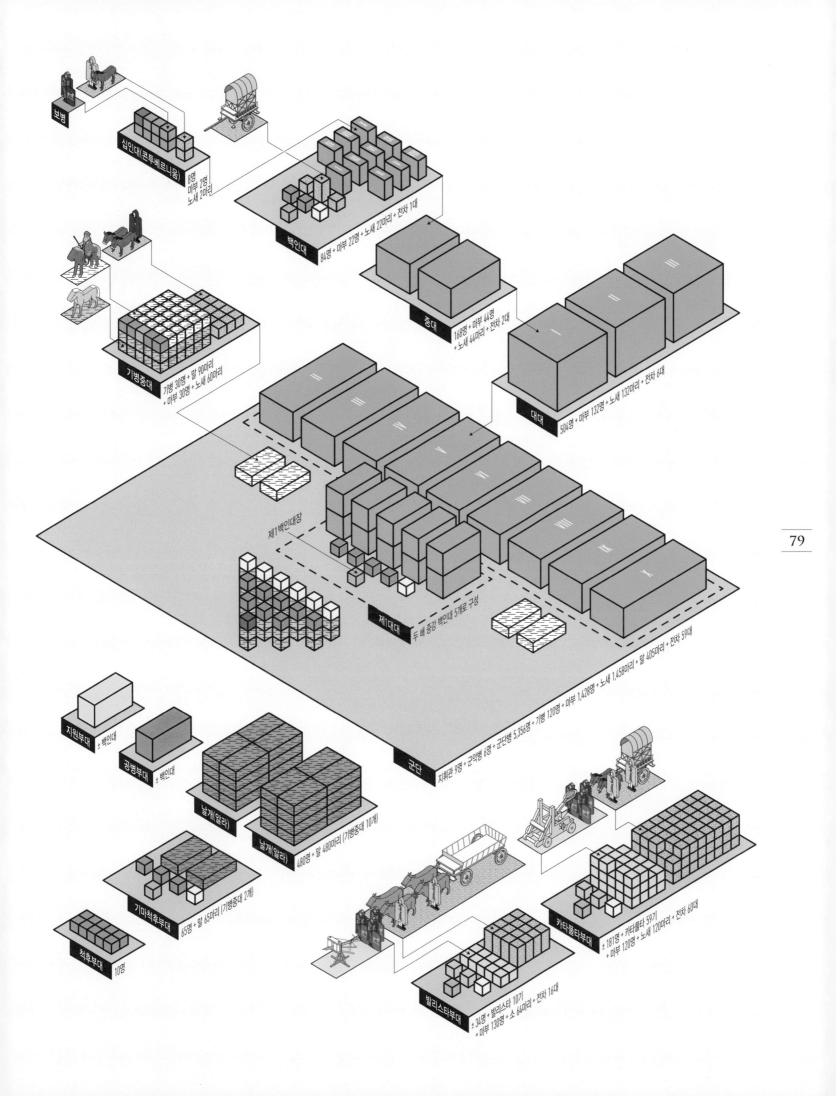

보병

십인대(콘투베르니움)
8명
마부 2명
노새 2마리

백인대
84명 + 마부 22명 + 노새 22마리 + 전차 1대

중대
168명 + 마부 44명 + 노새 44마리 + 전차 2대

대대
504명 + 마부 132명 + 노새 132마리 + 전차 6대

기병중대
기병 30명 + 말 90마리 + 마부 30명 + 노새 60마리

제1백인대장

제1대대   두 배 증강 백인대 5개로 구성

군단
지휘관 9명 + 군악병 6명 + 군단병 5,356명 + 기병 120명 + 마부 1,428명 + 노새 1,458마리 + 말 405마리 + 전차 59대

지원부대
＋ 백인대

공병부대
＋ 백인대

날개(알라)

날개(알라)
480명 + 말 480마리 (기병중대 10개)

기마척후부대
65명 + 말 65마리 (기병중대 2개)

척후부대
10명

발리스타부대
± 34명 + 발리스타 10기 + 마부 130명 + 소 64마리 + 전차 16대

카타풀타부대
± 181명 + 카타풀타 59기 + 마부 120명 + 노새 120마리 + 전차 60대

79

3 • 기지

로마군단의 기지에는 두 종류가 있었다. 하나는 행군 중에 머무르는 숙영지이고 다른 하나는 장기간 상주하는 주둔지다. 숙영지는 대체로 단기 거주용인데 아무리 길어도 연 단위의 작전 동안 묵는 정도였다. 숙영지의 형태는 기원전 3세기에 확립되어 이후로도 큰 변화 없이 유지됐고, 병참병과 보조병 등을 모두 포함해 작전에 투입되는 병력 규모에 따라 크기만 조금씩 달라졌다. 숙영지의 면적은 20헥타르부터 50헥타르 이상까지 매우 다양했다. 당대의 저술가(추정) 히기누스의 기록에 따르면 군단 숙영지는 가로 470미터 세로 700미터의 면적이 있어야 하며 1:1.5 비율을 유지한 채로 더 작게 변형하는 것도 가능했다. 방어벽의 높이는 1.8미터였다. 독일 하노버 인근에서 발견된 숙영지 유적은 기원전 1세기 말에 지어진 것으로 보인다. 약 20헥타르 규모의 사각형 형태로, 2만 명 정도(병참부대 포함 군단 세 개)를 수용했던 것으로 확인된다. 울타리, 방어벽, 참호, 출입구가 포함된 로마군단의 숙영지를 완성하는 데는 대체로 반나절 정도밖에 걸리지 않았다. 보초병을 제외한 나머지 병력이 최대한 빠르게 구축작업을 시작해 늦어도 저녁이면 마무리할 수 있었다. 적군들마저도 놀라게 했던 이 건설 속도는 그들의 규율과 훈련이 얼마나 효율적이었는지를 잘 보여준다.

숙영지의 구조는 조금씩 차이가 있긴 하지만 기본적으로는 숙영지 중앙에 집정관 막사(프라이토리움), 제단(사켈룸), 지휘본부를 두고 그 주변을 제1대대와 근위대가 둘러싸는 식이었다. 이를 통해 지휘부는 숙영지 전체를 지켜볼 수 있고 보다 편리하게 명령을 하달할 수 있었다. 숙영지는 세로로 보았을 때 집정관 막사를 기준으로 위, 가운데, 아래로 나눌 수 있다. 이 구역들 사이로는 세 개의 중심 통행로가 지나는데 집정관 막사부터 세로로 가로지르는 비아 프라이토리아, 집정관 막사 앞을 가로로 지나는 비아 프링키팔리스, 그리고 집정관 막사 뒤와 재무관 막사(콰이스토리움) 사이를 가로로 지나는 비아 퀸타나다. 비아 프링키팔리스의 양쪽 끝과 비아 프라이토리아의 아래쪽으로는 문을 냈다. 병사들은 8명(콘투베르니움)마다 가로 3미터, 세로 3미터 면적의 천막 1개를 부여받았고, 그 앞으로는 무기를 보관하거나 동물을 관리할 공간과 이를 담당하는 노예(칼로)들을 위한 공간이 있었다. 보조군의 막사는 다소 협소하긴 하나 집정관 막사의 앞뒤에 배치됐다.

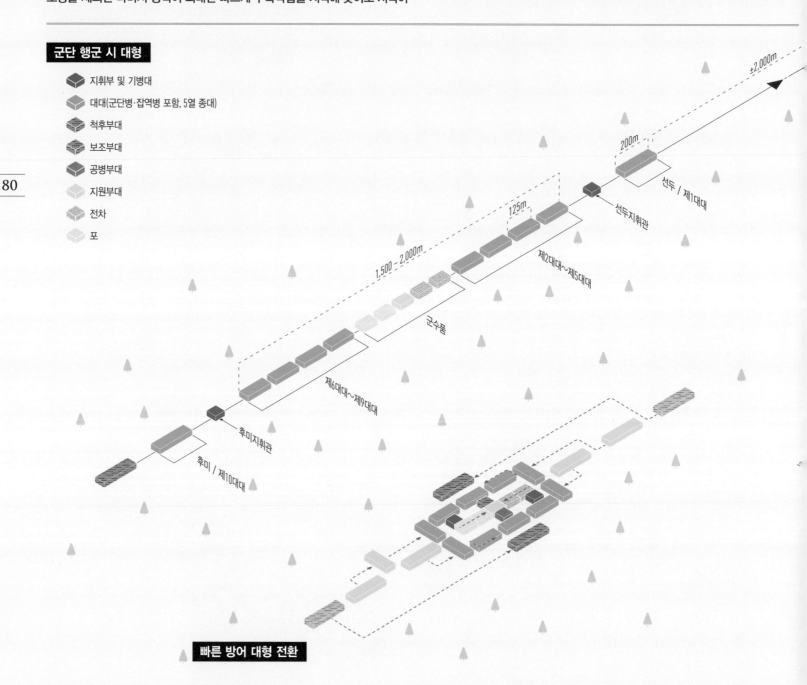

군단 행군 시 대형

- 지휘부 및 기병대
- 대대(군단병·잡역병 포함, 5열 종대)
- 척후부대
- 보조부대
- 공병부대
- 지원부대
- 전차
- 포

±2,000m

200m

선두 / 제1대대

선두지휘관

125m

제2대대~제5대대

1,500 – 2,000m

군수품

제6대대~제9대대

후미지휘관

후미 / 제10대대

빠른 방어 대형 전환

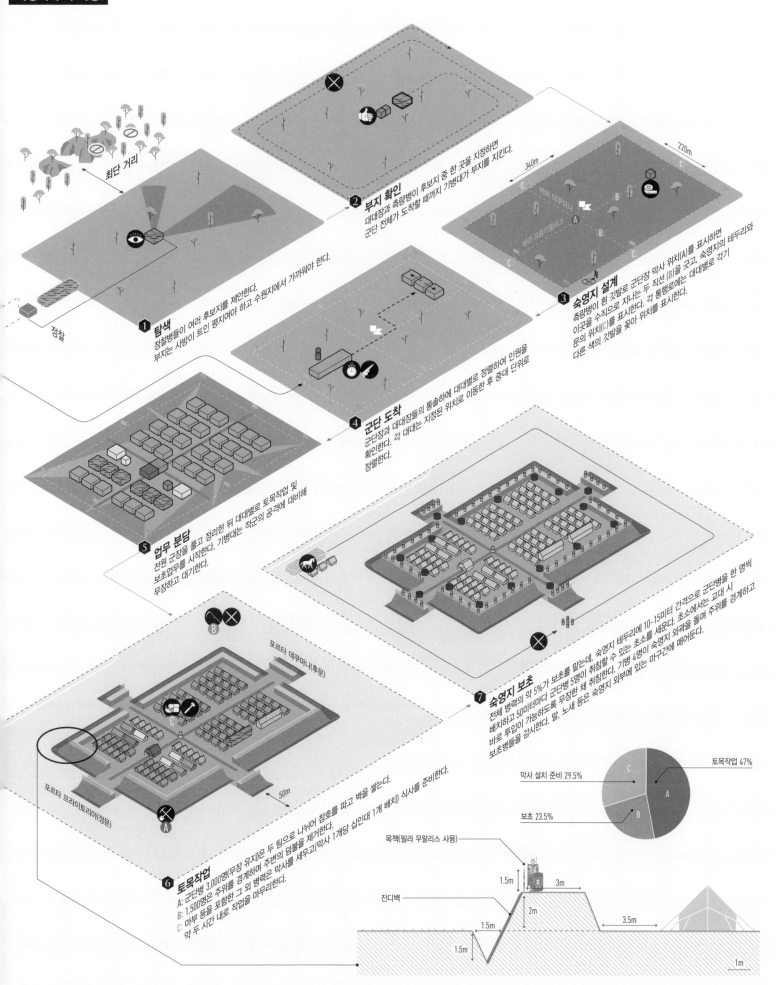

1 탐색
정찰병들이 여러 후보지를 제안한다. 부지는 사방이 트인 평지여야 하고 수원지에서 가까워야 한다.

정찰

최단 거리

2 부지 확인
대대장과 측량병이 후보지 중 한 곳을 지정하면 군단 전체가 도착할 때까지 기병대가 부지를 지킨다.

3 숙영지 설계
측량병이 흰 깃발로 군단장 막사 위치(A)를 표시하면 이곳을 수직으로 지나는 두 직선 (B)을 긋고, 숙영지의 테두리와 문의 위치(C)를 표시한다. 각 통행로에는 대대별로 각기 다른 색의 깃발을 꽂아 위치를 표시한다.

220m
340m
비아 데쿠마나
비아 프린키팔리스

4 군단 도착
군단장과 대대장들의 통솔하에 대대별로 정렬된 위치로 이동한 후 중대 단위로 정렬한다. 각 대대는 지정된 위치로 확인한다.

5 업무 분담
전원 군장을 풀고 정리한 뒤 대대별로 토목작업 및 보조업무를 시작한다. 기병대는 적군의 공격에 대비해 무장하고 대기한다.

6 토목작업
A: 군단병 3,000명(무장 유지)은 두 팀으로 나뉘어 참호를 파고 벽을 쌓는다.
B: 1,500명은 주위를 경계하며 주변의 덤불을 제거한다.
C: 마부 등을 포함한 그 외 병력은 막사를 세우고(막사 1개당 십인대 1개 배치) 식사를 준비한다. 약 두 시간 내로 작업을 마무리한다.

포르타 데쿠마나(후문)
포르타 프라이토리아(정문)
50m

7 숙영지 보초
전체 병력의 약 5%가 보초를 말하는데, 숙영지 테두리에 10-15미터 간격으로 군단병을 한 명씩 배치하고 50미터마다 군단병 5명이 취침할 수 있는 초소를 세운다. 초소에서는 주위를 경계하고 바로 투입이 가능하도록 군단병 5명이 취침한 채 취침한다. 기병 4명이 숙영지 외부에 있는 마구간에 매어둔다. 말, 노새 등은 숙영지 외부에 있는 마구간에 매어둔다.

토목작업 47%
막사 설치 준비 29.5%
보초 23.5%
A
B
C

목책(필라 무랄리스 사용)
잔디벽
1.5m
3m
2m
3.5m
1.5m
1.5m
1m

81

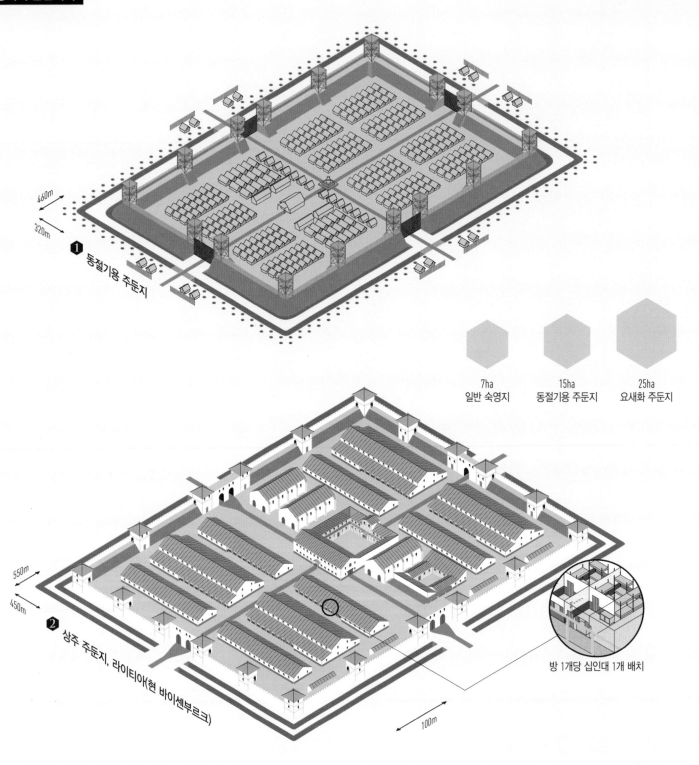

460m
320m
❶ 동절기용 주둔지

7ha
일반 숙영지

15ha
동절기용 주둔지

25ha
요새화 주둔지

550m
450m
❷ 상주 주둔지, 라이티애(현 바이센부르크)

100m

방 1개당 십인대 1개 배치

숙영지에 머무르는 기간이 길어지자 로마군단은 그곳에서 망루 등의 시설물을 갖추고 겨울을 나기 시작했다. 고고학 발굴을 통해 발견된 숙영지 유적들은 비아 프랑키팔리스가 비아 프라이토리아처럼 세로 중앙선을 가리킨다는 잘못된 기록을 제외하면 폴리비오스나 히기누스 등 고대 저술가들의 기록과 크게 다르지 않았다. 다만 구성 면에서는 차이가 있었다. 로마군이 국경 지대나 속주 등에 주둔하게 되는 경우가 많아지자 영구적으로 사용할 수 있는 기지를 짓기 시작했기 때문이었다. 행군 시 사용하는 임시 숙영지와 구조는 거의 같지만 막사로 사용되던 천막은 침상과 무기고를 갖춘 건물로 대체되었고, 숙영지 주변에는 울타리 대신 성벽이 세워졌다. 성벽 중간에는 벽돌로 지어진 망루를 놓았고, 이중, 삼중으로 참

호를 파기도 했다. 면적만 놓고 본다면 차이가 크지는 않았으나 기원후 115~120년경 아프리카 람바이시스에 지어진 대형 기지는 가로 420미터, 세로 500미터(21헥타르 상당) 규모로 약 1만 2000명 정도를 수용할 수 있었던 것으로 보인다.

로마제국은 국경 지대의 경계선이 확정되면 요새를 쌓아 방어를 강화했다. 다만 게르마니아나 다누비우스 국경선은 본래 정복을 목적으로 세워졌다가 이민족의 침략이 잦아지자 방어 체제로 바뀌기도 했다. 방위선(리메스)이라는 이름을 붙일 수 있게 된 것은 기원후 3세기 이후의 일이다. 브리탄니아, 라인강, 다누비우스강 경계처럼 숙영지나 작은 보루와 연결된 성벽 형태인 곳도 있었지만 그렇지 않은 곳들도 있었다. 예를 들어 '포사툼 아프리카이'라고 부르는 아프리카 국경은

▬▬▬ 길이 ±63km
◀◀◀◀◀ 보루 ±19개

안토니누스 성벽(브리탄니아) / AD 142

▬▬▬▬ 길이 117km
●●●●●● 보루·소보루 ±80개

하드리아누스 성벽(브리탄니아) / AD 122

▬▬▬▬▬▬▬▬▬▬▬ 길이 420km
◀◀◀◀◀◀◀◀◀◀◀◀◀ 보루 ±69개

판노니아 방위선 / AD 1세기

▬▬▬▬▬▬▬▬▬▬▬▬▬ 길이 550km
◀◀◀◀◀◀◀◀◀◀◀◀◀◀◀ 보루 ±150개

게르마니아 방위선 / AD 9

■ ■ ■ ■ ■ ■ ■ ■ ■ ■ ■ ■ ■ ■ 길이 ±735km
◆◆◆◆◆◆◆◆◆◆◆◆◆◆ 보루 ±50개

다키아 방위선 / AD 107

■ ■ ■ ■ ■ ■ ■ ■ ■ ■ ■ ■ ■ ■ ■ 길이 ±750km
◆◆◆◆◆◆◆◆◆◆◆◆◆◆◆ 보루 ±48개

아프리카 요새화국경 / AD 2세기

▬▬▬▬▬▬▬▬▬▬▬▬▬▬▬▬ 길이 800km
◆◆◆◆◆◆◆◆◆◆◆◆◆◆◆◆ 보루·소보루 ±41개

모이시아 요새화국경 / AD 87

▬▬▬▬▬▬▬▬▬▬▬▬▬▬▬▬▬ 길이 896km
●●●●●●●●●●●●●●●●● 요새화농가 ±2,000개

리비아 방위선 / AD 2세기

■ ■
●●●●●●●●●●●●●●●●●●●●●●●●

길이 ±1,500km
보루·요새화농가 150개

시리아·아라비아 요새화국경 / AD 111

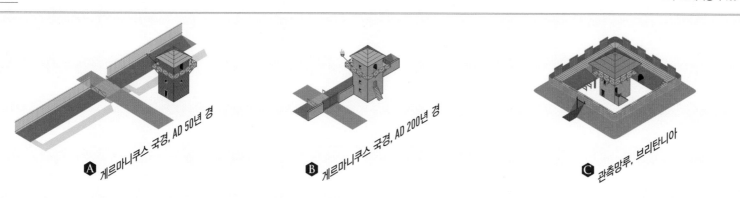

Ⓐ 게르마니쿠스 국경, AD 50년 경　　Ⓑ 게르마니쿠스 국경, AD 200년 경　　Ⓒ 관측망루, 브리탄니아

성벽으로 구성된 북부 국경과는 전혀 다른 형태다. 사실 이곳에는 전체가 연결된 성벽을 세우기가 불가능했다. 로마군은 광대한 범위를 통제하는 한편 유목민의 이동 및 반유목 상태의 마을 농민과 유목민의 교류를 감시하고 수원지를 보호해야 했다. 그래서 일부 통행로를 차단하기 위해 제3군단 아우구스타의 보루 후방에 봉쇄 장치들을 설치하기도 했다. 북부는 기원후 2~3세기부터 감시탑 및 망루가 연결된 연속적인 성벽과 참호가 나타났다. 군단의 기동부대나 이민족 출신 보조병(누메루스)들이 지키는 이 성벽은 여러 군단기지와도 접해 있었다.

3세기 말부터 4세기까지는 기동야전군(코미타텐세스)이나 강 연안의 강변방어군(리펜세스, 강이라는 뜻의 '리파'에서 파생)이 수비군으로 긴급 파견되기도 했으

며, 이는 이후 국경방위군(리미타네이, '리메스'에서 파생)으로 대체되었다. 기동야전군이 주로 도시에 주둔하며 황제나 정치색이 강한 고참 군단병들과 가깝게 지냈던 것과 달리, 국경 병력의 3분의 2를 차지했던 국경방위군은 기지에 머무르며 주로 국경지역 속주들이 침략당할 때 이를 막아내는 역할을 했다.

삼열진(아키에스 트리플렉스)

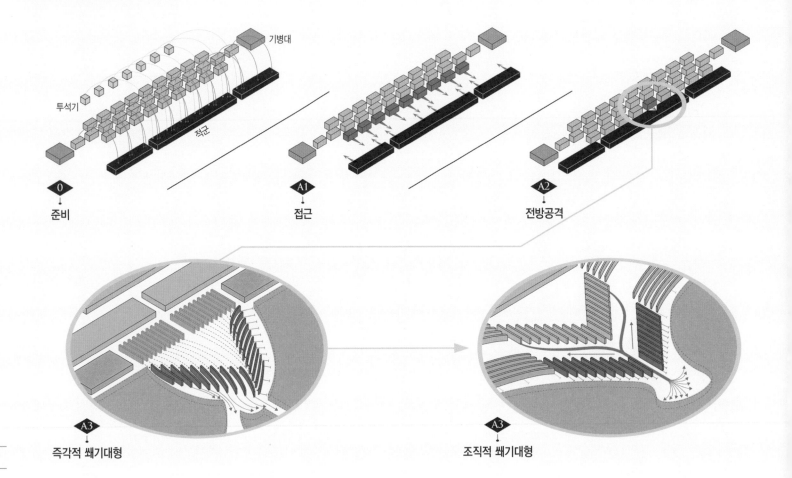

0 준비

A1 접근

A2 전방공격

A3 즉각적 쐐기대형

A3 조직적 쐐기대형

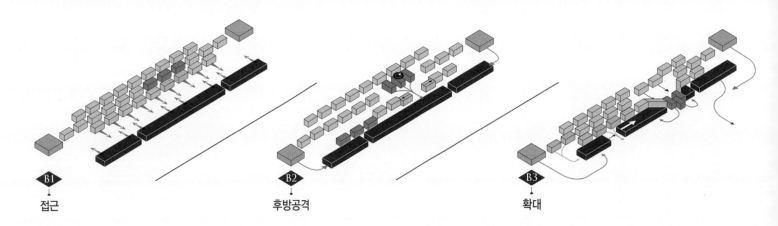

B1 접근

B2 후방공격

B3 확대

작동 방식:

0. 군단을 삼열 오점형으로 배치해 결속을 유지하고 대형의 균열을 막는 동시에 전열간 교대(제1열이 위태로울 경우 제2열이 이를 대체)가 가능하게 한다. 먼저 투창, 화살, 투석구, 투석기 등으로 적군의 무력을 약화시킨다.

A1. 정면 교전 시작. 백인대 단위의 결속력과 중대 단위의 유연성으로 타격을 견디고 적군의 전열에 돌파구를 낸다.

A2. 전방공격 시 제1열의 각 백인대는 적진을 돌파하는 데 집중한다.

A3. 백인대 하나가 돌파에 성공하면 인접 백인대가 선두 백인대의 측면을 보호하고, 중대가 전진하여 적군의 반격을 저지한다. 제1열의 병사들이 체력 고갈로 공격력이 저하되면 제2열이 그 사이를 통과해 전진한 후 공격을 지속한다. 전열 돌파를 통한 공격은 동시다발적으로 일어날 수 있다.

B1. 결정적인 돌파구 하나를 내기 위해 군단 전체가 투입되기도 한다. 제2열이 제1열의 지원을 받으며 적군의 전선을 무너뜨리는 방식이다.

B2. 제2열 돌격부대가 앞으로 통과할 수 있도록 제1열의 중대 두 개가 간격을 넓힌다. 군단 전체는 결속을 유지하며 적군의 전선이 무너질 때까지 공격을 지속한다.

B3. 적군의 전선에 균열이 생기면 인접 중대들이 그 틈을 파고들어 적군의 진열을 완전히 무너뜨린다. 양익의 기병대는 탈주병을 추격하고 적군의 뒤로 돌아가 후방에서 공격한다.

이러한 전술이 실제로 구현되려면 나팔과 뿔피리 등을 통해 전달되는 명령에 따라 신속하고 효과적으로 이동이 이루어져야 했다. 로마군은 과거의 중장 밀집대형에 비해 기동성이 강화된 삼열진대형을 통해 더 많은 적군을 무찌를 수 있었다. 그럼에도 양 측방과 후방보호를 위해 기병 배치는 필수적이었다.

84

4 • 군단의 전투

주기적으로 반복되었던 소모전을 제외한다면, 기원전 2세기 이후 로마군의 전투는 적군의 25~30미터 앞까지 접근한 뒤 투창(필룸)을 던진 후 함성을 지르며 검을 드는 것으로 시작되었다. 그라이키아식 팔랑크스대형을 모방한 기존의 밀집대형은 평지가 아닌 지형에서 특히 활용도가 떨어졌다. 소규모 단위로 접전을 벌이기도 어려웠고 기동성이 떨어져 퇴각도 쉽지 않았다. 로마군이 승리를 거듭할 수 있었던 것은 기존 밀집대형에서 벗어나 보다 유연한 대형을 구사한 덕분이었다. 실제로 로마가 168년 피드나전투에서 마케도니아군을 무너뜨릴 때 사용한 대형, 즉 중대를 전술단위로 하여 대대별로 배치(전열 규모 145미터×6.5미터, 제1대대의 경우 245미터×6.5미터)하는 '마니풀루스대형'은 어떤 지형에서도 활용이 용이했다. 또한 로마군은 행군 중에도 대대-중대-백인대 편제를 유지하여 공격에 노출

될 경우 신속하게 삼열 배치로 전환이 가능했다.

특히 삼열진대형(아키에스 트리플렉스)의 제1열에는 투창을 든 '하스타티', 제2열에는 보다 숙련된 '프링키페스', 제3열에는 장창(하스타)으로 무장한 고참병 '트리아리이'를 배치했으며 제1열과 제2열은 120~160명, 제3열은 60명 정도로 구성됐다.

군단의 지휘관은 보통 제2열인 프링키페스 뒤에 배치했는데, 이곳이 전투 흐름을 파악하기가 쉽고 병사들에게도 눈에 잘 띄는 위치였기 때문이다. 지휘관은 기수, 트럼펫병, 나팔병, 명령이 적힌 판자를 전달하는 전달병 등을 통해 명령을 하달했다. 황제가 직접 전장에 참여할 때도 같은 자리에 위치하되 이때는 친위기마병(에퀴테스 싱굴라레스)을 비롯한 친위대가 동행했다.

군단의 다양한 대형

쐐기대형
뾰족한 쐐기 형태로 전열을 구성해 적진을 돌파

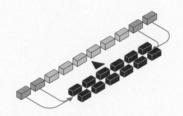

단열진 방어
전 중대를 일렬로 배치하여 아군의 양익을 보호하고 적군의 측방을 뚫어 포위

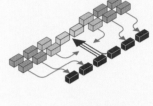

중앙약화전술
전열 중앙을 의도적으로 비워 적군의 공격을 유인한 후 양측에서 포위

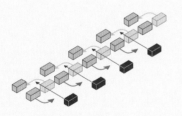

자마전투전술
중대 이동으로 공백을 만들어 적군의 돌격을 유인한 후 제거

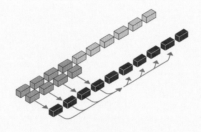

전방강화전술
한쪽 측방을 두 배로 증강하여 적의 측방을 돌파 후 남은 적군을 후방에서 공격

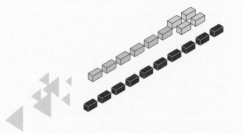

측방보호
한쪽 측방을 지형지물(산, 강 등)로 막아 보호하고 기병 및 보조병을 반대쪽 측방에 집중 배치

군단의 기동전술

삼열진
기본대형

전열교대
제1열에 가해지는 부담을 완화하기 위해 제2열이 제1열 사이로 전진한 후 공격을 지속

거북대형
방패벽을 형성하고 적군의 화살을 막는 수비대형, 공격 시 밀집대형으로 전환

쐐기대형
적군의 방어선을 돌파

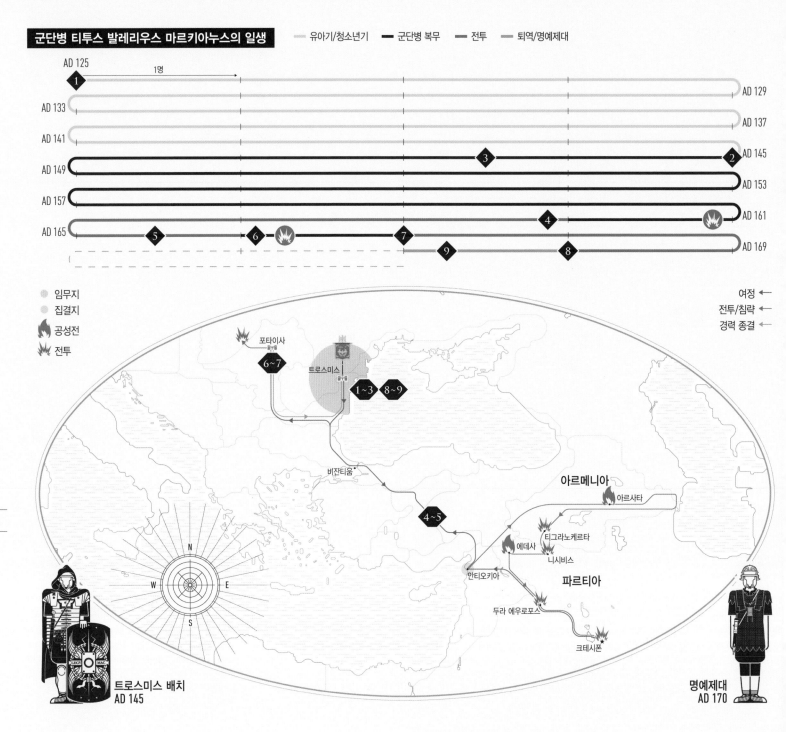

군단병 티투스 발레리우스 마르키아누스의 일생

5 • 군단병

로마의 군단병은 이동이 잦았다. 이동 시 행군대형은 보통 4~6열 종대로, 병참을 제외한 전체 길이는 2.5~4.2킬로미터 규모였다. 언제든 행군할 수 있도록 각 군단은 매달 세 차례 약 15킬로미터의 행군훈련을 반복했다. 그리고 요새(카스트룸) 인근에 있는 연병장(캄푸스)에서 본래 무기보다 무거운 목검과 버드나무 가지를 꼬아 만든 방패를 들고 전투훈련도 병행했다. 훈련 시 전열을 통과하는 방식부터 양익 포위대형, 쐐기대형, 거북대형 등의 다양한 기동전술을 반복 연습했을 것으로 추정된다.

군단병의 주요 일과에는 훈련과 더불어 숙영지 주변 경계도 포함되었다. 또한 공공 목적의 토목공사에 투입되는 경우도 많았다. 전략도로 건설 등 군사적으로 필요한 작업에 우선으로 투입됐다. 이때 군단의 표식이 새겨진 벽돌을 쓰거나

채석장에서 석재를 캐내 사용했다. 군사 목적이 아닌 토목공사에도 군단 소속의 측량병, 건축병, 토목병 등의 전문기술을 제공하기도 했다. 또한 기타 군사 충돌에도 군단이 투입되곤 했다. 주둔지 근방일 때도 있었지만 아예 다른 속주로 가야 할 때도 있었다. 군단 전체가 전쟁에 동원되어 수년간 해당 구역에 주둔하기도 했지만 폭동이나 내전에 투입되면 임무를 마친 뒤 다시 본래 주둔지로 돌아오는 것이 일반적이었다. 2세기 중반 이후로는 군단 전체가 이동하는 경우는 점차 줄어들었고, 대신 대대 한 개 규모의 기동부대(벡실라티오)가 파견됐다. 군단병은 중범죄를 저지른 경우만 아니라면 최소 25년간 복무 후 명예제대(호네스타 미시오)를 할 수 있었는데, 제대 시에는 군단으로부터 연금과 더불어 식민지의 토지 또는 퇴직금을 받을 수 있었다. 군단병에게는 복무 중에도 적지 않은 금액의 상여금(도나티붐)이 주어졌다.

1. 티투스 발레리우스 마르키아누스는 기원후 125년 모이시아의 트로스미스에서 30킬로미터 떨어진 지역에서 태어났다. 그의 아버지는 퇴역군인이었다.

2. 20세가 되자 군 복무에 자원한 그는 145년 트로스미스에 주둔 중인 제5군단 마케도니카에 배치되었다.

3. 16년간 그가 맡은 주 임무는 경찰업무 및 국경수비였다.

4. 161년, 루키우스 베루스황제의 파르티아전쟁(수년 후 로마의 패배로 끝남)이 시작되었다. 그가 속한 제5군단 마케도니카는 이듬해 다른 군단 다섯 개 및 기동부대 다섯 개와 함께 파르티아 안티오키아로 파견되었고, 집결 및 훈련 후 투입되어 아르메니아를 재점령하고 파르티아 수도를 탈취해 파르티아를 점령했다. 당시 마르키아누스의 나이는 37세였다.

5. 165년, 복무 20년 차가 되어 '고참병'이 된 그는 '총독보좌 수훈병(베네피키아리우스 콘술라리우스)'으로 진급했다. 이제 부역은 면제되고 보조군지휘관, 군단지휘관, 또는 속주 총독 예하에 귀속했다.

6. 166년, 게르마니아전쟁이 시작되자 그는 다키아 포타이사의 새 군단 숙영지로 이동했다.

7. 167년부터 170년까지 게르마니아전쟁에 참전하였다. 아마 주로 후방에 배치됐다.

8. 170년, 45세의 나이로 25년간의 복무를 마치고 제대하였다. 명예제대(중범죄를 저지르지 않고 제대하는 경우) 시 이탈리아 식민지 내의 토지를 조금 받을 수 있었으나 이를 포기하고 그 대신 퇴직금 3,000데나리우스(10년치 봉급에 해당)와 연금 250데나리우스를 수령했다. 제대 후 고향인 트로스미스로 돌아갔다.

9. 170년, 다른 군단병의 인척 관계인 마르키아 바실리사와 결혼하였다. 이후 후손이나 사망에 대해서는 알려져 있지 않다.

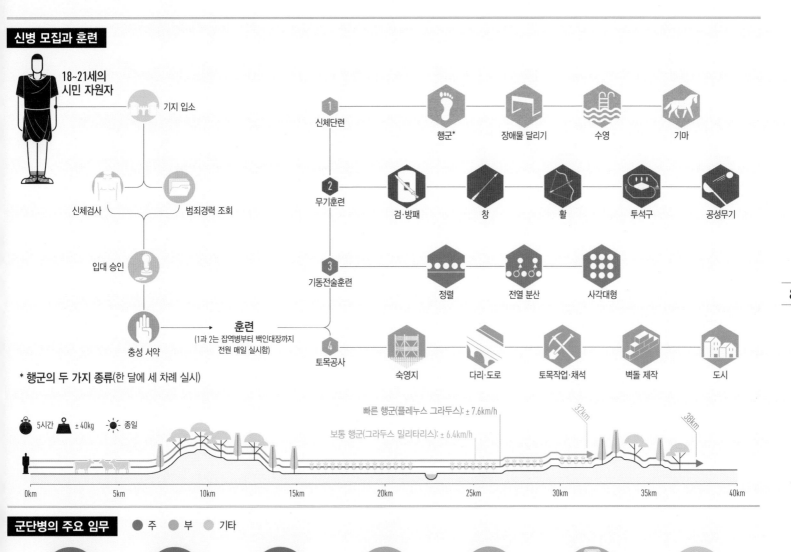

신병 모집과 훈련

18~21세의 시민 자원자

기지 입소

신체검사 · 범죄경력 조회

입대 승인

충성 서약

훈련
(1과 2는 잡역병부터 백인대장까지 전원 매일 실시함)

1 신체단련 — 행군* · 장애물 달리기 · 수영 · 기마

2 무기훈련 — 검·방패 · 창 · 활 · 투석구 · 공성무기

3 기동전술훈련 — 정렬 · 전열 분산 · 사각대형

4 토목공사 — 숙영지 · 다리·도로 · 토목작업·채석 · 벽돌 제작 · 도시

* 행군의 두 가지 종류(한 달에 세 차례 실시)

5시간 · ±40kg · 종일

빠른 행군(플레누스 그라두스): ± 7.6km/h
보통 행군(그라두스 밀리타리스): ± 6.4km/h

32km · 38km

0km 5km 10km 15km 20km 25km 30km 35km 40km

군단병의 주요 임무

● 주 ● 부 ● 기타

전투 · 국경수비 · 토목공사 · 경찰업무 · 광산 보호·채굴 · 점령 · 행정

징계

부역 · 배식량 삭감 · 봉급 삭감 · 계급 강등 | 주먹형 · 채찍형 | 투석형 · 십자가형 | 십중지일형(데키마티오)

경미한 잘못 | 불복종, 도난, 거짓 진술, 품행불량, 동일한 문제로 인한 징계가 세 번 반복될 경우 | 탈영, 탈주 | 전쟁 참패, 반란

로마군단병의 장비들은 계속해서 개선되었다. 공화정 초기에는 징집병이 자비를 들여 중무장을 갖췄고, 기원전 3세기에는 장검 대신 특히 백병전에서 활용도가 높은 단검인 글라디우스를 사용했다. 군단병은 오른손에 창을, 백인대장은 왼손에 창을 들었다. 제정기에 접어들어 기원후 1세기에는 기존의 사슬갑옷(9~12킬로그램)이 판갑(로리카 세그멘타타, 6~8킬로그램)으로 교체되기도 했다.

특히 제정기 군단병의 무기와 장비는 더욱 변화했다. 군단대형을 8열로 바꾸면서 창은 장창으로, 단검은 장검(스파타)으로 교체됐다. 3세기 이후 밀집부대의 제1열(팔랑가리우스)은 장창을, 제2열(랑케아리우스)은 창(랑케아)을 들게 됐고 그 뒤에는 궁수가 배치됐다. 무거운 사각방패 대신 원형방패(파르마, 클리페우스)가

선호되었고, 서로마의 사슬갑옷과 동로마의 어린갑옷 모두 관절형 갑옷으로 교체되었다. 장비들은 군에서 제공하되 그 비용을 병사 개인의 봉급에서 공제하였다가 소집해제 시 돌려받는 방식으로 바뀌었다.

행군 또는 작전 중에는 장비 중 일부(무기, 토목 공구, 식량)만을 직접 날랐고, 십인대마다 수레 혹은 노새를 배치해 나머지 무거운 장비를 지웠다. 군단병 개인에게 배급된 음식을 제외하더라도 각 군단은 매일 18.4톤의 음식물 및 사료가 필요했다. 보통은 지휘부가 17일간의 일일 배식량을 미리 가늠하여 강상(江上) 선박을 통해 물자를 보급받는 것이 일반적이었다.

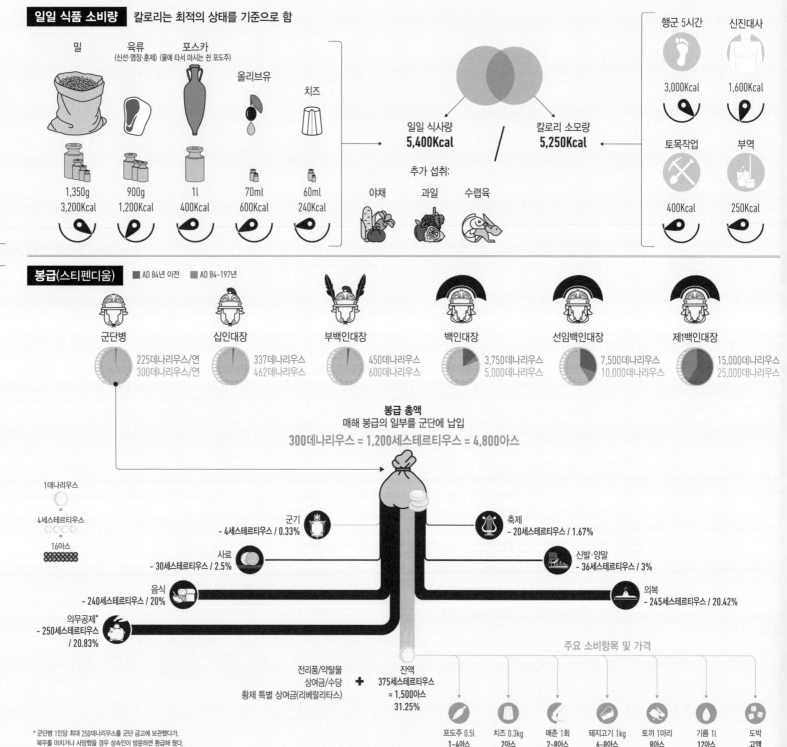

일일 식품 소비량 칼로리는 최적의 상태를 기준으로 함

밀 · 육류(신선·염장·훈제) · 포스카(물에 타서 마시는 쉰 포도주) · 올리브유 · 치즈

1,350g 3,200Kcal · 900g 1,200Kcal · 1l 400Kcal · 70ml 600Kcal · 60ml 240Kcal

추가 섭취: 야채 · 과일 · 수렵육

일일 식사량 5,400Kcal / 칼로리 소모량 5,250Kcal

행군 5시간 3,000Kcal · 신진대사 1,600Kcal · 토목작업 400Kcal · 부역 250Kcal

봉급(스티펜디움) ■ AD 84년 이전 ■ AD 84~197년

군단병 225데나리우스/연 300데나리우스/연 · 십인대장 337데나리우스 462데나리우스 · 부백인대장 450데나리우스 600데나리우스 · 백인대장 3,750데나리우스 5,000데나리우스 · 선임백인대장 7,500데나리우스 10,000데나리우스 · 제1백인대장 15,000데나리우스 25,000데나리우스

봉급 총액
매해 봉급의 일부를 군단에 납입
300데나리우스 = 1,200세스테르티우스 = 4,800아스

1데나리우스 · 4세스테르티우스 · 16아스

군기 - 4세스테르티우스 / 0.33%
축제 - 20세스테르티우스 / 1.67%
사료 - 30세스테르티우스 / 2.5%
신발·양말 - 36세스테르티우스 / 3%
음식 - 240세스테르티우스 / 20%
의복 - 245세스테르티우스 / 20.42%
의무공제* - 250세스테르티우스 / 20.83%

전리품/약탈물 상여금/수당 황제 특별 상여금(리베랄리타스) + 잔액 375세스테르티우스 = 1,500아스 31.25%

주요 소비항목 및 가격

포도주 0.5l 1~4아스 · 치즈 0.3kg 2아스 · 매춘 1회 2~8아스 · 돼지고기 1kg 6~8아스 · 토끼 1마리 8아스 · 기름 1l 12아스 · 도박 고액

* 군단병 1인당 최대 250데나리우스를 군단 금고에 보관했다가. 복무를 마치거나 사망할 경우 상속인이 방문하면 환급해 줬다.

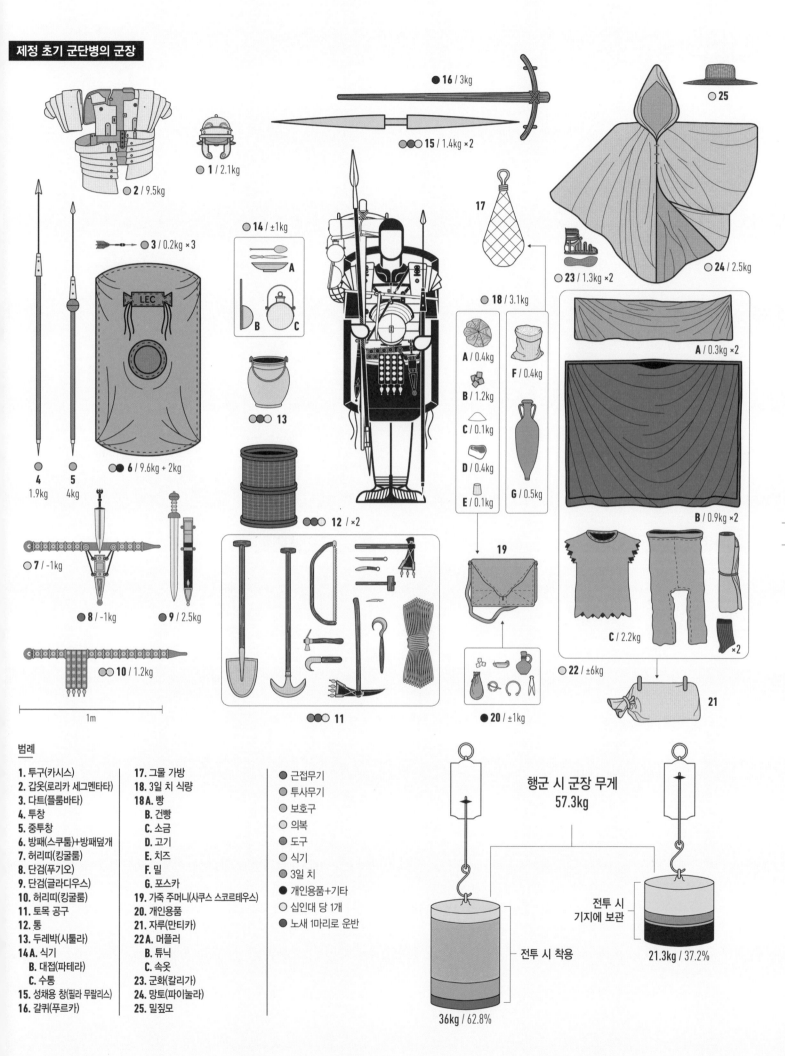

● 16 / 3kg
●●● 15 / 1.4kg ×2
○ 25
○ 1 / 2.1kg
○ 2 / 9.5kg
● 3 / 0.2kg ×3
14 / ±1kg
A
B C
17
18 / 3.1kg
A / 0.4kg
F / 0.4kg
B / 1.2kg
C / 0.1kg
D / 0.4kg
E / 0.1kg
G / 0.5kg
23 / 1.3kg ×2
24 / 2.5kg
A / 0.3kg ×2
B / 0.9kg ×2
4
1.9kg
5
4kg
● 6 / 9.6kg + 2kg
13
● 12 / ×2
7 / -1kg
8 / -1kg
9 / 2.5kg
19
10 / 1.2kg
1m
●● 11
C / 2.2kg
×2
22 / ±6kg
● 20 / ±1kg
21

범례

1. 투구(카시스)
2. 갑옷(로리카 세그멘타타)
3. 다트(플룸바타)
4. 투창
5. 중투창
6. 방패(스쿠툼)+방패덮개
7. 허리띠(킹굴룸)
8. 단검(푸기오)
9. 단검(글라디우스)
10. 허리띠(킹굴룸)
11. 토목 공구
12. 통
13. 두레박(시툴라)
14A. 식기
   B. 대접(파테라)
   C. 수통
15. 성채용 창(필라 무랄리스)
16. 갈퀴(푸르카)

17. 그물 가방
18. 3일 치 식량
18A. 빵
   B. 건빵
   C. 소금
   D. 고기
   E. 치즈
   F. 밀
   G. 포스카
19. 가죽 주머니(사쿠스 스코르테우스)
20. 개인용품
21. 자루(만티카)
22A. 머플러
   B. 튜닉
   C. 속옷
23. 군화(칼리가)
24. 망토(파이눌라)
25. 밀짚모

● 근접무기
● 투사무기
● 보호구
○ 의복
● 도구
○ 식기
● 3일 치
● 개인용품+기타
○ 십인대 당 1개
● 노새 1마리로 운반

행군 시 군장 무게
57.3kg

전투 시 착용

전투 시
기지에 보관

21.3kg / 37.2%

36kg / 62.8%

로마 기병 변천사

임무: ◆ 국경수비 ● 정찰 ▶ 돌파 ✚ 연락책 ↗ 추격/전과확대 ‖‖‖ 집중공격 ★ 교란전 보병전
전투 위치: ↻ 측방 ┅ 전방 ▬ 후방 ━ 전열 내

기마보병(에퀴테스)
BC 5세기
● ↗ ━

기마보병
BC 1세기
● ↗ ↻

기마궁병
AD 1세기
● ✚ ★ ‖‖‖ ↻ ┅

경기병
AD 1세기
● ✚ ★ ↗ ↻

군기수(시그니페르)
AD 1세기
● ✚ ★ ↗ ↻

경기병
AD 3세기
● ✚ ★ ↗ ↻ ┅

중기병(카타프락트)
AD 4세기
▶ ★ ↗ ┅

아프리카 국경의 낙타병
AD 4세기
◆ ● ✚ ★ ‖‖‖

주력군과 보조군의 봉급 차이
AD 84, 단위: 세스테르티우스/년

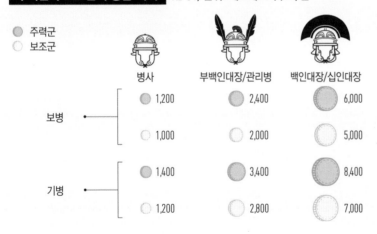

● 주력군
○ 보조군

	병사	부백인대장/관리병	백인대장/십인대장
보병	1,200	2,400	6,000
	1,000	2,000	5,000
기병	1,400	3,400	8,400
	1,200	2,800	7,000

속주별 보조군 수 및 비중
AD 130년경, 하드리아누스황제 통치기

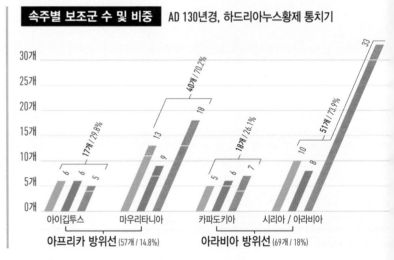

아프리카 방위선 (57개 / 14.8%)
아이깁투스 17개 / 29.8%: 6, 6, 5
마우리타니아 40개 / 70.2%: 13, 9, 18

아라비아 방위선 (69개 / 18%)
카파도키아 18개 / 26.1%: 5, 6, 7
시리아 / 아라비아 51개 / 73.9%: 10, 8, 33

---

6 • 기병과 보조병

공화정 초기의 로마군에는 기병이 많지 않았다. 하지만 제2차 포에니전쟁을 거치면서 히스파니아와 갈리아의 중장기병이 가진 돌격 효과를 깨닫게 된 로마는 2세기 말부터 히스파니아와 갈리아 내 동맹지역에서 같은 유형의 기병들을 징집해 기병대를 강화하기 시작했다. 군단에도 군단기병 120명이 있긴 했으나 이들은 전술 임무에 배속되었고 전투는 주로 보조기병의 몫이었다. 때로는 군단과 보조군의 기병이 혼성부대를 이루어 전투에 투입되기도 했다.

군단기병은 대부분 원로원이나 기사계급 출신의 상류층 청년으로 구성되어 있었다. 이들은 국가의 지원을 받아 군마를 보유했다. 공화정기 당시 기병은 최소 10년 복무가 의무였는데 제대 시 조사관이 그들의 복무 행태와 군마의 상태를 확인했다. 조사 결과에 따라 기병은 대대장(집정관군단은 시민이 선출)으로 임명이 가능한지 판가름됐다. 집정관 혹은 법무관이 대대장으로 임명하면 이후 가장 낮은 관직인 재무관에 입후보할 수 있었다. 그러나 마리우스 군제개혁 이후로 기병 복무가 더 이상 기사계급의 의무가 아니게 되자 10년 복무 제도는 유지하되 여기에 지휘관 활동기간도 포함하기 시작했다.

이제 실질적인 기병 임무는 보조기병대(지휘관직은 여전히 원로원 또는 기사계급 출신자에게 돌아감)와 기병대대(기병 120명과 보병 680명으로 구성)가 맡게 됐다.

보조군 종류

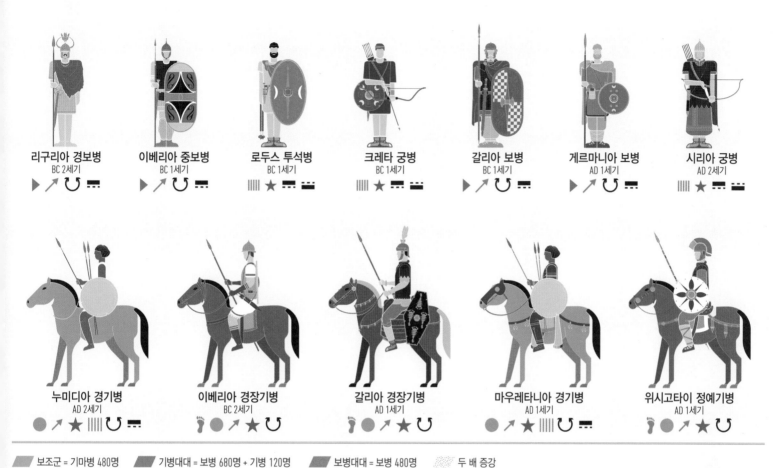

리구리아 경보병	이베리아 중보병	로두스 투석병	크레타 궁병	갈리아 보병	게르마니아 보병	시리아 궁병
BC 2세기	BC 1세기	BC 1세기	BC 1세기	BC 1세기	AD 1세기	AD 2세기

누미디아 경기병	이베리아 경장기병	갈리아 경장기병	마우레타니아 경기병	위시고타이 정예기병
AD 2세기	BC 2세기	AD 1세기	AD 1세기	AD 1세기

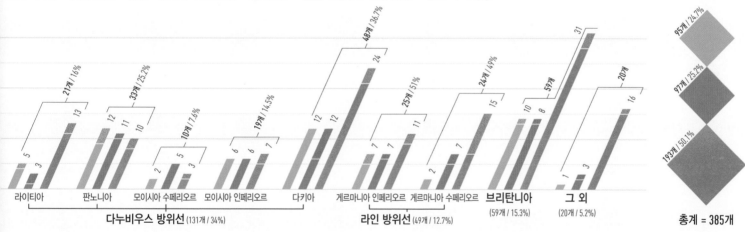

■ 보조군 = 기마병 480명 ■ 기병대대 = 보병 680명 + 기병 120명 ■ 보병대대 = 보병 480명 ▨ 두 배 증강

라이티아 · 판노니아 · 모이시아 수페리오르 · 모이시아 인페리오르 · 다키아 — 다누비우스 방위선 (131개 / 34%)

게르마니아 인페리오르 · 게르마니아 수페리오르 — 라인 방위선 (49개 / 12.7%)

브리탄니아 (59개 / 15.3%)

그 외 (20개 / 5.2%)

21개 / 16% · 33개 / 25.2% · 10개 / 7.6% · 19개 / 14.5% · 48개 / 36.7% · 25개 / 51% · 24개 / 49%

95개 / 24.7%
97개 / 25.2%
193개 / 50.1%

총계 = 385개

이로써 로마군은 기병 전력을 갖추고 이를 전술적으로 활용할 수 있게 되었다. 한편 보조군은 복무를 마친 뒤 본인과 가족들이 로마시민권을 부여받는 혜택을 누릴 수 있었다.

4세기 이후로는 기동성이 뛰어난 적군과 맞서기 위해 디오클레티아누스를 비롯한 여러 황제가 개혁을 통해 기병의 비율을 크게 늘렸고, 세베루스 알렉산데르황제 통치기부터는 중장기병(카타프락트)이 등장하기도 했다. 군단기병대 역시 많이 늘어났다. 사료에 따르면 3세기 중반 본래 120여 명이던 기병의 숫자가 726명으로 확대되어 기병중대 22개 이루었던 것으로 확인할 수 있다. 마리우스 군제개혁 이전 1:10 수준이던 기병과 보병의 비율은 1:30이 되었다.

한편 갈리에누스황제는 군단에서 차출한 분견대, 보조기병대, 그리고 국경지역의 비정규경비대(누메루스)를 라인강 국경으로 보내 각각의 전통에 따라 전투에 임하도록 했다. 이후 그는 이들을 메디올라눔(오늘날의 밀라노)에 주둔시켜 보병 분견대와 연계해 신속한 개입이 가능하도록 했다. 전투대형도 변화했는데, 3세기 중반 이후로 제1열에 배치된 기병의 역할이 크게 확장되었으리라 추정할 수 있다. 또한 게르마니아 출신 신병의 수가 증가함에 따라 기병장교 및 부장교직도 생겨났을 것이다. 이러한 변화는 보병의 전투에도 영향을 미쳤는데, 이제 적진 내 중기병의 공격에도 저항할 수 있게 된 덕분이었다.

7 • 공성전

고대 군대의 공성전은 매우 고된 전투 형태 중 하나였다. 상대적으로 긴 기간 동안 수많은 병력(예루살렘공성전에는 군단 세 개와 보조군이 투입됨)을 한 곳에 집중시켜야 하는 만큼 보급에 문제가 생길 수밖에 없었기 때문이다. 공성전 자체가 주로 적군의 항복이나 협상을 유인하기 위한 전략의 일종으로 쓰였던 것도 같은 이유 때문이다. 실제로 카르타고의 한니발 장군은 자국의 보급로가 취약한 점을 고려해 장기간에 걸친 공성전은 시도하려 하지 않았다.

로마는 공성전을 여러 번 치렀다고 알려진다. 가장 오래된 것은 설화에 등장하는 베이이공성전일 것이다. 베이이는 로마에서 북쪽으로 15킬로미터 떨어진 곳에 위치한 에트루리아인들의 도시로, 무려 10년에 걸친 공성전 끝에 기원전 396년에 함락되었다고 전해진다. 하지만 이는 실제 공성전이라기보다 성문 주변 지역에서 여러 차례에 걸쳐 치러진 전투일 것이다. 실질적인 공성전은 시라쿠사이(기원전 213~212년), 카르타고(기원전 146년), 알레시아(기원전 52년), 페루시아(기원전 41~40년), 예루살렘(기원후 70년) 등을 꼽을 수 있다. 이러한 공성전에서는 대포 등 각종 공성병기를 통한 공격과 동시에 성내로 들어가는 모든 식량과 식수의 보급을 봉쇄해 적군을 기아상태로 몰아넣는 것이 주된 전술이었다. 이를 통해 항복을 받아 내거나, 돌격 시 저항할 수 없게 만들었다. 한편, 포위군은 성벽을 넘어 진입할 수 있도록 성 주변에 거대한 경사로를 만들었다.

주요 발사무기

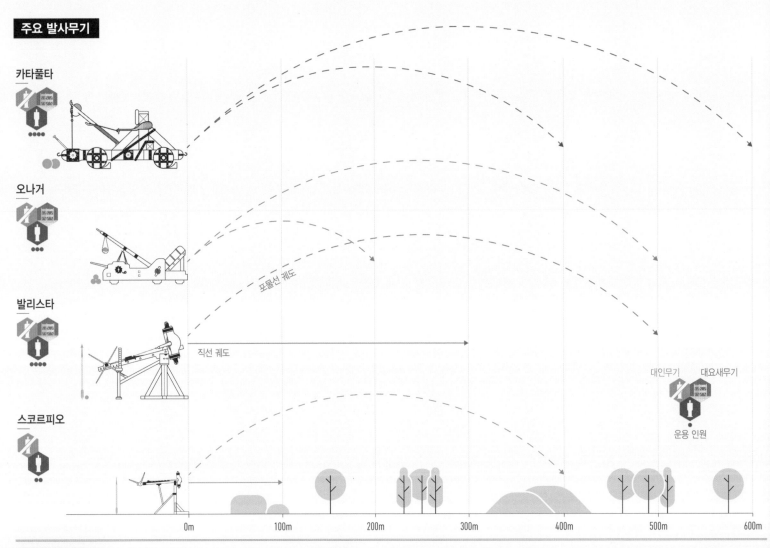

주요 공성무기

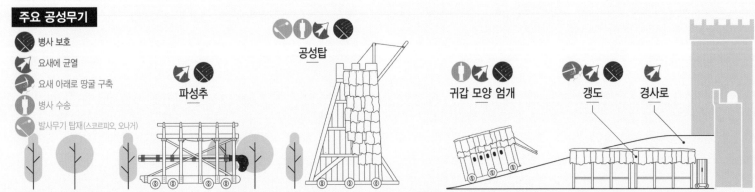

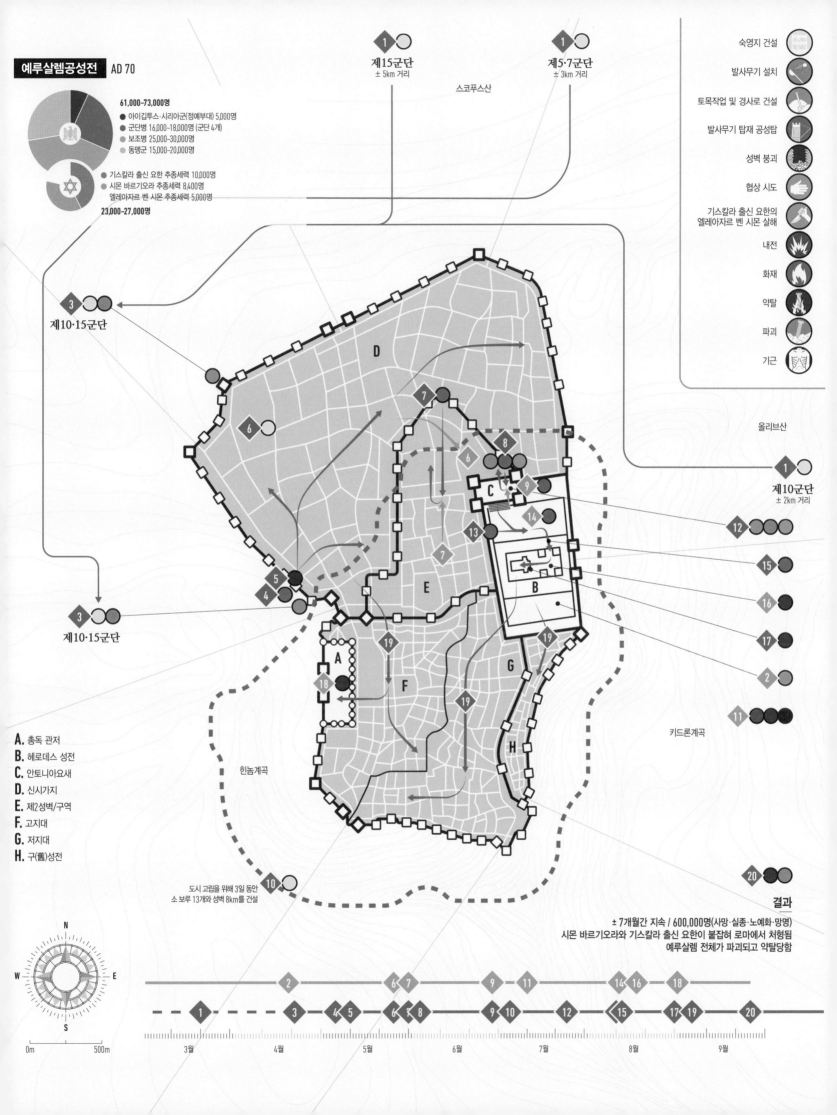

예루살렘공성전 AD 70

61,000~73,000명
● 아이깁투스·시리아군(정예부대) 5,000명
● 군단병 16,000~18,000명 (군단 4개)
● 보조병 25,000~30,000명
○ 동맹군 15,000~20,000명

● 기스칼라 출신 요한 추종세력 10,000명
● 시몬 바르기오라 추종세력 8,400명
● 엘레아자르 벤 시몬 추종세력 5,000명
23,000~27,000명

숙영지 건설
발사무기 설치
토목작업 및 경사로 건설
발사무기 탑재 공성탑
성벽 붕괴
협상 시도
기스칼라 출신 요한의 엘레아자르 벤 시몬 살해
내전
화재
약탈
파괴
기근

제15군단
± 5km 거리

제5·7군단
± 3km 거리

스코푸스산

제10·15군단

제10·15군단

올리브산

제10군단
± 2km 거리

키드론계곡

결과

± 7개월간 지속 / 600,000명(사망·실종·노예화·망명)
시몬 바르기오라와 기스칼라 출신 요한이 붙잡혀 로마에서 처형됨
예루살렘 전체가 파괴되고 약탈당함

도시 고립을 위해 3일 동안
소 보루 13개와 성벽 8km를 건설

힌놈계곡

A. 총독 관저
B. 헤로데스 성전
C. 안토니아요새
D. 신시가지
E. 제2성벽/구역
F. 고지대
G. 저지대
H. 구(舊)성전

N
W E
S

0m 500m

3월 4월 5월 6월 7월 8월 9월

공화정기 로마군단은 일반적으로 매해 작전에 투입되었다가 겨울철에 해산한 후 이듬해 지정 위치에서 다시 소집되었다. 그러나 기원전 3세기, 특히 제2차 포에니전쟁을 치른 뒤부터 집정관군단 네 곳 사이의 간격이 너무 커 모든 수요를 충족하기 어려워졌다. 병사들 역시 이탈리아에서 너무 멀리 떨어진 곳에 투입된 탓에 겨울 동안 고향을 다녀올 수도 없었다. 이에 로마군단들은 작전지역에서 겨울을 나기 시작했고, 겨울이 지나면 새 지휘관이 부임하는 식으로 바뀌었다. 기원전 2세기를 거치면서 이러한 체제가 고착됐고 특히 속주의 숫자도 늘어나자 로마는 각 지역에 상비주둔군을 유지할 수밖에 없었다. 기원전 1세기 수많은 정복전과 내전을 치러낸 결과 로마의 군단은 그 수와 전문성 면에서 발전을 거듭했다. 기원전 42년, 레피두스, 안토니우스와 함께 제2차 삼두정치시대를 연 젊은 옥타비아누스는 카이사르의 군단을 해산하고 고참병들을 식민시에 보내야 했다. 그는 기원전 30년에도 또다시 고참병의 주둔과 군단 해산을 감행해야 했다. 여러 전투를 거치면서 군단의 수가 무려 60개까지 늘어난 탓에 비용이나 정치적인 차원에서 문제가 발생할 위험이 있었기 때문이었다. 그는 이후 군단 개수를 18개까지 줄였으나 통치 말기에는 25개로 다시 조정되었다. 그 중 일부는 전쟁 중 전멸하거나(특히 기원후 9년에 군단 3개 전멸) 해산(69년에 8개)됐고 16개가 신설되기도 했다. 군단 수는 서서히 증가하다가 기원후 2세기에는 30개로 유지되었고, 3세기 초에는 33개로 늘어났다.

94

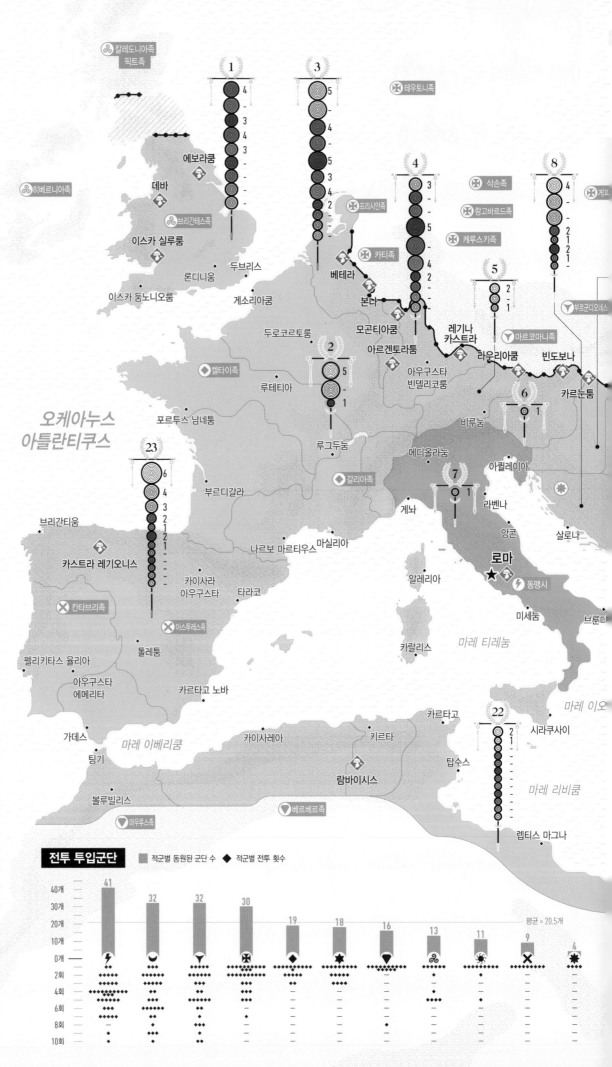

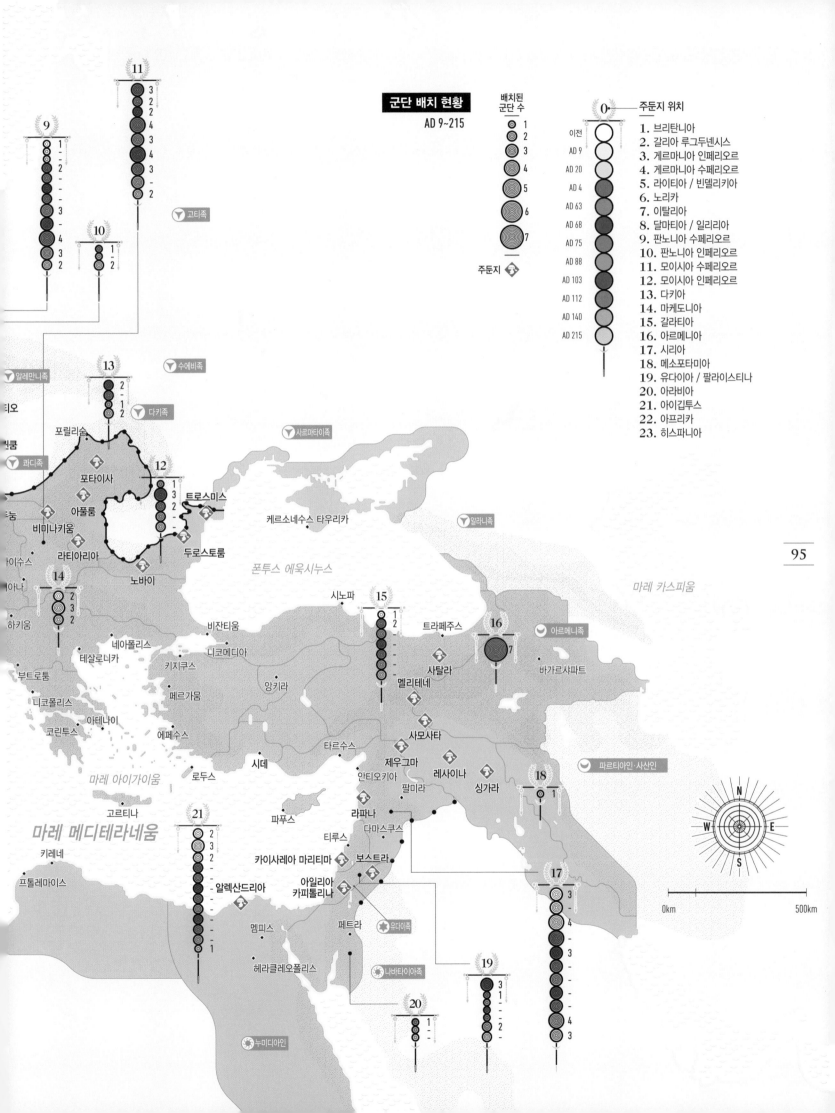

군단 배치 현황

AD 9~215

배치된 군단 수
1
2
3
4
5
6
7

주둔지

주둔지 위치

이전	1. 브리탄니아
AD 9	2. 갈리아 루그두넨시스
AD 20	3. 게르마니아 인페리오르
AD 4	4. 게르마니아 수페리오르
AD 63	5. 라이티아 / 빈델리키아
AD 68	6. 노리카
AD 75	7. 이탈리아
AD 88	8. 달마티아 / 일리리아
AD 103	9. 판노니아 수페리오르
AD 112	10. 판노니아 인페리오르
AD 140	11. 모이시아 수페리오르
AD 215	12. 모이시아 인페리오르
	13. 다키아
	14. 마케도니아
	15. 갈라티아
	16. 아르메니아
	17. 시리아
	18. 메소포타미아
	19. 유다이아 / 팔라이스티나
	20. 아라비아
	21. 아이깁투스
	22. 아프리카
	23. 히스파니아

마레 카스피움

폰투스 에욱시누스

마레 아이가이움

마레 메디테라네움

고티족
수에비족
사르마타이족
알라니족
알레만니족
콰디족
다키족
케르소네수스 타우리카
아르메니족
파르티아인·사산인
유다이족
나바타이아족
누미디아인

포릴리숨
포타이사
아풀룸
비미나키움
라티아리아
트로스미스
두로스토룸
노바이
비잔티움
니코메디아
시노파
트라페주스
바가르샤파트
키지쿠스
앙키라
사탈라
멜리테네
네아폴리스
테살로니카
페르가뭄
부트로툼
니코폴리스
아테나이
에페수스
사모사타
제우그마
레사이나
싱가라
코린투스
시데
로두스
타르수스
안티오키아
팔미라
다마스쿠스
라파나
티루스
고르티나
파푸스
카이사레아 마리티마
보스트라
키레네
파르시아
아일리아 카피톨리나
프톨레마이스
알렉산드리아
멤피스
페트라
헤라클레오폴리스

0km 500km

N
W   E
S

제정 초기 44개 군단의 역사

- 내전·계승전
- 트라키아족 달마티아족
- 칸타브리아족 아스투리아족
- 갈리아족
- 게르만족/프랑크족 카티족/바타비아족 등
- 다키아족/마르코마니족 사르마티아족/고트족 등
- 무어족 베르베르족

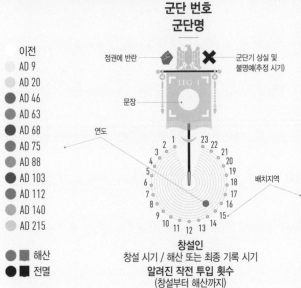

이전
- AD 9
- AD 20
- AD 46
- AD 63
- AD 68
- AD 75
- AD 88
- AD 103
- AD 112
- AD 140
- AD 215

- 해산
- 전멸

군단 번호 군단명

정권에 반란 / 군단기 상실 및 불명예(추정 시기)

문장

연도

배치지역

LEG·I

주둔지 위치
1. 브리탄니아
2. 갈리아 루그두넨시스
3. 게르마니아 인페리오르
4. 게르마니아 수페리오르
5. 라이티아/윈델리카
6. 노리카
7. 이탈리아
8. 달마티아/일리리아
9. 판노니아 수페리오르
10. 판노니아 인페리오르
11. 모이시아 수페리오르
12. 모이시아 인페리오르
13. 다키아
14. 마케도니아
15. 갈라이키아
16. 아르메니아
17. 시리아
18. 메소포타미아
19. 유다이아/팔라이스티나
20. 아라비아
21. 아이깁투스
22. 아프리카
23. 히스파니아

창설인
창설 시기 / 해산 또는 최종 기록 시기
알려진 작전 투입 횟수
(창설부터 해산까지)

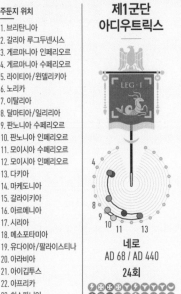

제1군단 아디우트릭스
LEG·I
네로
AD 68 / AD 440
24회

제1군단 게르마니카
AD 14·69
LEG·I
카이사르
BC 48 / AD 69
10회

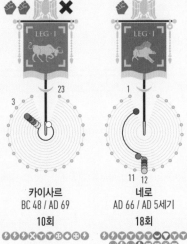

제1군단 이탈리카
AD 69
LEG·I
네로
AD 66 / AD 5세기
18회

제1군단 미네르비아
AD 260
LEG·I
도미티아누스
AD 82~83 / AD 360
20회

제3군단 갈리카
AD 218
LEG·III
카이사르
BC 48 / AD 4세기
23회

제3군단 이탈리카
AD 282
LEG·III
마르쿠스 아우렐리우스
AD 165 / AD 4세기
16회

제3군단 파르티카
LEG·III
셉티미우스 세베루스
AD 197 / AD 5세기
6회

제4군단 플라비아 펠릭스
LEG·IIII
베스파아누스
AD 70 / AD 5세기
16회

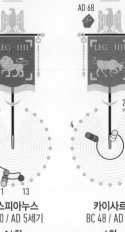

제4군단 마케도니카
AD 68
LEG·IIII
카이사르
BC 48 / AD 70
6회

제4군단 스키티카
AD 219   AD 62~63
LEG·IIII
안토니우스
BC 40~31 / AD 4세기
18회

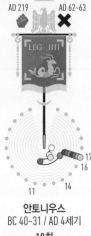

제5군단 알라우다이
AD 14
LEG·V
카이사르
BC 56 / AD 70
15회

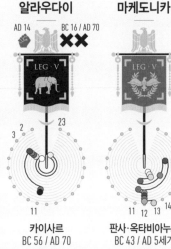

제5군단 마케도니카
LEG·V
판사·옥타비아누스
BC 43 / AD 5세기
17회

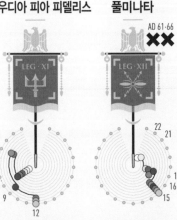

제11군단 클라우디아 피아 피델리스
LEG·XI
카이사르·옥타비아누스
BC 58~42 / AD 4세기
22회

제12군단 풀미나타
AD 61·66
LEG·XII
카이사르·레피두스
BC 58~44 / AD 3세기
18회

제13군단 게미나
AD 14
LEG·XIII
카이사르
BC 58 / AD 4세기
27회

제14군단 게미나 마르티아 빅트릭스
AD 14·69
LEG·XIIII
카이사르·옥타비아누스
BC 57~44 / AD 258
31회

제15군단 아폴리나리스
AD 14
LEG·XV
카이사르·옥타비아누스
BC 53~44 / AD 5세기
21회

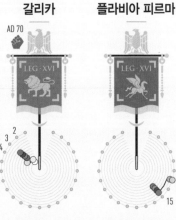

제15군단 프리미게니아
AD 70
LEG·XV
칼리굴라
AD 39 / AD 70
3회

제16군단 갈리카 → **제16군단 플라비아 피르마**
AD 70
LEG·XVI
옥타비아누스
BC 43 / AD 70
7회

LEG·XVI
베스파시아누스
AD 70 / AD 4세기
7회

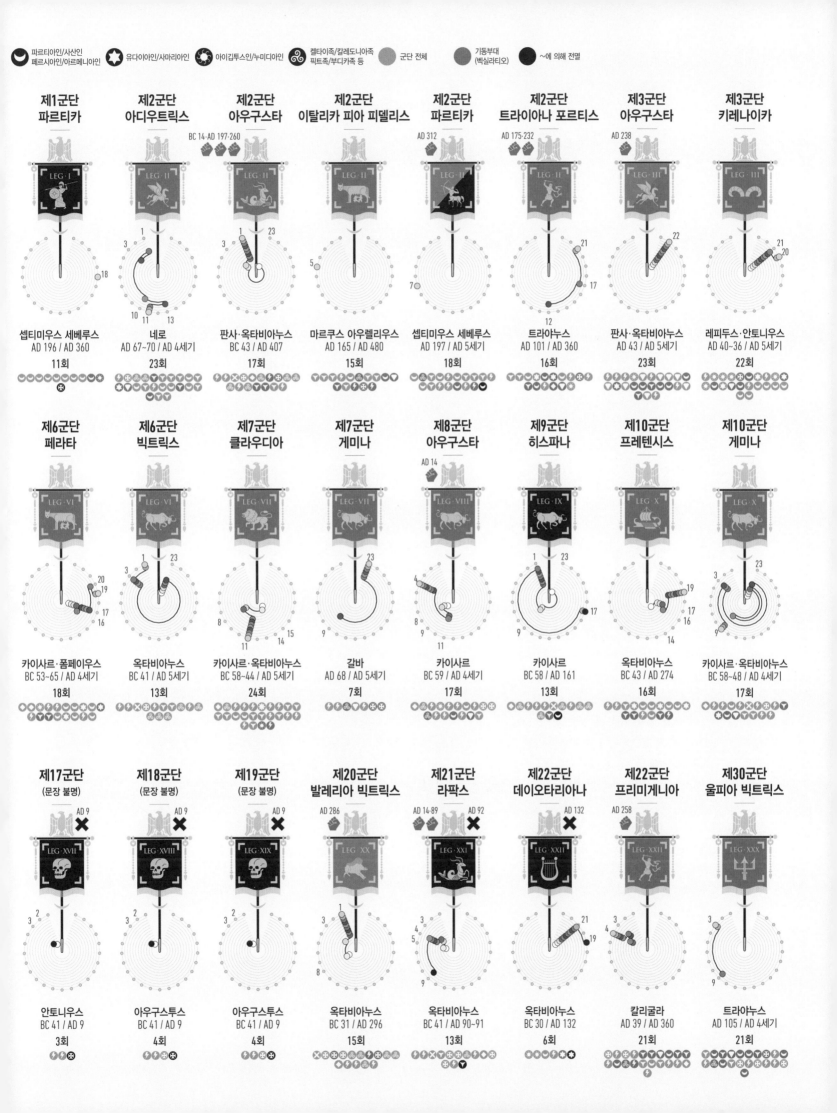

Legend:
- 파르티아인/사산인 페르시아인/아르메니아인
- 유다이아인/사마리아인
- 아이깁투스인/누미디아인
- 켈타이족/칼레도니아족 픽트족/부디카족 등
- 군단 전체
- 기동부대 (벡실라티오)
- ~에 의해 전멸

제1군단 파르티카 — 셉티미우스 세베루스 / AD 196 / AD 360 / 11회
제2군단 아디우트릭스 — 네로 / AD 67~70 / 4세기 / 23회
제2군단 아우구스타 (BC 14·AD 197·260) — 판사·옥타비아누스 / BC 43 / AD 407 / 17회
제2군단 이탈리카 피아 피델리스 — 마르쿠스 아우렐리우스 / AD 165 / AD 480 / 15회
제2군단 파르티카 (AD 312) — 셉티미우스 세베루스 / AD 197 / AD 5세기 / 18회
제2군단 트라이아나 포르티스 (AD 175·232) — 트라야누스 / AD 101 / AD 360 / 16회
제3군단 아우구스타 (AD 238) — 판사·옥타비아누스 / AD 43 / AD 5세기 / 23회
제3군단 키레나이카 — 레피두스·안토니우스 / AD 40~36 / AD 5세기 / 22회

제6군단 페라타 — 카이사르·폼페이우스 / BC 53~65 / AD 4세기 / 18회
제6군단 빅트릭스 — 옥타비아누스 / BC 41 / AD 5세기 / 13회
제7군단 클라우디아 — 카이사르·옥타비아누스 / BC 58~44 / AD 5세기 / 24회
제7군단 게미나 — 갈바 / AD 68 / AD 5세기 / 7회
제8군단 아우구스타 (AD 14) — 카이사르 / BC 59 / AD 4세기 / 17회
제9군단 히스파나 — 카이사르 / BC 58 / AD 161 / 13회
제10군단 프레텐시스 — 옥타비아누스 / BC 43 / AD 274 / 16회
제10군단 게미나 — 카이사르·옥타비아누스 / BC 58~48 / AD 4세기 / 17회

제17군단 (문장 불명) (AD 9) — 안토니우스 / BC 41 / AD 9 / 3회
제18군단 (문장 불명) (AD 9) — 아우구스투스 / BC 41 / AD 9 / 4회
제19군단 (문장 불명) (AD 9) — 아우구스투스 / BC 41 / AD 9 / 4회
제20군단 발레리아 빅트릭스 (AD 286) — 옥타비아누스 / BC 31 / AD 296 / 15회
제21군단 라팍스 (AD 14·89 / AD 92) — 옥타비아누스 / BC 41 / AD 90~91 / 13회
제22군단 데이오타리아나 (AD 132) — 옥타비아누스 / BC 30 / AD 132 / 6회
제22군단 프리미게니아 (AD 258) — 칼리굴라 / AD 39 / AD 360 / 21회
제30군단 울피아 빅트릭스 — 트라야누스 / AD 105 / AD 4세기 / 21회

이미 잘 알려진 대로, 로마는 타고난 해상국가는 아니었지만 결국 해상강국이 되었다. 기원전 311년 이후 로마는 매년 해군 담당정무관 두 명(두오비리 나발레스)을 임명하고, 이들에게 각각 전함 10척으로 구성된 함대를 하나씩 맡겨 티르헤니아의 해적들을 막았다. 로마는 기원전 306~302년부터 해군에 관심을 가졌다. 폴리비오스의 기록에 따르면 이 시기 로마는 강력한 해군을 가진 로두스와 우호 관계를 유지했으며, 기원전 306년에는 카르타고와 지중해에서의 세력 범위를 규정하는 조약을 맺었다. 기원전 264년 제1차 포에니전쟁이 시작되자 해상 전력이 부족했던 로마는 트리레미스(삼단선)나 펜테코테르 같은 전투선을 보유한 타렌툼, 로크리스, 벨리아, 네아폴리스 등 동맹국에 도움을 요청해야 했다. 이후 로마는 퀸퀘레미스(오단선) 100척과 트리레미스 20척을 건조해 함대를 구성했다. 로마의 실용주의는 로마 영해에서 로마 함선인 퀸퀘레미스로 카르타고를 물리칠 능력을 길렀다. 비록 루타티우스 카툴루스가 이끄는 로마군이 기원전 241년 카르타고군을 상대로 눈부신 승리를 거두었다고 해도, 무장도 허술하고 훈련도 미비한 적을 상대로 거둔 승리였기에 지상강국에 머무른 상태였다.

로마는 기원전 200년 이후로도 특히 로두스를 비롯한 그라이키아계 동맹시들의 해상 전력에 의지했다. 또한 함대 선박 중 상당수를 이오니아, 포이니키아, 팜필리아, 시리아 등의 동맹시에서 지원받았다. 물론 로마가 직접 자국 선박을 건조하기도 했으나 주로 동맹시 출신의 승무원들이 운용을 맡았다. 그러나 동맹시전쟁(기원전 90~88년)을 겪은 뒤로는 점차 그라이키아 및 동방 방식의 해군 기술을 직접 받아들이기 시작했다. 미르티다테스전쟁(기원전 89~85년) 이후로는 처음으로 영구함대의 개념이 등장했고, 마침내 기원전 67년 그나이우스 폼페이우스가 이끄는 로마 선단이 지중해의 해적들을 소탕하는 데 성공했다. 카이사르와 폼페이우스 사이의 내전에서도 동맹 관계인 해상강국들의 활약이 컸다. 로마는 기원전 30년 마지막 내전이 끝나고 나서야 마침내 바다와 강에 주둔하는 영구함대를 구성했다. 당시 해군과 선원은 대부분 외국인과 노예로 구성되었으나, 이후 자유민과 로마시민의 비중이 점차 늘어났다.

고대 선박의 종류 BC 1000~AD 500

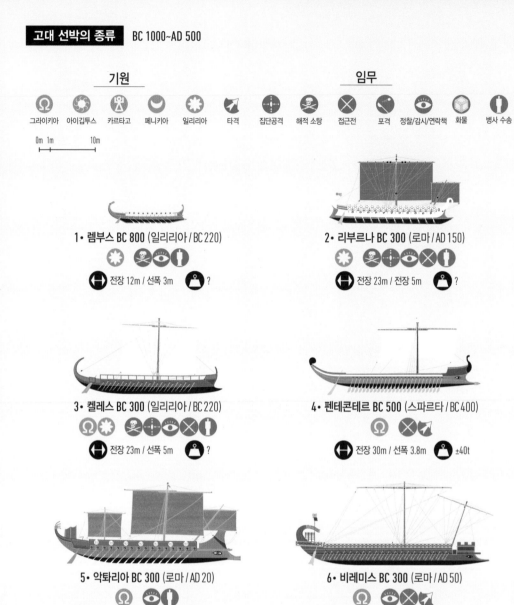

기원
그라이키아 / 아이깁투스 / 카르타고 / 페니키아 / 일리리아 / 타격

임무
집단공격 / 해적 소탕 / 접근전 / 포격 / 정찰/감시/연락책 / 화물 / 병사 수송

0m 1m 10m

1 · 렘부스 BC 800 (일리리아 / BC 220)
전장 12m / 선폭 3m ?

2 · 리부르나 BC 300 (로마 / AD 150)
전장 23m / 전장 5m ?

3 · 켈레스 BC 300 (일리리아 / BC 220)
전장 23m / 선폭 5m ?

4 · 펜테콘테르 BC 500 (스파르타 / BC 400)
전장 30m / 선폭 3.8m ±40t

5 · 악토리아 BC 300 (로마 / AD 20)
전장 31m / 선폭 6.5m ±50t

6 · 비레미스 BC 300 (로마 / AD 50)
전장 32m / 선폭 4.3m ±50t

노수 배치 형태 노수석 노

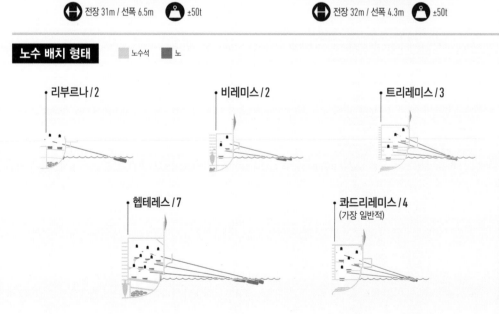

리부르나 / 2

비레미스 / 2

트리레미스 / 3

헵테레스 / 7

콰드리레미스 / 4
(가장 일반적)

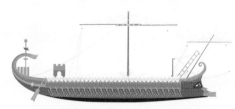

7 • 트리레미스 BC 300 (로마 / BC 260)

   전장 38m / 선폭 6m ±60t

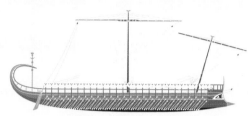

8 • 트리에리스 BC 704 (카르타고 / BC 250)

   전장 40m / 선폭 6m ±70t

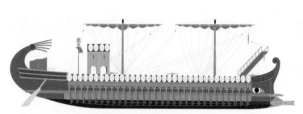

9 • 콰드리레미스 BC 350 (로마 / BC 260)

  전장 50m / 선폭 7m ±80t

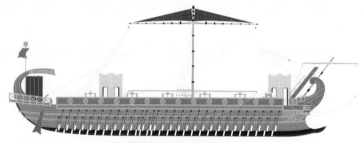

10 • 퀸쿼레미스 BC 400 (로마 / BC 68)

    전장 58m / 선폭 7m 100t

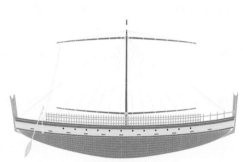

11 • 가울루스 BC 200

  전장 ±40m / 선폭 10m ?

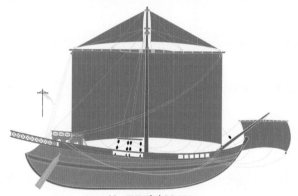

11 • 코르비타 BC 150

    전장 55m / 선폭 13m ?

전함의 전력과 속력   순항 속력   최대 속력   ▶ 충각   ● 카타풀타   ■ 사수탑   ✖ 스코르피오/발리스타   ╱ 목제 가교('까마귀')   ⎨ 무기용 닻('돌고래')   ★ 연속 갑판

렘부스 • 1	노수·병사 16명 ▶	7~14kn
리부르나 • 2	노수 44명 / 선원 10명 / 병사 ±10명 ▶	
켈레스 • 3	노수 23명 / 선원 3명 / 병사 ±10명 ▶	
펜테콘테르 • 4	노수 50명 / 선원 3명 / 병사 ±10명 ▶	6~10kn
악타리아 • 5	노수 50명 / 선원 3명 / 병사 ±30명 ▶✖✖	±5~8kn
비레미스 • 6	노수 50명 / 선원 ±10명 / 병사 ±30명 ▶✖✖⎨	
트리레미스 • 7	노수 170명 / 선원 25명 / 병사 50명 ▶■✖✖╱⎨★	
트리에리스 • 8	노수 240명 / 선원 ±10명 / 병사 ±50명 ▶✖✖╱★	±3~8kn
콰드리레미스 • 9	노수 230명 / 선원 40명 / 병사 75명 ▶▶✖✖╱⎨★	±3~8kn
퀸쿼레미스 • 10	노수 300명 / 선원 50명 / 병사 130명 ▶▶●●●●●●●●●●●●■■✖✖╱⎨★	

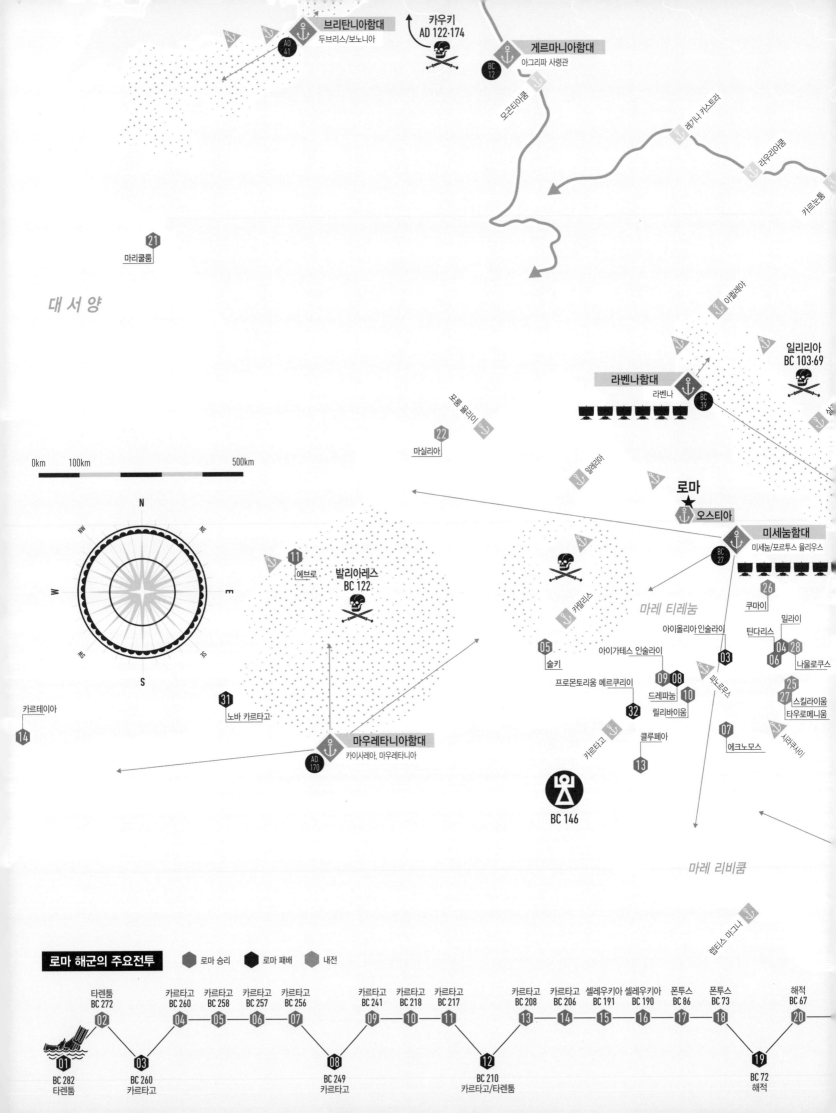

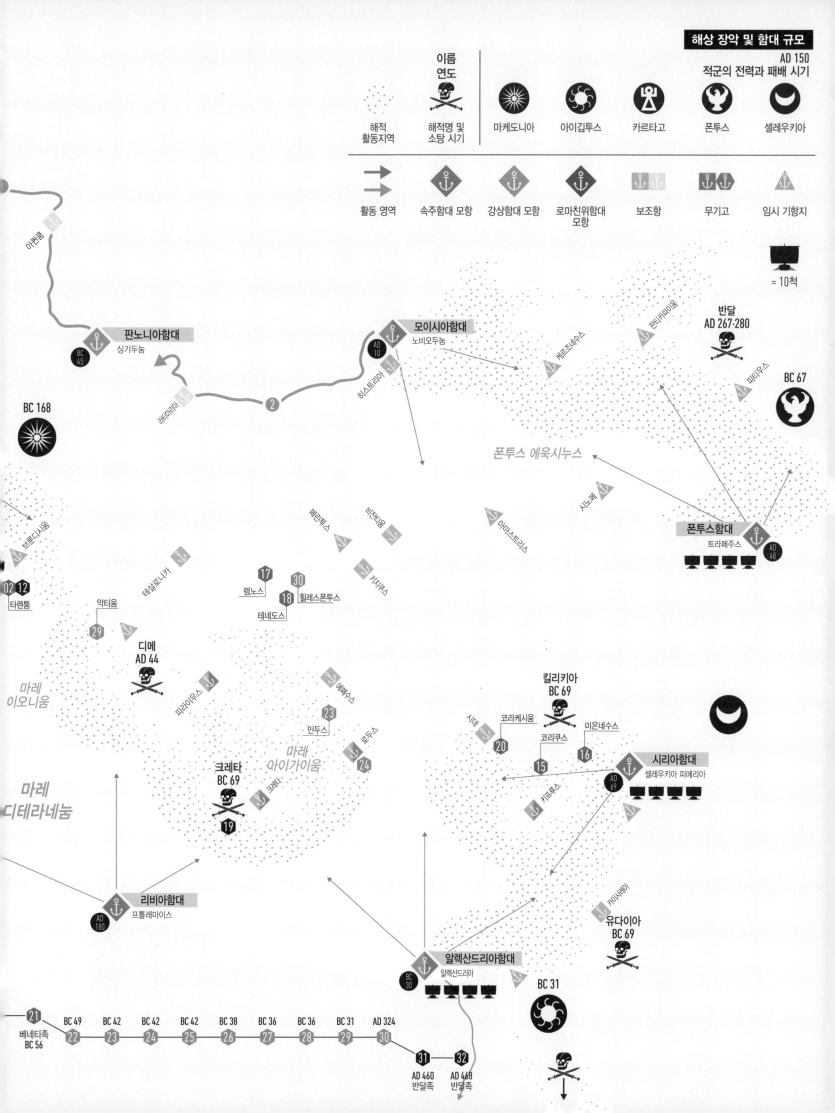

AD 150
적군의 전력과 패배 시기

해적 활동지역
해적명 및 소탕 시기
이름 연도

마케도니아　아이깁투스　카르타고　폰투스　셀레우키아

활동 영역　속주함대 모항　강상함대 모항　로마친위함대 모항　보조항　무기고　임시 기항지

= 10척

반달 AD 267·280

판노니아함대　싱기두눔

모이시아함대　노비오두눔

판티카파이움

BC 67

케르조네수스

BC 45

AD 10

히스트리아

라티아리아

BC 168

폰투스 에욱시누스

시노페

페린투스

비잔티움

아미스트리스

폰투스함대　트라페주스

AD 48

브룬디시움

테살로니카

렘노스

키지쿠스

17

30

힐레스폰투스

02 12

타렌툼

18

테네도스

악티움

29

29

마레 이오니움

디메 AD 44

피라이우스

에페수스

23

킬리키아 BC 69

시데

코라케시움

민두스

로두스

24

20

코리쿠스

미온네수스

15

16

마레 아이가이움

마레 디테라네눔

크레타 BC 69

크레타

19

키프로스

시리아함대　셀레우키아 피에리아

AD 69

리비아함대　프톨레마이스

AD 180

카이사레아

유다이아 BC 69

알렉산드리아함대　알렉산드리아

BC 30

BC 31

21

베네티족 BC 56

BC 49　BC 42　BC 42　BC 42　BC 38　BC 36　BC 36　BC 31　AD 324

22　23　24　25　26　27　28　29　30

31　32

AD 460 반달족　AD 468 반달족

옥타비아누스 & 아그리파

± 병사 36,000명
± 전함 250척

± 병사 22,000명
± 전함 170+60척

마르쿠스 안토니우스 & 클레오파트라

= 20~30척

파노르무스
토리네
악티움
파트라이
메토네

N

100km

10km
0

옥타비아누스

N

로마에서 벌어진 마지막 내전의
클라이맥스였던 이 해전은 지상전이
될 수도 있었다. 하지만 폼페이우스가
아드리아해를 장악했을 때 카이사르의 행동처럼,
마케도니아에서 지상전을 펼치자는 옥타비아누스의
제안을 안토니우스가 거부했다. 안토니우스의 군대는 기원전 32년
가을 그라이키아에 도착했고 옥타비아누스는 이듬해인 31년 여름 악티움
쪽으로 진군했다. 안토니우스는 암브라키아만으로 이어지는 해협을 장악한
상태였다. 그해 겨울을 앞두고 옥타비아누스의 함대는 전함 수가 조금 더
많았던 반면 안토니우스의 함대는 전함의 규모가 더 컸으므로 양군의
전력은 거의 비슷한 수준이었다. 결국 교전이 불가피했다.
안토니우스의 함대 우익은 안토니우스와 푸블리콜라,
중앙은 옥타비우스와 인스테이우스, 좌익은
소시우스가 맡았다. 옥타비아누스의
함대는 우익에 루리우스, 중앙에

102

아룬티우스, 좌익에 아그리파가
배치됐다. **1.** 바람이 내륙에서
불어오자 안토니우스의 함대가 움직이기
시작했다. **2.** 아그리파는 전함들을 후퇴시켜
푸블리콜라가 자신을 추격하도록 유인했다. 선원들의 체력
고갈을 유도한 것이었다. **3.** 아그리파는 우회하여 푸블리콜라의
전함들을 공격해 첫 타격을 가했다. **4.** 동시에 중앙에서도 옥타비아누스의
함대가 우세를 보였다. **5.** 이에 후방에 있던 클레오파트라의 선단이 교전에
개입해야 했다. **6.** 아그리파는 적군의 전함에 배를 붙여 대고 군단병을 포함한
병사들을 상선시켜 접근전을 벌이도록 했다. **7.** 클레오파트라는
아이깁투스에서 전투를 속행할지, 아니면 전멸 위험에 빠질지
선택해야 했다. 이에 클레오파트라는 순풍이 불어오는
틈을 타 아이깁투스로 도주했다. 안토니우스도
전함 50여척을 이끌고 클레오파트라를
따라 도망쳤다. **8.** 아그리파는

남아 있는 안토니우스의
전함들을 포위했다. 옥타비아누스는
다수의 전함과 병력 2,500명의 손실을
냈지만 최종적으로는 승리를 거두었다.
안토니우스의 함대는 대부분 격침되었다. **9.** 안토니우스의
군단병은 긴 행렬을 이루어 마케도니아로 도주했다. 이후 기원전
30년 7월, 옥타비아누스가 아이깁투스 권력의 중심지 알렉산드리아에
모습을 드러내자 안토니우스는 스스로 목숨을 끊었다. 이는 58년간 이어진
내전이 끝나고 공화정의 막이 내리기 시작하는 순간이었다. 제국의 탄생이 다가오고
있었다.

12:00 바람이 불어오기 시작

14:00 포위 공세

16:00 도주 및 항복

해군 병사
BC 125

해군 병사
BC 31

해군 병사
AD 357

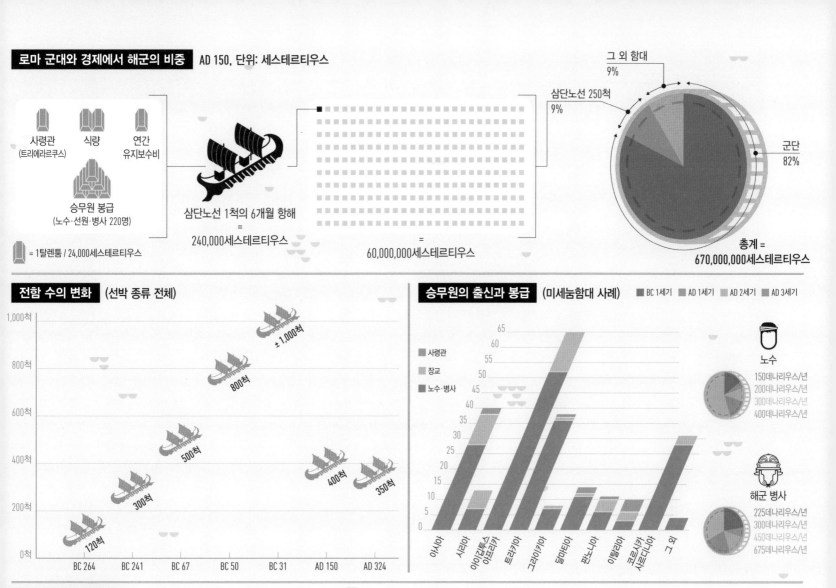

로마 군대와 경제에서 해군의 비중 AD 150, 단위: 세스테르티우스

사령관
(트리에라르쿠스)

식량

연간
유지보수비

승무원 봉급
(노수·선원·병사 220명)

= 1탈렌툼 / 24,000세스테르티우스

삼단노선 1척의 6개월 항해
=
240,000세스테르티우스

=
60,000,000세스테르티우스

그 외 함대
9%

삼단노선 250척
9%

군단
82%

총계 =
670,000,000세스테르티우스

전함 수의 변화 (선박 종류 전체)

1,000척
800척
600척
400척
200척
0척

± 1,000척
800척
500척
400척
350척
300척
120척

BC 264 | BC 241 | BC 67 | BC 50 | BC 31 | AD 150 | AD 324

승무원의 출신과 봉급 (미세눔함대 사례)　■ BC 1세기　■ AD 1세기　■ AD 2세기　■ AD 3세기

사령관
장교
노수·병사

65 60 55 50 45 40 35 30 25 20 15 10 5 0

아시아 / 시리아 / 아이깁투스·마우라카 / 트라키아 / 그라이키아 / 달마티아 / 판노니아 / 이탈리아 / 코르시카·사르디니아 / 그 외

노수
150데나리우스/년
200데나리우스/년
300데나리우스/년
400데나리우스/년

해군 병사
225데나리우스/년
300데나리우스/년
450데나리우스/년
675데나리우스/년

함대의 출현과 소멸　～ 강상　～ 해상

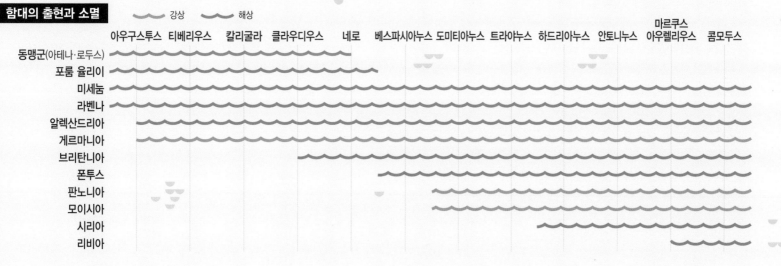

	아우구스투스	티베리우스	칼리굴라	클라우디우스	네로	베스파시아누스	도미티아누스	트라야누스	하드리아누스	안토니누스	마르쿠스 아우렐리우스	콤모두스
동맹군(아테나·로두스)												
포룸 율리이												
미세눔												
라벤나												
알렉산드리아												
게르마니아												
브리탄니아												
폰투스												
판노니아												
모이시아												
시리아												
리비아												

로마와 지중해에 다시금 평화가 찾아오자 함대는 상비군으로 편성되었다. 과거의 해군 동맹군도 여전히 로마함대에 포함되었으나 네로황제 통치기부터는 오로지 로마군으로만 구성된 함대가 등장하기 시작했다. 물론 여기에는 여전히 연안지역 속주 출신 선원이 다수 섞여 있었다. 가장 큰 군사 항구는 미세눔과 라벤나의 항구였다. 시리아, 아이깁투스, 아프리카 등 지중해지역이나 브리탄니아 해상에 보조함대가 배치되기 시작했고, 마우리타니아의 카이사레아나 리비아의 프톨레마이스처럼 특정 항구에 영구적인 분견대가 파견되기도 했다. 이는 이후 라인강, 다누비우스강, 폰투스 에욱시누스(흑해)로 확대됐다. 그러나 에우프라테스강에는 상비함대가 배치되지 않았다. 군사적 측면에서 보면 병력 배치가 필요했지만 물의 흐름과 반대로 항해할 수는 없을 뿐더러 선박 예인에도 너무 많은 자원과 시간을 들여야 했기 때문이었다. 다만 파르티아와의 전투 시에는 해군 분견대가 함께 투입됐는데, 선박을 만들어 병사와 선원들을 수송하는 역할을 맡았다.

주요 전투 및 작전

1 • 내전

로마의 역사에는 이 장에서 다 다루지 못할 만큼 많은 내전이 발생했다. 초기 내전은 주로 로마 혹은 그 주변 지역에서 일어났다. 기원전 494년에는 로마의 평민들이 도시에서 4.5킬로미터 정도 떨어진 곳에 있는 '거룩한 산(몬스 사케르)'에 올라 집단 농성을 벌이며 평민의 권리를 주장했다. 그 결과 호민관 제도가 생겨났고, 기원전 451~449년에 걸쳐 12표법 제정, 모든 사람을 위한 동등한 참정권 보장 등 로마 정치 제도의 점진적 변화가 일어나기도 했다.

이후 수 세기 동안 외부세력들과 전쟁을 치른 로마는 기원전 2세기 말에 접어들며 다시금 내부 갈등에 직면했다. 이는 그라쿠스 형제의 개혁안을 둘러싼 대립이 시발점이 된 로마 내부의 정쟁에서 시작되었다. 이후 기원전 91년부터 88년까지는 로마의 병역 부담을 감당해온 동맹시(소키)들이 완전한 로마시민권을 주장하며 동맹시전쟁을 일으켰다. 피로 얼룩진 이 내전은 결국 파두스강을 기준으로 남쪽에 있는 이탈리아 도시들에 로마시민권을 부여하는 '플라우티아 파피리아법'이 제정되며 마침내 막을 내렸다. 그리고 이 문제의 정치적 주역들, 특히 반란세력에 우호적이었던 마리우스는 군사 지휘권을 손에 넣고 로마에서 정치적으로 군림하기 시작했다.

사실 그보다 앞선 기원전 107년 마리우스의 군제개혁으로 군단병의 복무기간이 25년으로 늘어나면서 정치적인 문제도 발생했다. 군단병이 강렬한 카리스마를 지닌 지휘관에게 복무기간이 끝난 후에도 복종하는 경우가 많아졌다는 문제였다. 기원전 1세기 전반기에 벌어진 수많은 내전은 이 문제와 직접적으로 연관된 경우가 많았다. 마리우스와 술라, 크라수스, 폼페이우스, 그리고 카이사르로 대표되는 당대의 영웅과 일부 정치적 모험가 들이 이탈리아 및 속주의 군사 문제에 개입해 자신의 권력을 강화하고자 했기 때문이다. 특히 전투에서 승리하면 로마 내에서의 입지를 강화할 수 있을 뿐만 아니라 전리품 명분으로 물질적인 이익을 취할 수도 있었다. 기원전 88년에는 마리우스와 술라가 동방전쟁의 지휘권을 놓고 대립했다. 그라이키아 일부를 점령하기 시작한 미트리다테스 6세의 정벌이 전쟁의 목적이었다. 결국 로마로 진군해 지휘권을 손에 넣은 술라는 미트리다테스 6세를 그라이키아와 요니아에서 몰아내고 그의 세력을 폰투스 에욱시누스로 제한했다. 이렇게 일단락되는 듯 보였으나, 기원전 74년 니코메데스 4세가 사망하면서 비티니아와 폰투스왕국을 로마에 넘기자 다시 전쟁이 시작됐다. 이에 루쿨루스를 비롯한 내로라하는 장군들이 지휘관으로 나섰다. 실제로 여러 전투에서 승리를 거두었으나 기원전 69년이 되자 전쟁은 교착상태에 이르고 만다. 이러한 동방전쟁과 동맹시전쟁의 영향으로 남부 이탈리아의 정세는 혼란에 빠졌다. 그 연장선으로 기원전 73~72년에는 트라키아 출신 검투사 스파르타쿠스가 이끄는 노예 반란이 일어나기도 했다. 한편 동맹시전쟁 당시 뛰어난 활약을 보였던 폼페이우스는 기원전 67년에는 달마티아 연안의 해적들을 소탕했고, 이러한 업적을 인정받아 기원전 66년에는 미트리다테스 6세와 맞붙을 신임지휘관으로 임명됐다. 결국 전쟁을 승리로 이끈 그는 아시아와 시리아까지 진격했다. 그로부터 얼마 지나지 않은 기원전 58년, 당시 총독이었던 카이사르는 게르만족의 위협을 빌미로 갈리아전쟁을 벌였다.

로마의 절대 권력을 둘러싼 치열한 싸움의 막이 오르고 있었던 셈이다. 폼페이우스, 카이사르와 함께 삼두정치를 구성해온 크라수스 역시 자신의 입지를 강화하고자 파르티아 원정을 추진했다. 하지만 결국 기원전 53년 참패로 끝이 났고 크라수스 자신도 목숨을 잃고 말았다. 결국 양대 강자로 남은 카이사르와 폼페이우스의 대립은 카이사르의 집정관 임기가 끝나던 기원전 50년에 들어서면서 더욱 심화되었다. 원로원이 폼페이우스와 손을 잡고 마르쿠스 안토니우스를 비롯한 카이사르 진영을 배척하자, 기원전 49년 1월 11일 카이사르는 군사를 이끌고 이탈리아를 통해 로마로 진격했다. 폼페이우스는 일부 원로원의원과 함께 도주했고, 이내 그라이키아와 마케도니아에 자리를 잡았다. 우선 로마의 상황을 정리한 카이사르는 폼페이우스의 추종 병력을 평정하기 위해 히스파니아로 떠났다. 기원전 48년 집정관으로 선출된 그는 아드리아해를 건너 그라이키아로 향했다. 카이사르는 여기서 폼페이우스를 기습하는 데 성공했지만 승리로 연결짓지는 못했다. 이후 테살리아로 넘어가 폼페이우스를 유인한 카이사르는 48년 8월 파르살루스평원에서의 전투 끝에 최종 승리를 거두었다. 폼페이우스는 아이깁투스로 도주했으나 프톨레마이오스 13세의 명령으로 기원전 48년 9월 28일 처형당했다.

사태가 안정되는 것도 잠시, 기원전 44년 3월 15일 카이사르가 암살당하면서 로마의 내전도 다시 불붙기 시작했다. '공화파'와 '카이사르파'는 상황에 따라 손을 잡기도, 분열되기도 했으며 이러한 모습은 카이사르파 내부에서도 나타났다. 당대의 권력가였던 마르쿠스 안토니우스, 카이사르의 양자인 옥타비아누스, 그리고 레피두스가 카이사르의 후계권을 놓고 대립했다. 공화파는 기원전 44년 말, 안토니우스와의 관계를 단절하고 카이사르파를 분열시키고자 했다. 기원전 43년 1월 1일, 원로원은 옥타비아누스에게 총독으로서의 군사 지휘권뿐만 아니라 기존의 최소 연령 제한보다 10년 더 빠르게 집정관에 오를 수 있게 하는 등 여러 특권을 부여하였다. 기원전 43년 4월, 무티나전투에서 공화파와 손잡고 안토니우스를 상대로 승리를 거둔 옥타비아누스는 로마로 진군해 4월 19일 집정관으로 취임했다. 이후 안토니우스와 레피두스에게 접근한 그는 11월 협정을 맺어 '공화국 재건을 위한 삼두정치'를 수립했다. 세 사람은 속주행정권을 나누고 살생부를 작성해 정적들을 숙청했다.

삼두정치의 첫 번째 과제는 카이사르를 암살한 자들을 궤멸하는 것이었다. 카이사르를 암살한 세력은 아이깁투스와 동방으로 도주한 상태였다. 옥타비아누스는 기원전 42년 9월과 10월 마케도니아의 필리피에서 두 번의 전투를 거쳐 마침내 암살 세력을 상대로 승리를 거두었다. 이때부터 다시 대립 구도가 이루어졌고, 삼두정치 말기에는 안토니우스와 옥타비아누스가 서로 치열하게 부딪히기 시작했다. 안토니우스는 동부지역에 풍부한 자원을 갖추고 있었고, 옥타비아누스는 이탈리아와 로마라는 상징적 권력을 점하고 있었다. 기원전 34년부터는 두 세력 간의 갈등이 더욱 깊어졌다. 마침내 기원전 31년 9월 2일 악티움에서 옥타비아누스의 함대와 안토니우스와 클레오파트라의 함대가 해전을 벌였고, 그 결과 옥타비아누스가 승리를 거두었다. 그리고 이듬해인 기원전 30년 8월 30일에 벌어진 알렉산드리아해전을 마지막으로 로마의 내전은 마침내 끝을 맺었다.

제정기가 시작되었으나 그렇다고 내부의 문제들이 해결된 것은 아니었다. 상대적으로 안정된 듯 보였던 시기가 지나고 기원후 235년부터는 로마제국의 왕좌를 놓고 무려 30여 년간 전쟁이 벌어지기도 했다.

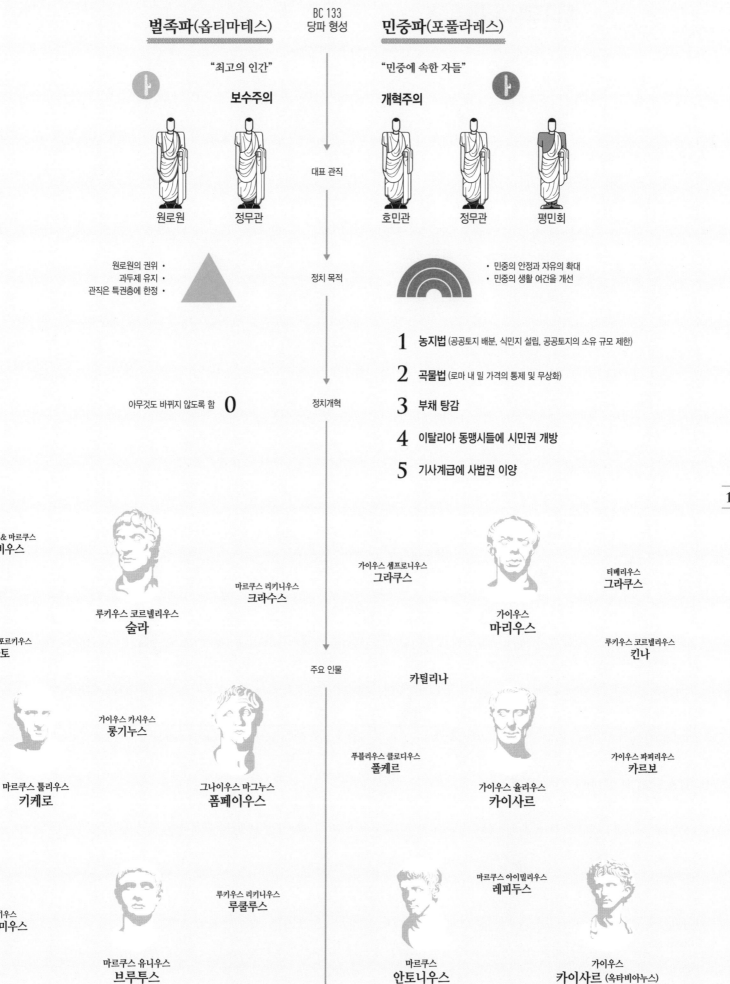

벌족파(옵티마테스)　BC 133 당파 형성　민중파(포풀라레스)

"최고의 인간"　"민중에 속한 자들"

보수주의　개혁주의

대표 관직

원로원　정무관　호민관　정무관　평민회

정치 목적

원로원의 권위 ·
과두제 유지 ·
관직은 특권층에 한정 ·

· 민중의 안정과 자유의 확대
· 민중의 생활 여건을 개선

1　농지법 (공공토지 배분, 식민지 설립, 공공토지의 소유 규모 제한)

2　곡물법 (로마 내 밀 가격의 통제 및 무상화)

아무것도 바뀌지 않도록 함　0　　정치개혁

3　부채 탕감

4　이탈리아 동맹시들에 시민권 개방

5　기사계급에 사법권 이양

105

그나이우스 & 마르쿠스
옥타비우스

마르쿠스 리키니우스
크라수스

가이우스 셈프로니우스
그라쿠스

티베리우스
그라쿠스

루키우스 코르넬리우스
술라

가이우스
마리우스

마르쿠스 포르키우스
카토

루키우스 코르넬리우스
킨나

주요 인물

카틸리나

가이우스 카시우스
롱기누스

푸블리우스 클로디우스
풀케르

가이우스 파피리우스
카르보

마르쿠스 툴리우스
키케로

그나이우스 마그누스
폼페이우스

가이우스 율리우스
카이사르

루키우스
오피미우스

루키우스 리키니우스
루쿨루스

마르쿠스 아이밀리우스
레피두스

마르쿠스 유니우스
브루투스

마르쿠스
안토니우스

가이우스
카이사르 (옥타비아누스)

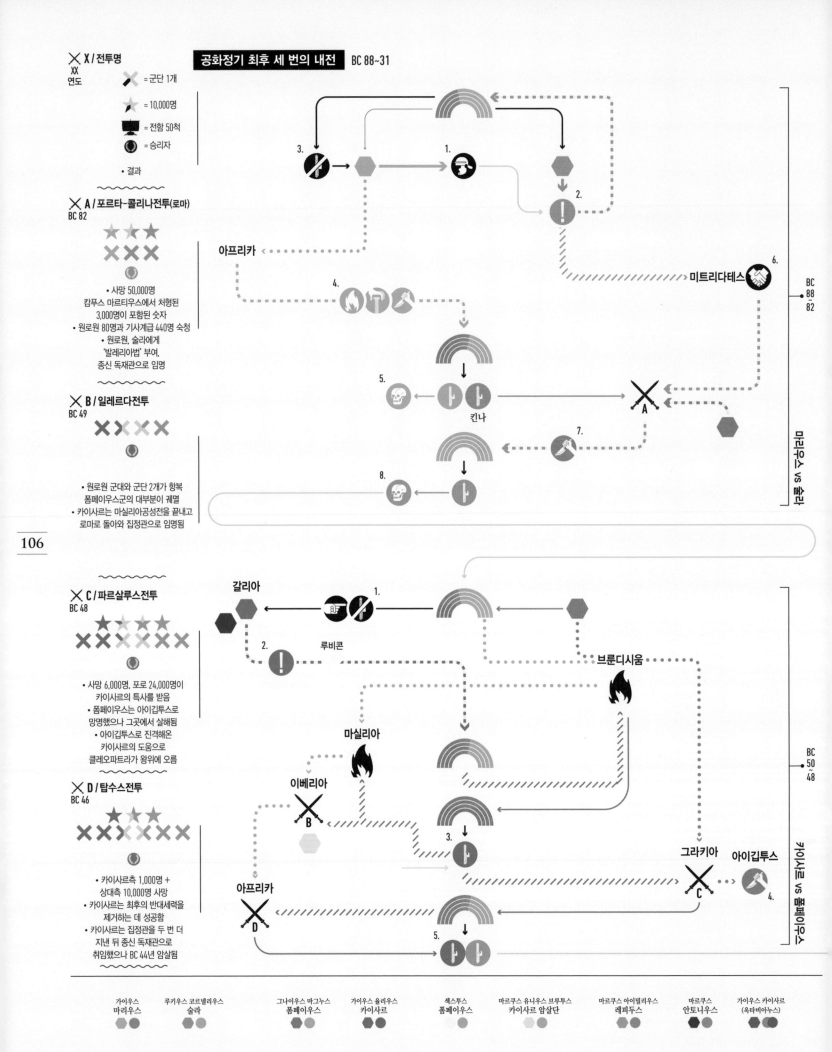

공화정기 최후 세 번의 내전 BC 88~31

범례
- X / 전투명
- XX 연도
- = 군단 1개
- ★ = 10,000명
- = 전함 50척
- ◉ = 승리자
- • 결과

A / 포르타-콜리나전투(로마)
BC 82
- 사망 50,000명 캄푸스 마르티우스에서 처형된 3,000명이 포함된 숫자
- 원로원 80명과 기사계급 440명 숙청
- 원로원, 술라에게 '발레리아법' 부여, 종신 독재관으로 임명

B / 일레르다전투
BC 49
- 원로원 군대와 군단 2개가 항복 폼페이우스군의 대부분이 궤멸
- 카이사르는 마실리아공성전을 끝내고 로마로 돌아와 집정관으로 임명됨

C / 파르살루스전투
BC 48
- 사망 6,000명, 포로 24,000명이 카이사르의 특사를 받음
- 폼페이우스는 아이깁투스로 망명했으나 그곳에서 살해됨
- 아이깁투스로 진격해온 카이사르의 도움으로 클레오파트라가 왕위에 오름

D / 탑수스전투
BC 46
- 카이사르측 1,000명 + 상대측 10,000명 사망
- 카이사르는 최후의 반대세력을 제거하는 데 성공함
- 카이사르는 집정관을 두 번 더 지낸 뒤 종신 독재관으로 취임했으나 BC 44년 암살됨

다이어그램 내 지명: 아프리카, 미트리다테스, 킨나, 갈리아, 루비콘, 브룬디시움, 마실리아, 이베리아, 아프리카, 그라키아, 아이깁투스

오른쪽 세로 표기: 마리우스 vs 술라 / BC 88~82 / 카이사르 vs 폼페이우스 / BC 50~48

하단 범례:
- 가이우스 마리우스
- 루키우스 코르넬리우스 술라
- 그나이우스 마그누스 폼페이우스
- 가이우스 율리우스 카이사르
- 섹스투스 폼페이우스
- 마르쿠스 유니우스 브루투스 카이사르 암살단
- 마르쿠스 아이밀리우스 레피두스
- 마르쿠스 안토니우스
- 가이우스 카이사르 (옥타비아누스)

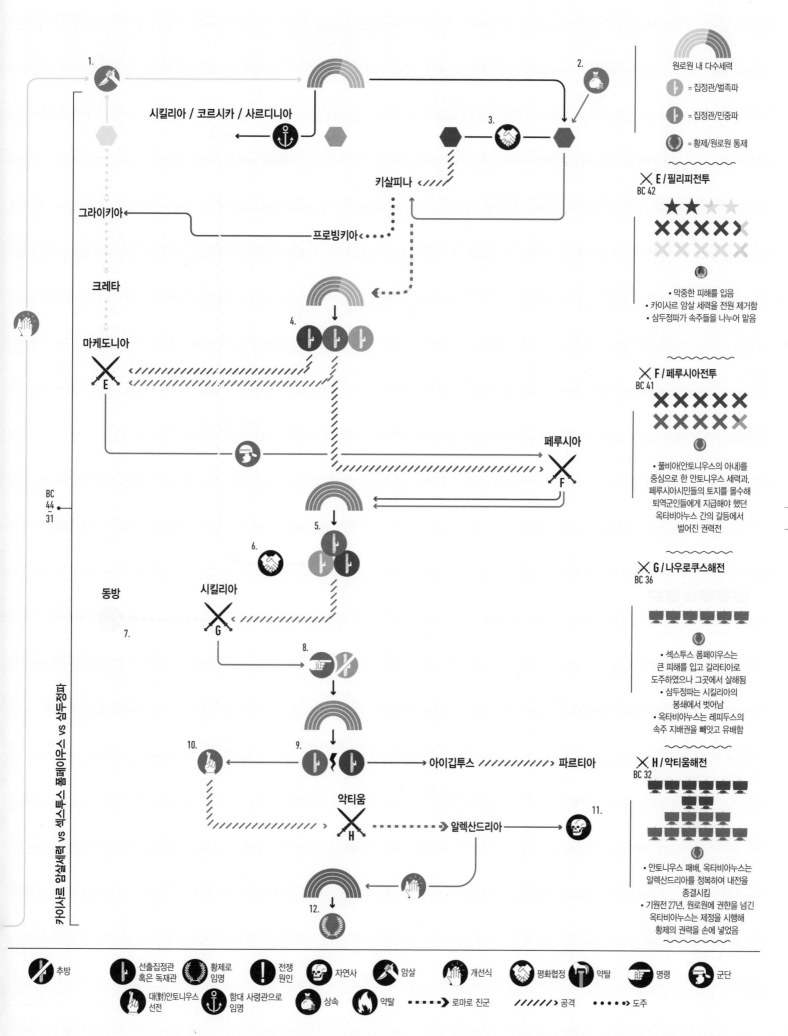

오른쪽 범례 (상단):

원로원 내 다수세력

= 집정관/벌족파

= 집정관/민중파

= 황제/원로원 통제

E / 필리피전투
BC 42

• 막중한 피해를 입음
• 카이사르 암살 세력을 전원 제거함
• 삼두정파가 속주들을 나누어 맡음

F / 페루시아전투
BC 41

• 풀비아(안토니우스의 아내)를 중심으로 한 안토니우스 세력과, 페루시아시민들의 토지를 몰수해 퇴역군인들에게 지급해야 했던 옥타비아누스 간의 갈등에서 벌어진 권력전

G / 나우로쿠스해전
BC 36

• 섹스투스 폼페이우스는 큰 피해를 입고 갈라티아로 도주하였으나 그곳에서 살해됨
• 삼두정파는 시킬리아의 봉쇄에서 벗어남
• 옥타비아누스는 레피두스의 속주 지배권을 빼앗고 유배함

H / 악티움해전
BC 32

• 안토니우스 패배, 옥타비아누스는 알렉산드리아를 정복하여 내전을 종결시킴
• 기원전 27년, 원로원에 권한을 넘긴 옥타비아누스는 제정을 시행해 황제의 권력을 손에 넣었음

메인 다이어그램 라벨:

시킬리아 / 코르시카 / 사르디니아

키살피나

그라이키아

프로빙키아

크레타

마케도니아

페루시아

동방

시킬리아

아이깁투스 / 파르티아

악티움

알렉산드리아

세로 라벨 (왼쪽):

카이사르 암살세력 vs 섹스투스 폼페이우스 vs 삼두정파

BC 44 ~ 31

하단 범례:

추방

선출집정관 혹은 독재관

황제로 임명

전쟁 원인

자연사

암살

개선식

평화협정

약탈

명령

군단

대(對)안토니우스 선전

함대 사령관으로 임명

상속

약탈

로마로 진군

공격

도주

2 • 포에니전쟁

기원전 814년 건국된 카르타고는 지중해 무역로를 놓고 페니키아 및 그라이키아와 충돌하며 해양국가로 성장했다. 반도에 자리 잡은 카르타고는 약 33킬로미터에 이르는 성벽으로 둘러싸여 있었다. 인구를 추정하기 어렵긴 하나, 고대 역사학자인 스트라본은 기원전 149년 카르타고의 인구가 약 70만 명에 달했다고 기록했다. 다른 자료들에 비하면 상대적으로 큰 수치다. 기원전 146년 카르타고의 지휘관이 3만 명을 통솔했으며, 함락 당시 성안에 남아 있던 생존자 수가 남녀 아울러 5만 명이 조금 안 되는 수준이었다는 기록이 있으니 말이다. 이를 기반으로 추정하되, 하드루멘툼(오늘날의 수스)과 히포 레기우스(오늘날의 안나바) 사이 지역에 거주하던 인구도 포함해야 할 것이다. 한편 카르타고는 기원전 3세기에 아프리카 서쪽의 연안지역(오늘날의 틀렘센부터 트리폴리까지)과 인근 섬(멜타, 발리아레스, 사르디니아, 시킬리아)까지 통치 영역을 확대했고 특히 이베리아 연안과 그 배후지를 장악한 덕분에 풍부한 광물과 자원을 손에 넣을 수 있었다.

고유의 귀족적인 전통을 유지하면서도 조직적 체제를 갖추었던 카르타고는 특히 민주주의적 원칙들을 갖추고 있었다. 카르타고의 사회는 오늘날 많이 밝혀지지는 않지만 선박 소유주, 상인, 지주 등의 부유한 특권층이 정치적, 종교적 의무를 졌던 것을 확인할 수 있다. 시민권을 보유한 중간계층의 시민은 민회를 이루고 투표권을 행사할 수도 있었다. 한편 여성의 삶에 대해서는 잘 알려지지 않았다. 노예는 로마와 마찬가지로 비교적 부유한 해방 노예계급이 존재했고, 공노예와 사노예가 있었다. 특히 사노예는 경제적으로 여유롭고 독립적이었으며 결혼할 수 있는 법적 권리도 가지고 있었다. 또한 고대 저술가들의 기록과는 달리 고고학 발굴을 통해 확인된 사료들에 따르면 카르타고에는 다양한 출신의 외국인들이 거주했다고 추정된다.

카르타고의 정치 체제는 귀족주의적이면서도 민주주의적이어서 전제정치와 독재정치를 모두 막을 수 있었다. 고대 기록에서 '왕'이라고 언급되는 카르타고의 국가 원수는 '수페트'라고 불리는 집정관직이었다. 때로는 '임페라토르'라고 불리기도 했던 수페트들은 나라를 다스리는 한편 법적 판결을 내리는 역할을 했으며, 임기를 마친 뒤에도 수페트 직위를 유지했다. 기원전 3~2세기에는 국민이 매년 두 명의 수페트를 선출했는데, 부유한 정도가 선출의 기준이 되었다. 수페트는 공공장소에서 재판을 주재했고 전직 수페트가 판관 역할을 맡았다. 한편 카르타고에는 장로 수백 명으로 구성된 원로원도 있었다. 원로원의원직은 종신직으로, 현 의원의 추천을 통해서만 입회할 수 있었던 것으로 보인다. 원로원은 수페트를 엄격히 통제했으며, 법 제정, 전쟁 및 평화조약 논의, 사절단 응대 또는 파견 등의 역할을 했다. 또한 원로원 내부에 30명으로 구성된 위원회를 두어 다양한 분야의 문제를 해결했고, 원로원 출신 고관 100명으로 이루어진 백인회는 거대 가문들을 통제해 정치적 일탈을 미연에 방지했으며 전쟁 직후 지휘관에 대한 청문회를 맡았다. 한편 수페트의 소집으로 열리는 민회는 수페트가 위임한 건에 대해서만 결의를 내릴 수 있었는데 주로 공공재정, 공노예해방, 토목공사 등에 관련된 문제였다. 또한 카르타고군의 지휘관 또는 평시의 총독을 선출하는 것도 민회의 몫이었다.

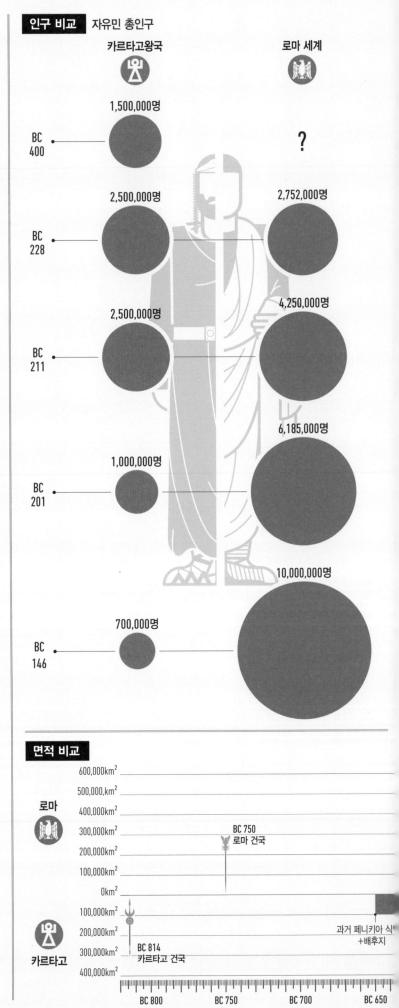

인구 비교 자유민 총인구

카르타고왕국 / 로마 세계

BC 400 — 1,500,000명 / ?

BC 228 — 2,500,000명 / 2,752,000명

BC 211 — 2,500,000명 / 4,250,000명

BC 201 — 1,000,000명 / 6,185,000명

BC 146 — 700,000명 / 10,000,000명

면적 비교

로마

600,000km²
500,000,km²
400,000km²
300,000km² — BC 750 로마 건국
200,000km²
100,000km²
0km²

카르타고

100,000km²
200,000km² — 과거 페니키아 식 +배후지
300,000km² — BC 814 카르타고 건국
400,000km²

BC 800   BC 750   BC 700   BC 650

카르타고연합의 외교 및 자원

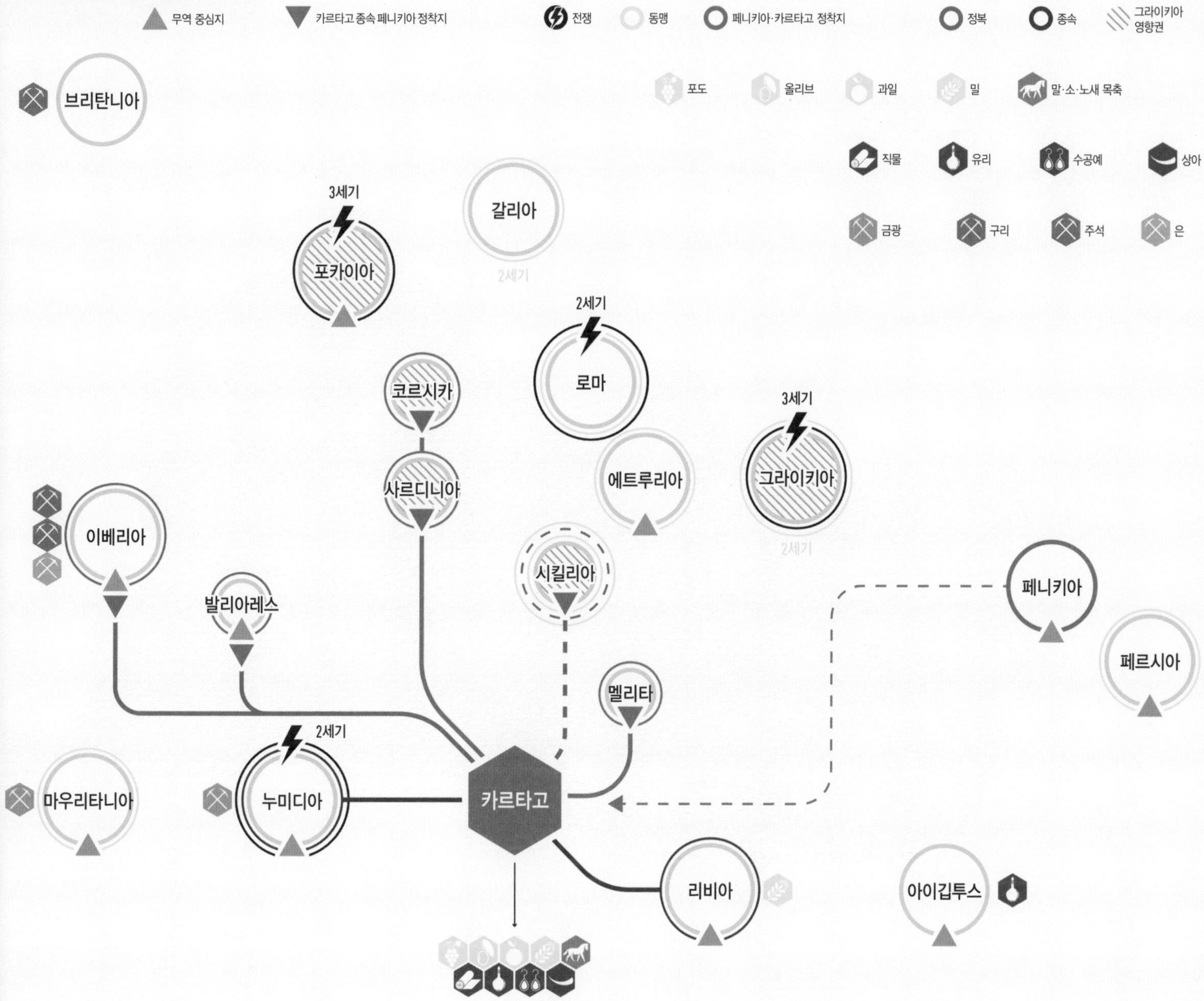

범례(기호):
- ▲ 무역 중심지
- ▼ 카르타고 종속 페니키아 정착지
- ⚡ 전쟁
- ◯ 동맹
- ⬤ 페니키아·카르타고 정착지
- ◎ 정복
- ◉ 종속
- ▨ 그라이키아 영향권

자원 기호:
- 포도
- 올리브
- 과일
- 밀
- 말·소·노새 목축
- 직물
- 유리
- 수공예
- 상아
- 금광
- 구리
- 주석
- 은

지역 라벨:
- 브리탄니아
- 갈리아 (2세기)
- 포카이아 (3세기)
- 코르시카
- 사르디니아
- 로마 (2세기)
- 에트루리아
- 그라이키아 (3세기) (2세기)
- 이베리아
- 발리아레스
- 시킬리아
- 페니키아
- 페르시아
- 마우리타니아
- 누미디아 (2세기)
- 멜리타
- 카르타고
- 리비아
- 아이깁투스

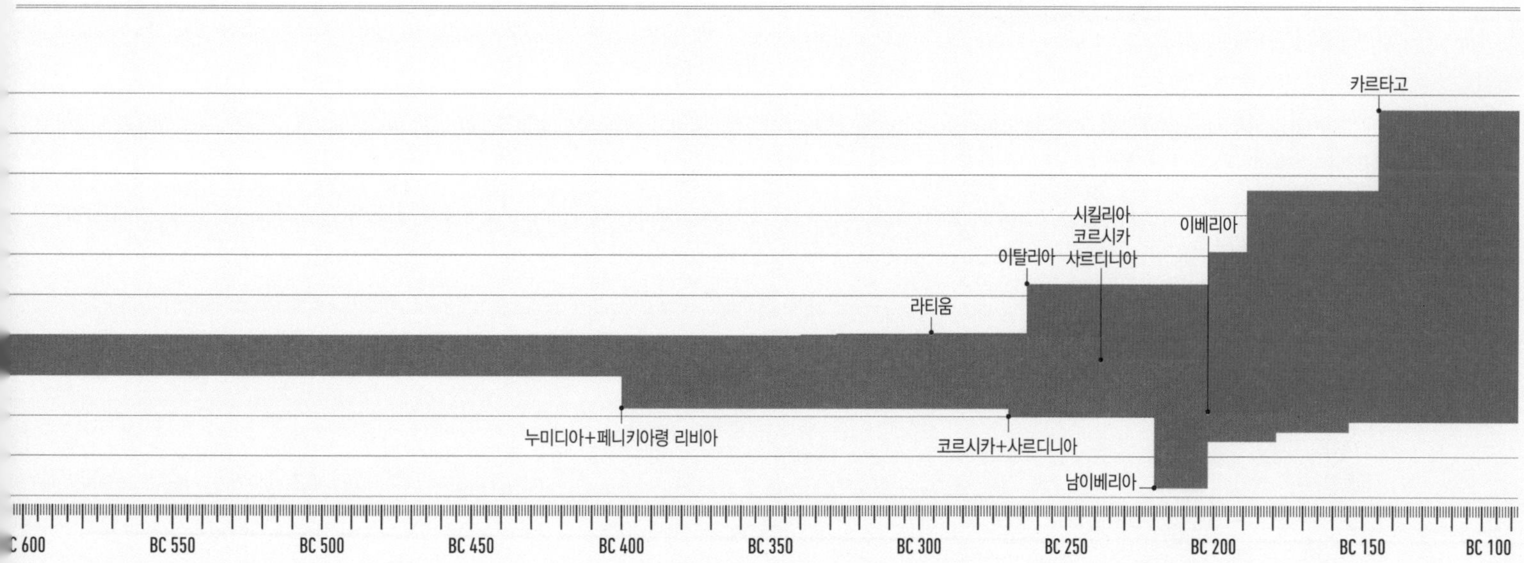

연표 하단:
- 카르타고
- 시킬리아 / 코르시카 / 사르디니아
- 이탈리아
- 이베리아
- 라티움
- 누미디아+페니키아령 리비아
- 코르시카+사르디니아
- 남이베리아

BC 600 | BC 550 | BC 500 | BC 450 | BC 400 | BC 350 | BC 300 | BC 250 | BC 200 | BC 150 | BC 100

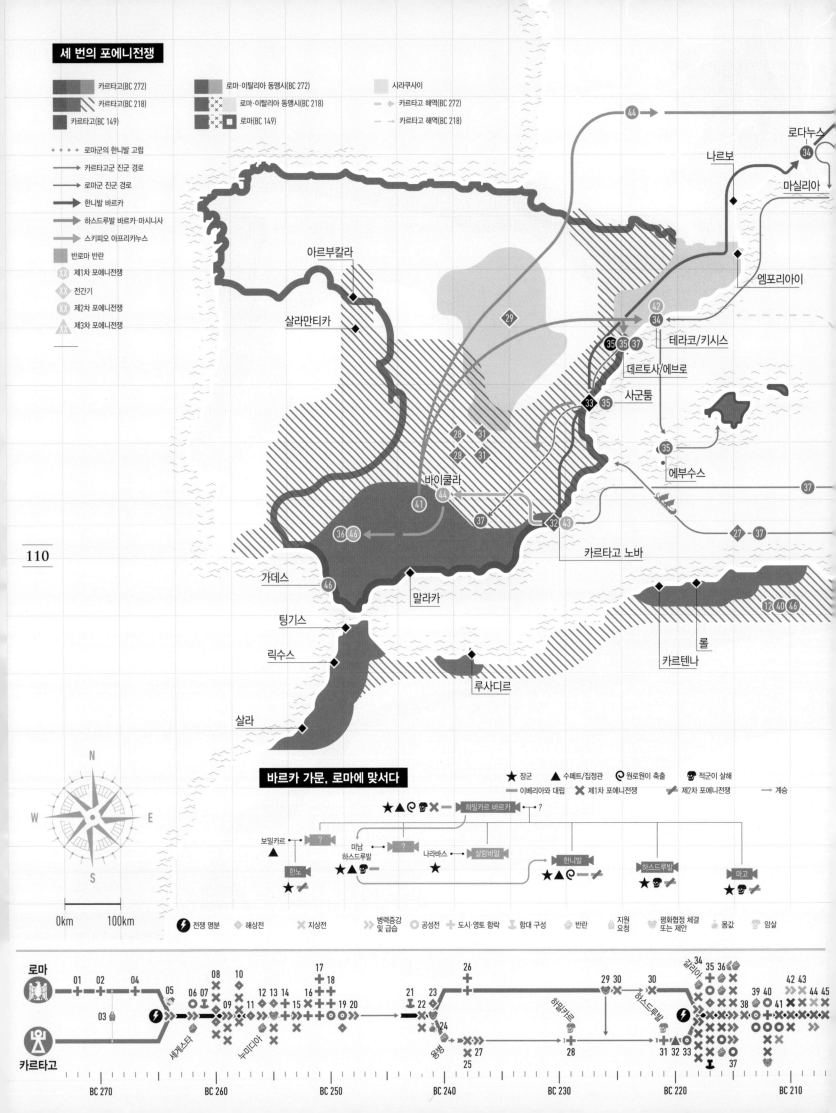

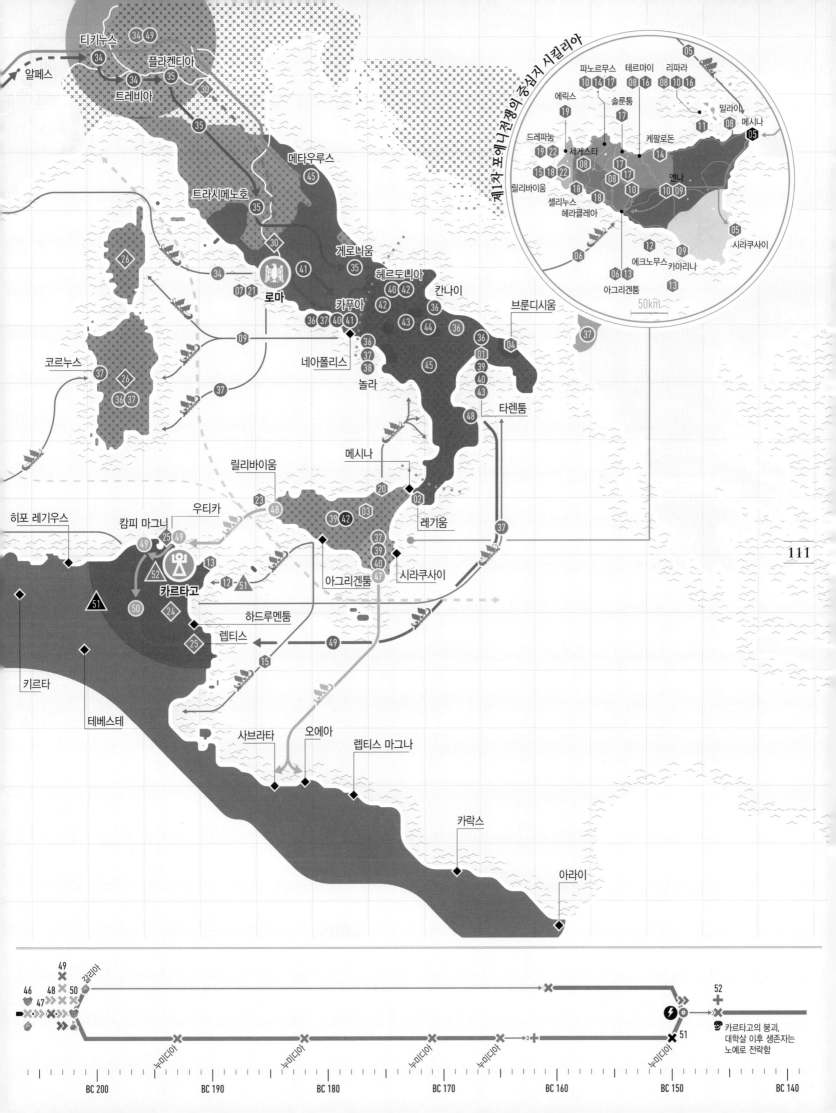

알페스

티카누스 ㉞ ㊾
플라켄티아 ㉟
트레비아 ㉞ ㉟ ㉚
메타우루스 ㊺
트라시메노호 ㉟
㉚
게로늬움
헤르도늬아 ㊵ ㊷
칸나이 ㊱
브룬디시움 ㊴
로마 ㊶ ㊲ ㉑
카푸아 ㊱ ㊲ ㊵ ㊶
㊷ ㊸ ㉞ ㉞
네아폴리스 ㊱ ㊲ ㊳
놀라
㉖
코르누스 ㊲ ㉖ ㊱ ㊲ ㊲ ㊴
메시나
릴리바이움 ㉒ ㊸ ㉟ ㊴ ㊸ ㉚ ㊵ ㉞ ㊸ ㊵ ㊲ ㊺ ㊴ ㊵ ㊳ ㊸
타렌툼 ㊲
레기움 ㊲
히포 레기우스 ㊾ ㉕ ㊾ ㉑
우티카
캄피 마그니
카르타고 ㊼ ㊹ ㉓
아그리겐툼
시라쿠사이
키르타 ㊹ ㉕ ㉔
㊱
하드루멘툼
렙티스 ㊹
테베스테 ㉕
사브라타 ㉙
오에아
렙티스 마그나
카락스
아라이

제1차 포에니전쟁의 중심지 시킬리아

파노르무스 ⑩ ⑭ ⑰
테르마이 ⑧ ⑯
리파라 ⑧ ⑩ ⑯
에릭스 ⑲
솔룬툼 ⑰
밀라이 ⑪
메시나 ⑤
드레파눔 ⑲ ㉒
세게스타 ⑧
케팔로돈 ⑭
릴리바이움 ⑮ ⑱ ㉒
셀리누스 ⑱
헤라클레아
엔나
에크노무스 ⑫
카마리나 ⑨
아그리겐툼 ⑥ ⑬
시라쿠사이 ⑤
⑥
⑬
50km

111

BC 200   BC 190   BC 180   BC 170   BC 160   BC 150   BC 140

49
48 50
46
47
갈리아
52
누미디아   누미디아   누미디아   누미디아   누미디아   51
💀 카르타고의 붕괴,
대학살 이후 생존자는
노예로 전락함

임무: ● 정찰　▶ 돌파　✚ 연락책　↗ 추격/전과확대　‖‖‖ 집중공격　★ 교란전　👣 보병전
전투시 위치: ↻ 측방　┅ 전방　▰▰ 후방　▬ 전열 사이

리비아-페니키아 보병
▶ ↗ ↻ ┅
(칸나이전투 전후)

카르타고 중보병
▶ ↗ ↻ ┅

누미디아 전사
★ ‖‖‖ ↻ ┅ ▰▰

발리아레스 투석병
★ ‖‖‖ ↻ ┅ ▰▰ ▬

리비아 용병
● ↗ ▰▰ ┅ ▬

켈트-갈리아 전사
▶ ↗ ┅

카르타고 기병
● ▶ ↗ ★ ↻

켈트-이베리아 기병
● ▶ ↗ ★ ✚ ↻ ▰▰

누미디아 경기병
● ↗ ★ ‖‖‖ ↻ ┅ ▰▰

'신성대' 중보병
▶ ┅ ▰▰

투르데타니 전사
★ ✚ ● ↗ ↻ ┅

전투코끼리(자마전투)
▶ ↻ ┅ ▰▰ ▬

에르투리아 백인대장
▶ ↗ ▬ ┅ ▰▰

카르타고 기수
▶ ✚ ┅ ▰▰ ▬

112

카르타고에는 상비군이 없었다. 상비군 제도를 신뢰하지 않았기 때문이었다. 카르타고군은 주로 카르타고시민과 카르타고 통치지역의 원주민, 그리고 동맹군 소속 병사와 용병으로 구성되었다. 이들은 민회가 선출한 지휘관의 명령을 따르고 원로원의 감독을 받았으나, 그들 내부의 계급체제는 잘 알려지지 않았으며 병력 규모도 과장된 기록이 많다.

카르타고군은 다양한 민족이 융합되었던 만큼 민족별로 전투에 투입되었다. 부사관직은 외부 출신 병사를 기용하되 고위장교직은 카르타고 귀족 출신자로 한정되었다. 소수 집단에 속했던 카르타고시민군은 보병직을 맡았다. 카르타고 통치지역의 병사는 주로 아프리카, 이베리아, 발리아레스 출신이 많았다. 아프리카(리비아)의 병사는 투창, 단검, 원형방패로 무장한 경보병이었고, 동맹군의 지위

에 가까웠던 이베리아의 병사 역시 경보병이었다. 반면 발리아레스 출신 병사는 투석병으로 구성됐다. 동맹군으로는 주로 기병이 우수한 누미디아나 갈리아 트란살피나, 갈리아 키살피나, 리구리아, 그리고 카푸아 같은 이탈리아 도시국가를 꼽을 수 있다.

카르타고군은 대부분 보병으로 구성되었는데, 특히 '신성대'는 적군의 중보병에 대적할 수 있는 병력이었다. 이들은 다수의 대열로 전개되는 밀집대형을 사용했고, 이때 기병대나 전투코끼리가 양익에 배치됐다. 궁병의 언급은 거의 찾아볼 수 없다. 해군의 경우 역설적이게도 퀸퀘레미스 등을 보유한 뛰어난 전력을 갖췄는데도 결정적인 승리를 기록하지 못했다.

전투명 (범례)

전투지역
날짜
카르타고측 / 로마측

보병
기병
전투코끼리
전함
동맹군

- 갈리아/사르디니아
- 이탈리아
- 시라쿠사이
- 이베리아
- 카르타고

승리
최대 추정치
사망-부상
동맹-포로
• 결과

티키누스전투 — BC 218 11월

한니발	스키피오
6,000 기병	7,200 보병 / 3,100 기병

피해 미미 / 22.3%

- 갈리아족의 한니발군 가담
- 로마 영토에서 로마군 후퇴

트레비아전투 — BC 218 12월

한니발	스키피오
29,000 보병 / 11,000 기병 / 37 코끼리	18,000 / 6,500 / 20,000

12.5% / 24.5%–40.8%

- 로마 원로원이 위기를 인지함

트라시메노호전투 — BC 217 6월 21일

한니발	네포스†
31,000–39,000 보병 / 10,000 기병	22,000 / 3,500

3.1%–5.1% / 39.2%–58.8%

- 로마로 곧바로 진군할 수 있게 됨
- 한니발이 라틴 포로들을 해방하여 가담하게 함
- 한니발, 우세를 몰아 공격을 지속하지 않았음

칸나이전투 — BC 216 8월 2일

한니발 / 마하르발	바로 / 파울루스†
40,000 보병 / 10,000 기병	80,000 / 6,000

16% / 17.4%–52.3%

- 로마는 모든 병력을 잃음 • 이탈리아 남부 도시들, 시라쿠사이, 마케도니아가 한니발에 가담
- 한니발은 우세를 몰아 공격을 지속하지 않았음

코르누스 — BC 215

대머리 하스드루발	토르콰투스
15,000 보병 / 1,500 기병 / 7,000 동맹	20,000 / 1,200

51%–6.4% / 불명

- 사르디니아의 반란을 로마가 진압
- 로마의 곡식 배급이 유지됨
- 로마의 지중해 제해권이 유지됨

시라쿠사이공성전 — BC 213-212

에피키데스	마르켈루스
21,000–25,000 보병 / 150 전함	16,000–18,000 / 100

20% + 대부분 민간인 / 불명

- 한니발은 배후지·동맹국·관문인 시킬리아를 로마에 빼앗김
- 로마는 이탈리아와 히스파니아에 집중할 수 있게 됨

실라루스전투 — BC 212

한니발	켄테니우스†
? 기병	8,000 보병 / 8,000 동맹

피해 미미 / 93.7%

- 한니발, 우세를 몰아 공격을 지속하지 않았음
- 로마군은 카푸아에서 재결집

헤르도니아전투 — BC 212

한니발	플라쿠스
20,000~30,000 보병,기병	18,000 보병

피해 미미 / 89%

- 타렌툼을 정복한 한니발에 카푸아도 가담함
- 로마 원로원은 서둘러 네 개 군단을 추가로 구성함

베티스전투 — BC 211

하스드루발 바르카 / 마고 바르카 / 하스드루발 기스코	스키피오† / 그나이우스 스키피오† / 코르넬리우스 스키피오†
19,500 보병 / 4,500 기병 / 10,500명 포함 동맹	30,000 보병 / 3,000 기병 / 20,000 동맹

피해 미미 / 66.7%

- 켈티베리아인들이 카르타고와 연합하여 로마를 배신함
- 로마가 이베리아에서 7년 만에 철수함
- 카르타고는 우세를 몰아 공격을 지속하지 않았음

아우스쿨룸전투 — BC 209 봄

한니발	마르켈루스
16,000 보병	20,000 보병

12.5% / 71.5%–28.5%

- 로마군 캄파니아로 후퇴
- 한니발이 남부 이탈리아의 최고 권력으로 부상함

바이쿨라전투 — BC 208 겨울

하스드루발 바르카	스키피오 아프리카누스
25,000 보병,기병	35,000 기병

32%–48% / 불명

- 하스드루발이 한니발과 합류하기 위해 이탈리아로 향함
- 스키피오는 우세를 몰아 공격을 지속하지는 않았으나, 이베리아·누미디아와 동맹을 맺음

메타우루스전투 — BC 207 6월 22일

†하스드루발 바르카	살리나토르 / 네로
30,000 보병,기병 / 10 코끼리	37,000 보병

33.3%–18% / 21.6%

- 바르카군의 합류가 실패로 돌아감
- 한니발이 남부 이탈리아에 고립됨

일리파전투 — BC 206 봄

하스드루발 기스코 / 마고 바르카	스키피오 아프리카누스
74,000 보병 / 4,000 기병 / 32 코끼리	45,000 보병 / 3,000 기병

89.8% / 14.6%

- 결국 카르타고가 이베리아에서 축출됨
- 누미디아군이 두 기지로 나뉘어 배치됨

바그라다스전투 — BC 203

하스드루발 기스코 / 시팍스	스키피오 아프리카누스 / 마시니사
20,000~30,000 보병	12,000~20,000 보병

20% / 피해 미미

- 로마군의 공성전
- 카르타고 원로원이 한니발을 긴급 소환함

자마전투 — BC 202 10월 19일

한니발 / 시팍스	스키피오 아프리카누스 / 마시니사
50,000 보병 / 4,000 기병 / 80 코끼리	34,000 보병 / 9,000 기병 / 6,000명 포함 동맹

37%–20.4%–27.8% / 9.3%–3.5%

- 카르타고는 평화조약을 피할 수 없게 됨
- 마시니사가 시팍스를 몰아내고 로마에 가담하자 카르타고는 궁지에 몰림

칸나이전투 - 뛰어난 전술, 무너진 전략
BC 216 8월 2일

중·경기병　중·경보병　벨리테스(투창병)　투석병

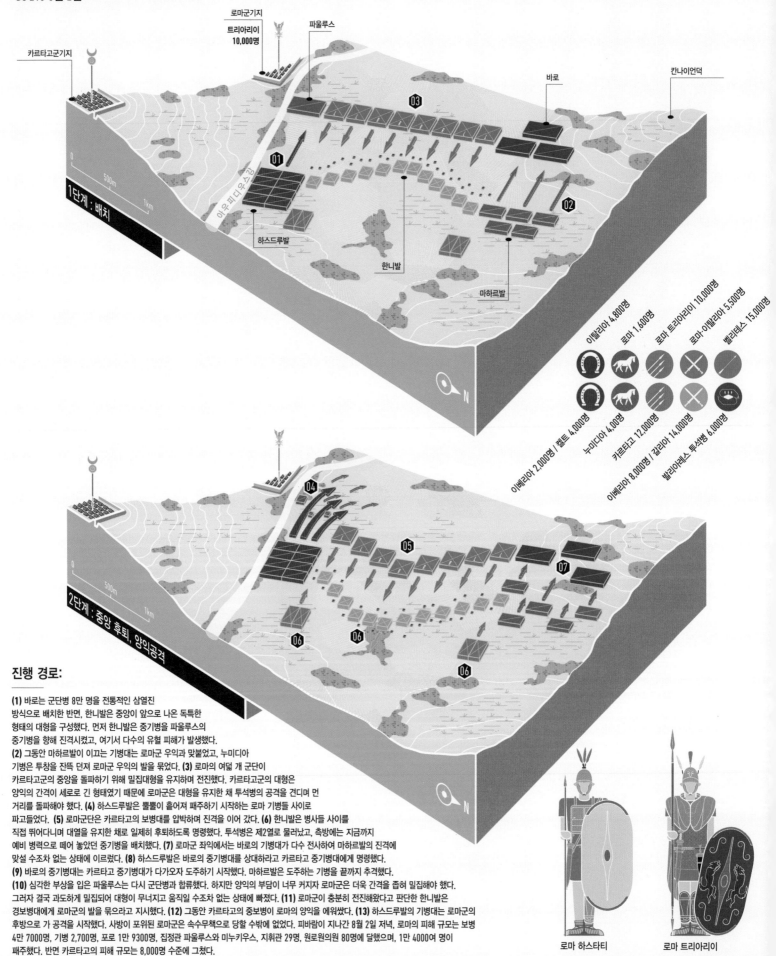

1단계 : 배치

카르타고군기지　로마군기지　트리아리이 10,000명　파울루스　바로　칸나이언덕
아우피디우스강　하스드루발　한니발　마하르발

이탈리아 4,800명　로마 1,600명　로마 트리아리이 10,000명　로마·이탈리아 5,500명　벨리테스 15,000명
이베리아 2,000명/켈트 4,000명　누미디아 4,00명　카르타고 12,000명　로마·이탈리아 14,000명
이베리아 8,000명/갈리아 14,000명　발리아레스 투석병 6,000명

2단계 : 중앙 후퇴, 양익공격

진행 경로:

(1) 바로는 군단병 8만 명을 전통적인 삼열진 방식으로 배치한 반면, 한니발은 중앙이 앞으로 나온 독특한 형태의 대형을 구성했다. 먼저 한니발은 중기병을 파울루스의 중기병을 향해 진격시켰고, 여기서 다수의 유혈 피해가 발생했다. **(2)** 그동안 마하르발이 이끄는 기병대는 로마군 우익과 맞붙었고, 누미디아 기병은 투창을 잔뜩 던져 로마군 우익의 발을 묶었다. **(3)** 로마의 여덟 개 군단이 카르타고군의 중앙을 돌파하기 위해 밀집대형을 유지하며 전진했다. 카르타고군의 대형은 양익의 간격이 세로로 긴 형태였기 때문에 로마군은 대형을 유지한 채 투석병의 공격을 견디며 먼 거리를 돌파해야 했다. **(4)** 하스드루발은 뿔뿔이 흩어져 패주하기 시작하는 로마 기병들 사이로 파고들었다. **(5)** 로마군단은 카르타고의 보병대를 압박하며 진격을 이어 갔다. **(6)** 한니발은 병사들 사이를 직접 뛰어다니며 대열을 유지한 채로 일제히 후퇴하도록 명령했다. 투석병은 제2열로 물러났고, 측방에는 지금까지 예비 병력으로 떼어 놓았던 중기병을 배치했다. **(7)** 로마군 좌익에서는 바로의 기병대가 다수 전사하여 마하르발의 진격에 맞설 수조차 없는 상태에 이르렀다. **(8)** 하스드루발은 바로의 중기병대를 상대하라고 카르타고 중기병대에게 명령했다.
(9) 바로의 중기병대는 카르타고 중기병대가 다가오자 도주하기 시작했다. 마하르발은 도주하는 기병을 끝까지 추격했다.
(10) 심각한 부상을 입은 파울루스는 다시 군단병과 합류했다. 하지만 양익의 부담이 너무 커지자 로마군은 더욱 간격을 좁혀 밀집해야 했다. 그러자 결국 과도하게 밀집되어 대형이 무너지고 움직일 수조차 없는 상태에 빠졌다. **(11)** 로마군이 충분히 전진해왔다고 판단한 한니발은 경보병대에게 로마군의 발을 묶으라고 지시했다. **(12)** 그동안 카르타고의 중보병이 로마의 양익을 에워쌌다. **(13)** 하스드루발의 기병대는 로마군의 후방으로 가 공격을 시작했다. 사방이 포위된 로마군은 속수무책으로 당할 수밖에 없었다. 피바람이 지나간 8월 2일 저녁, 로마의 피해 규모는 보병 4만 7000명, 기병 2,700명, 포로 1만 9300명, 집정관 파울루스와 미누키우스, 지휘관 29명, 원로원의원 80명에 달했으며, 1만 4000여 명이 패주했다. 반면 카르타고의 피해 규모는 8,000명 수준에 그쳤다.

로마 하스타티　로마 트리아리이

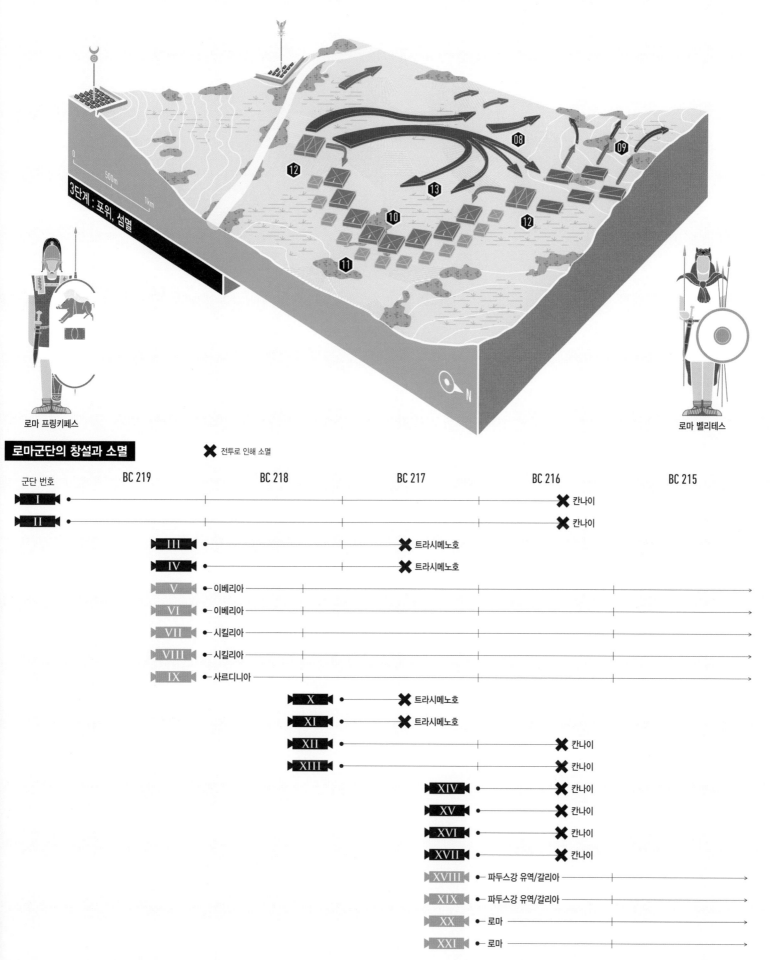

3단계 : 포위, 섬멸

0 500m 1km

로마 프링키페스

로마 벨리테스

N

08 09 12 13 10 11 12

로마군단의 창설과 소멸

✖ 전투로 인해 소멸

<table>
군단 번호	BC 219	BC 218	BC 217	BC 216	BC 215
I	●			✖ 칸나이	
II	●			✖ 칸나이	
III		●	✖ 트라시메노호		
IV		●	✖ 트라시메노호		
V		● 이베리아 ────────────────────────────────────→			
VI		● 이베리아 ────────────────────────────────────→			
VII		● 시킬리아 ────────────────────────────────────→			
VIII		● 시킬리아 ────────────────────────────────────→			
IX		● 사르디니아 ──────────────────────────────────→			
X			● ✖ 트라시메노호		
XI			● ✖ 트라시메노호		
XII			●	✖ 칸나이	
XIII			●	✖ 칸나이	
XIV				● ✖ 칸나이	
XV				● ✖ 칸나이	
XVI				● ✖ 칸나이	
XVII				● ✖ 칸나이	
XVIII				● 파두스강 유역/갈리아 ──────→	
XIX				● 파두스강 유역/갈리아 ──────→	
XX				● 로마 ──────────────→	
XXI				● 로마 ──────────────→	
</table>

제1차 포에니전쟁은 해상전이 주를 이뤘던 반면 제2차 포에니전쟁은 지상에서 치러졌다. 그중에서도 가장 중요한 전투를 꼽으라면, 이탈리아 남부의 아풀리아에서 벌어진 칸나이전투와 카르타고에서 벌어진 자마전투일 것이다.

앞서 살펴본 바와 같이 칸나이전투는 기원전 216년 8월 2일(율리우스력 기준 7월 1일)에 일어났다. 로마의 새 집정관 루키우스 아이밀리우스 파울루스와 가이우스 테렌티우스 바로는 로마를 약탈하는 한니발에게 대응하기 위해 칸나이의

로마군에 합류했다. 집정관의 군대는 보통 독립적으로 전투를 치렀기에 예외적인 일이었다.

로마군은 로마군단 8개에 같은 수의 동맹군단이 더해져 구성됐다. 파울루스와 바로는 하루씩 번갈아 지휘를 맡았다. 파울루스는 성품이 신중했던 반면 바로는 거만했고 무슨 일이 있더라도 승리만을 추구했다. 이에 한니발은 지휘권이 바로에게 가는 날을 기다렸다.

자마전투, 로마의 최종 승리 BC 202 10월 19일

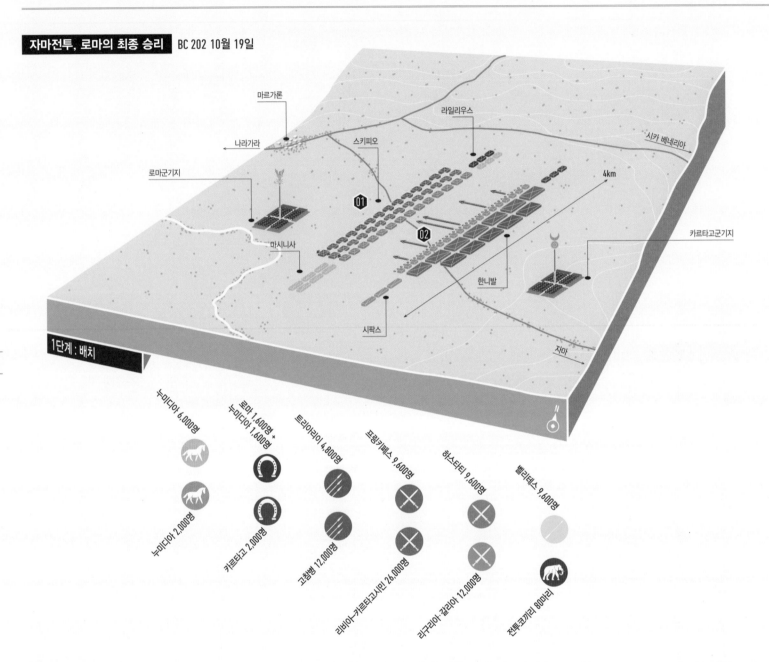

진행 경로:

자마전투는 말 그대로 결정적인 전투였다. 로마는 카르타고에 16년간 연속으로 수없이 패배했지만 이 전투를 통해 균형을 뒤집고 카르타고 영토에 발을 들였기 때문이다. 이탈리아에 진군해 있었던 한니발은 일련의 패배 끝에 결국 카르타고가 소환하자 귀환했다. 기원전 202년 10월 19일, 카르타고군의 상황은 열악했다. 기병은 턱없이 부족했고, 전투코끼리는 훈련이 덜 되었으며, 숙련병은 드물었고 급히 동원된 신병이 대부분이었다. 기병이 부족하다는 사실을 깨달은 한니발은 우선 최대한 제1열 로마 병사의 체력을 소진시키고 그 이후에 고참병을 내보내고자 전투코끼리 80마리와 리구아리아와 갈리아의 용병으로 제1열을 구성했다. 제2열에는 아프리카 출신 병사가, 제3열에는 고참병으로 구성된 최정예부대가 자리했다. 우익에는 중기병을 두었고, 서부 누미디아 기병은 좌익으로 보내 로마와 손을 잡은 동부 누미디아 기병과 맞설 수 있게 했다. **1.** 스키피오는 보병대를 삼열로 세우되 이전과 달리 오점형으로 배치하지는 않았다. 제1열은 하스타티, 제2열은 프링키페스, 그리고 제3열은 트리아리이로 구성했지만 전열 사이사이에 벨리테스를 세워, 한니발의 시점에서는 이전과 다를 바 없는 대형으로 보이도록 했다. **2.** 한니발은 전투코끼리를 앞세워 공격을 시작했으나 로마군의 나팔 소리에 놀란 전투코끼리가 좌익의 누미디아부대에 달려들었다. **3.** 이로써 카르타고군의 질서가 무너지고 말았다.

4. 이 틈을 타 마시니사와 라일리우스가 이끄는 양익의 기병대는 카르타고의 기병을 패주시켰다. 한편 코끼리는 벨리테스가 비운 대열 간 간격 사이로 지나갔고, 후방에서 비참하게 사냥당했다. **5.** 이에 한니발은 용병에게 공격을 지시했으나, 로마 제1열이 아직도 굳건했다. **6.** 용병은 고된 전투 끝에 녹초가 될 때까지 제2열의 지원을 거의 받지 못했다. **7.** 카르타고의 기병이 패배하고 전투 중 잠깐의 공백기가 생기자 스키피오는 이를 이용해 하스타티를 모아 탈주병을 추격하고 부상자를 철수시킬 수 있었다. **8.** 그 후 하스타티는 대열 중앙부에 배치되었고, 프링키페스와 트리아리이는 양익으로 빠지면서 카르타고군 전체를 포위했다. **9.** 마침 추격을 마치고 돌아온 마시니사와 라일리우스는 후방에서 공격을 시도했지만 양익은 이미 로마군이 장악하고 있었다. 전투 결과는 분명했다. 출처에 따라 조금씩 차이는 있지만 스키피오는 1,500~2,500명을 잃었다. 한니발 측은 1만~2만 5000여 명이 사망하고 또한 같은 규모의 인원을 포로로 빼앗겼다. 한니발은 본국의 원로원에 패배 소식을 전하고 그들의 결정을 기다렸다. 마침내 향후 50년간 은화 1만 탈렌톰을 배상금으로 내는 조건으로 평화조약이 맺어졌다. 카르타고는 영토 대부분을 빼앗기고 함대도 궤멸됐으며, 결정적으로 지중해 전체를 장악하려던 야망마저 무너지고 말았다. 카르타고는 이제 회복이 거의 불가능했다.

로마군은 전투 위치 선정에서도 우위를 빼앗겼다. 우측의 강은 퇴각을 방해했고, 시간상 강한 햇빛을 마주했던 데다 모래 섞인 돌풍까지 불어와 시야 확보도 어려웠다. 결국 이 전투에서 로마는 두 집정관과 군단사령관 29명, 원로원의 원 80명, 예비정무관 후보 다수를 잃었다. 로마군의 병력 손실은 무려 5만여 명에 달했다. 그러나 한니발 측의 사망자 수는 8,000명 남짓이었다. 참패로 기록된 이 전투 이후로 로마는 밀집대형을 버렸고, 군단의 기동성을 높이는 데 관심을 기울였다. 한편 제2차 포에니전쟁은 기원전 202년 가을, 오늘날의 마크타르지역에서 30킬로미터 떨어진 곳인 자마 인근에서 벌어진 전투로 끝을 맺었다. 한니발 측은 병력 면에서 우세했으나, 누미디아의 왕 마시니사가 카르타고와 갈등을 빚고 로마 쪽으로 돌아서면서 우수한 기병 병력을 잃은 탓에 결국 패배하고 말았다.

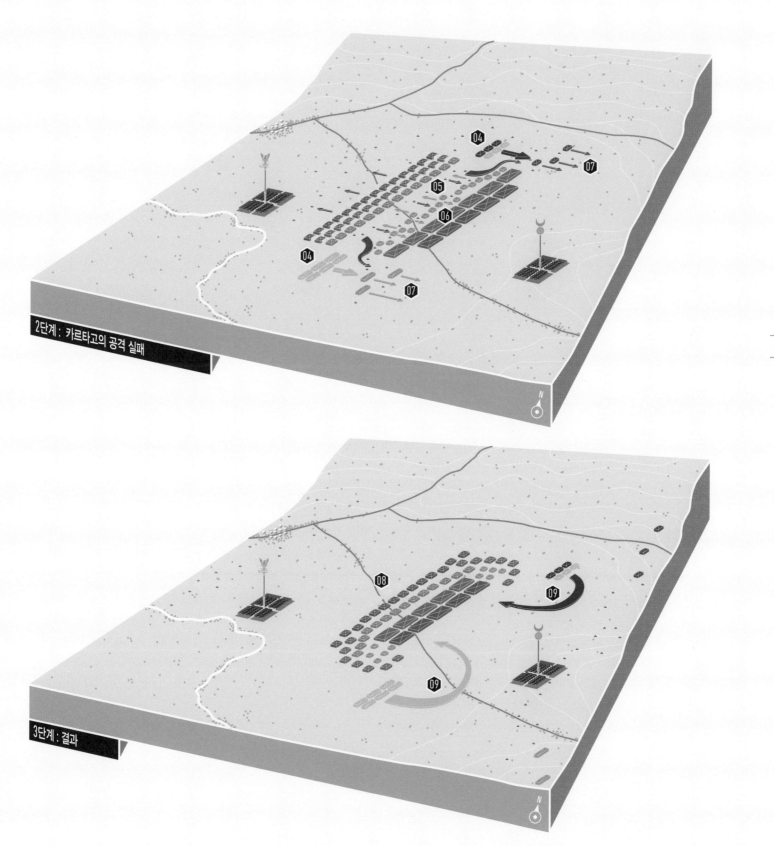

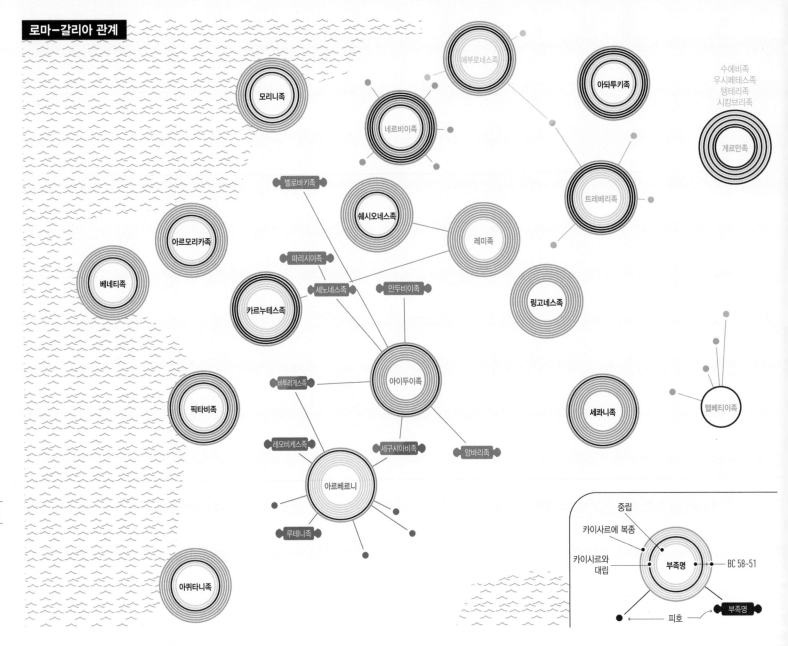

수에비족
우시페테스족
텐테리족
시캄브리족

게르만족

중립
카이사르에 복종
카이사르와 대립
부족명
BC 58-51
피호
부족명

3 • 갈리아전쟁

기원전 1세기 중반, 갈리아지역은 모순적인 상황에 처해 있었다. 다양한 갈리아 민족들이 모여 이룬 갈리아는 약 한 세기 전부터 여느 지중해 연안의 국가들과 다를 바 없는 '도시국가'의 대열에 올라 나르보넨시스나 이탈리아의 다른 도시들과 교류를 이어오고 있었으나, 한편으로는 여러 위험에 노출된 상태였기 때문이다. 먼저 기원전 1세기 초부터 게르만족이 남서쪽으로 영역을 넓히고 있었다. 헬베티아의 영토는 대부분 게르만족의 손에 넘어갔고, 라인강 상류도 이미 수에비족의 족장이자 게르만족연합의 수장이었던 아리오비스투스가 돌파했다. 과거 게르만의 킴브리족과 테우토네스족과 맞붙어 참패했던 로마는 주의를 기울일 수밖에 없었다. 한편 로마에서는 당대 권력가들인 크라수스, 폼페이우스, 카이사르 사이의 치열한 경쟁 구도가 빚어지고 있었다. 크라수스, 그리고 특히 폼페이우스는 자신들의 지난 성과를 정치적으로 활용하고 있었던 반면, 카이사르는 명성과 부를 증대하기 위한 새로운 기회를 물색하고 있었다. 기원전 59년 집정관으로 임명된 카이사르는 이듬해 임기를 마치고 마침내 갈리아 총독으로 부임했다.

이러한 외부 요인이 있는데도 갈리아 부족들은 서로 단결은커녕 갈리아라는 통일된 민족 정체성을 공유하지도 못했다. 오히려 수많은 '피호인'들을 거느린 부유한 기사계급의 지시에 따라 서로 전쟁을 벌였다. 갈리아 내에서도 중앙지역의 아르베르니족이 우위를 점하고 있었는데, 이 권력은 점차 로마의 동맹세력인 아이두이족에게 넘어갔다. 이에 기원전 71년, 아르베르니족과 세콰니족은 아리오비스투스와 손을 잡고 아이두이족과 대적했고 약 10년간의 전쟁 끝에 세콰니족을 중심으로 하는 연합세력이 승리를 거머쥐었다.

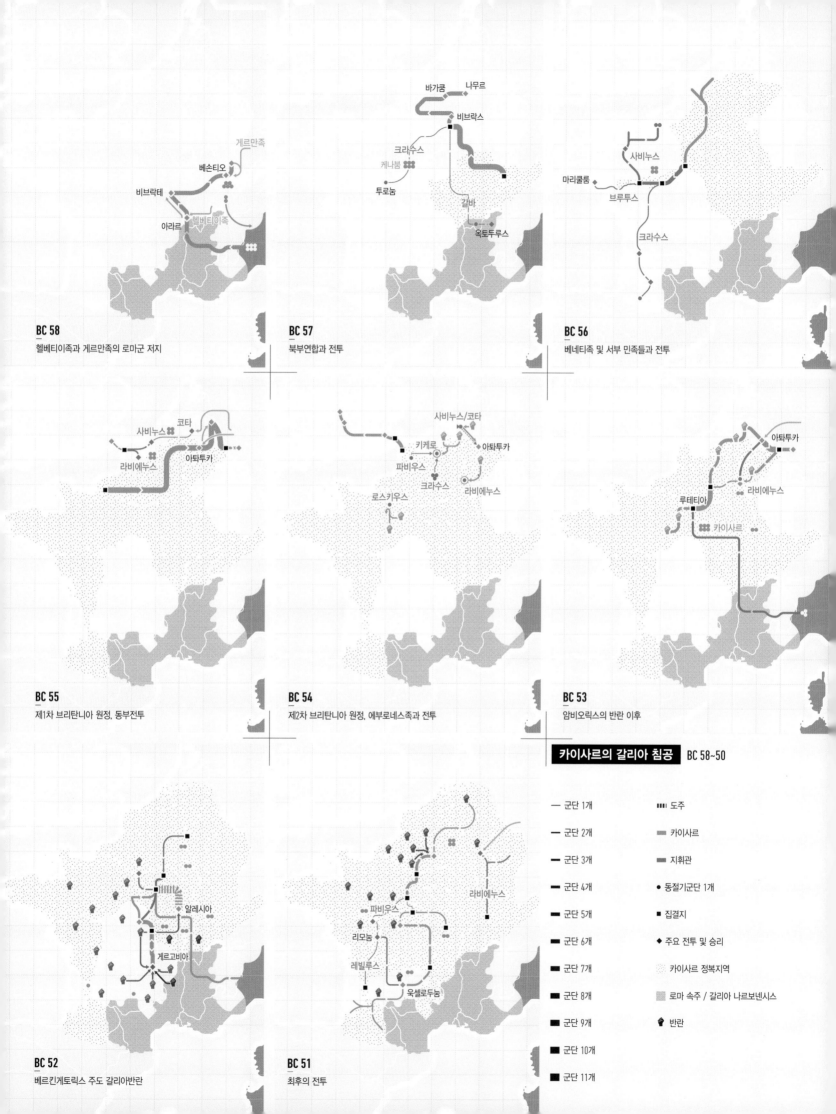

BC 58
헬베티이족과 게르만족의 로마군 저지

BC 57
북부연합과 전투

BC 56
베네티족 및 서부 민족들과 전투

BC 55
제1차 브리탄니아 원정, 동부전투

BC 54
제2차 브리탄니아 원정, 에부로네스족과 전투

BC 53
암비오릭스의 반란 이후

카이사르의 갈리아 침공 BC 58~50

BC 52
베르킨게토릭스 주도 갈리아반란

BC 51
최후의 전투

— 군단 1개
— 군단 2개
— 군단 3개
— 군단 4개
— 군단 5개
— 군단 6개
— 군단 7개
■ 군단 8개
■ 군단 9개
■ 군단 10개
■ 군단 11개

⊪ 도주
▬ 카이사르
▬ 지휘관
● 동절기군단 1개
■ 집결지
◆ 주요 전투 및 승리
⠠ 카이사르 정복지역
▨ 로마 속주 / 갈리아 나르보넨시스
🏰 반란

오늘날 생통주지역으로 이주한 헬베티이족이 아이두이족의 도움을 받아 갈리아의 새로운 수장을 세우려는 움직임을 보이자 갈리아의 신임 총독이었던 카이사르는 마침내 개입을 결심했다. 우선 카이사르는 아리오비스투스의 제안을 받아들여 아이두이족과의 친선조약을 파기했다. 아이두이족이 두 세력으로 나뉘어 있었던 만큼 그들을 그다지 신뢰할 수 없다고 보았던 것이다. 헬베티이족은 라우라키족, 툴링기족, 라토비키족, 보이족 등과 연합을 이룬 상태였기 때문에 카이사르는 헬베티이족이 세콰니족의 영토를 통해 이동할 수밖에 없도록 했다. 카이사르의 군대는 키살피나에서 징집된 군단 세 개와 급히 신설된 새 군단 두 개, 그리고 세구시아비족의 영토에서 주둔 중이던 라비에누스가 이끄는 군단 한 개로 구성됐다. 카이사르는 라비에누스가 우세를 점한 초반 이후 보급 문제를 해결하기 위해 헬베티이족 추격을 포기하고 비브락테로 향했다. 이에 헬베티이족은 비브락테 인근에서 공격을 감행했으나 참패했다. 카이사르는 이제 헬베티이족에 손

을 떼고 링고네스족의 영토로 향했다. 이곳을 성벽으로 삼아 아리오비스투스와 대적하려는 의도였다. 카이사르는 아리오비스투스와 협상을 시도했지만 결국 결렬되었고, 뒤이어 베손티오와 알사티아까지 진군했다. 아리오비스투스는 카이사르에게 다시 한번 협상을 요청했으나 이는 사실 카이사르를 납치하려는 함정이었다. 결국 무력 충돌은 피할 수 없었다. 이른바 보주전투로 불리는 이 전투는 결국 로마의 승리로 돌아갔다.

카이사르가 로마제국의 국경을 라인강까지 확정 지은 기원전 71년 겨울, 당시 로마와 동맹을 맺은 레미족을 제외한 갈리아의 벨가이 부족들이 연합하여 반란을 일으켰다. 카이사르는 대규모 병력을 동원해 악소나강 강변에 자리를 잡고 어떤 공격에도 버틸 수 있을 만한 강력한 진지를 지어 방어 태세를 이어 갔다. 결국 갈리아군은 겁에 질려 뿔뿔이 흩어지고 말았고, 카이사르는 벨로바키족, 암비아니족, 수에시오네스족, 아돠투키족, 네르비이족을 상대로 연승을 이어 갔다. 뒤

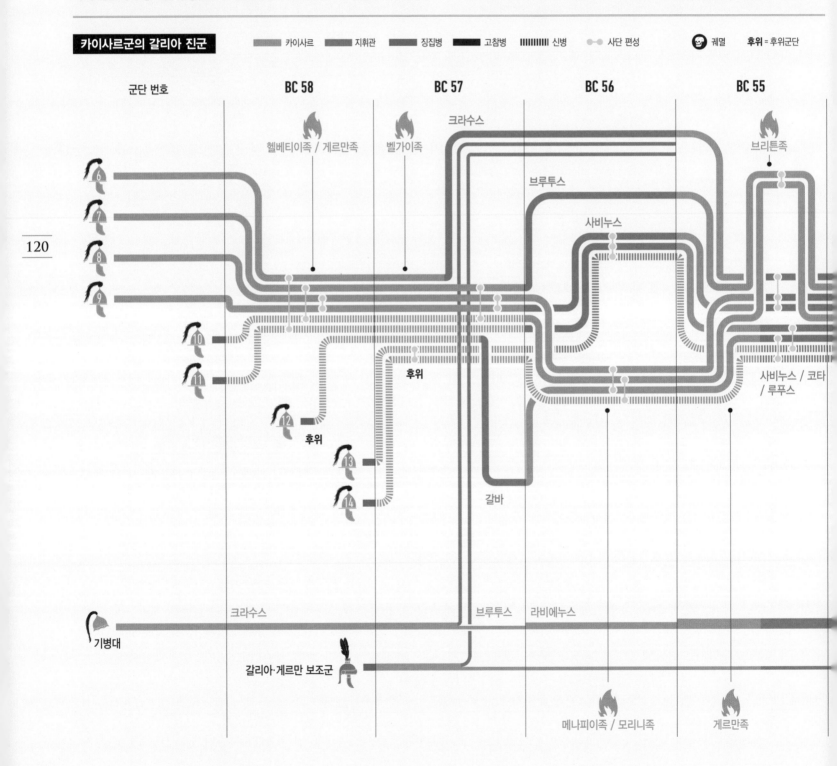

이어 노르만니아(오늘날의 노르망디)지역의 부족들을 정복한 카이사르는 병력을 분산해 카르누테스족, 투로네스족, 안데카비족의 영토(차례대로 오늘날의 오를레앙, 투르, 앙주)에 기지를 세워 겨울을 보냈고, 이로써 갈리아 정복도 끝을 맺는 듯했다. 그러나 기원전 56년 가을, 마리쿨룸지역의 베네티족이 반란을 일으키면서 로마군은 다시 한번 전투를 벌여야 했다. 카이사르가 베네티족을 상대로 승리를 거두는 동안 다른 지휘관들은 노르만니아를 안정시키고 메나피족과 모리니족을 상대하기 위해 진군했다. 하지만 그해 밀 수확이 좋지 않았던 탓에 카이사르는 동절기기지를 추가로 만들어 병력을 분산해야 했다. 이 기회를 틈타 기원전 54년 겨울 에부로네스족의 족장 암비오릭스는 로마군을 기지 밖으로 유인해 군단 1.5개 규모의 병력을 전멸시켰다. 뒤이어 네르비족, 아돠투키족, 트레베리족도 반란을 일으켰으나 이들은 이내 진압됐다. 로마군은 이듬해 봄에 반란세력을 응징했다. 에부로네스족은 사실상 거의 전멸했다. 한편 갈리아의 족장들은 카이사르

가 로마 내에서 정치적 어려움을 겪고 있다는 것을 알고 이를 이용해 그가 로마를 방문하는 동안 더 큰 반란을 준비했다. 마침내 기원전 52년 겨울, 카누테스족의 반란을 시작으로 아르베르니족의 족장 베르킨게토릭스가 이끄는 총궐기가 일어났다. 그동안 동부에서는 트레베리족이 게르만족의 가담을 유도하고 있었다.

카이사르는 새 군대를 이끌고 갈리아로 돌아와 네르비족과 세노네스족을 진압했다. 뒤이어 라비에누스를 보내 트레베리족을 상대하도록 했고, 그동안 카이사르는 메나피족을 격파하고 라인강을 건너가 우비이족과 협정을 맺고 게르만족의 철수를 확인했다.

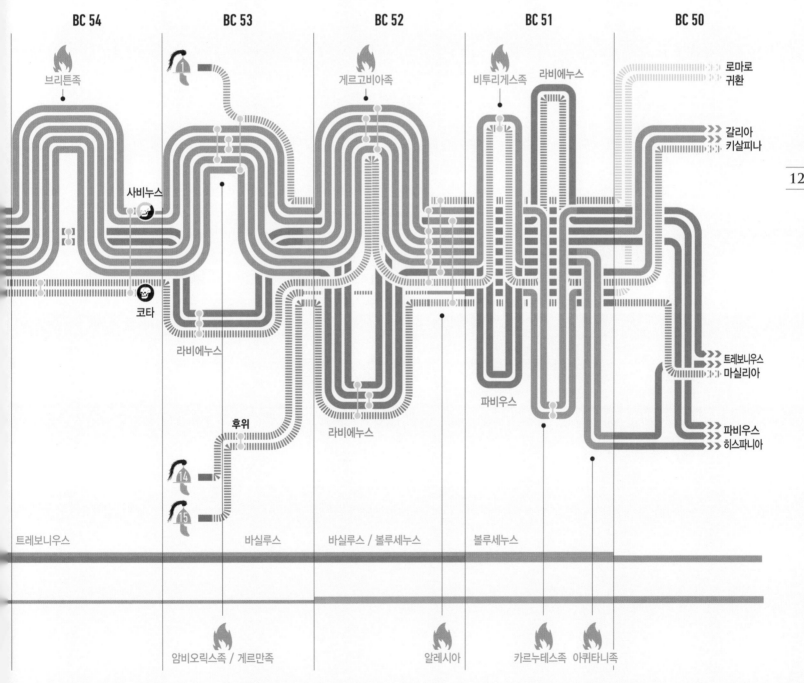

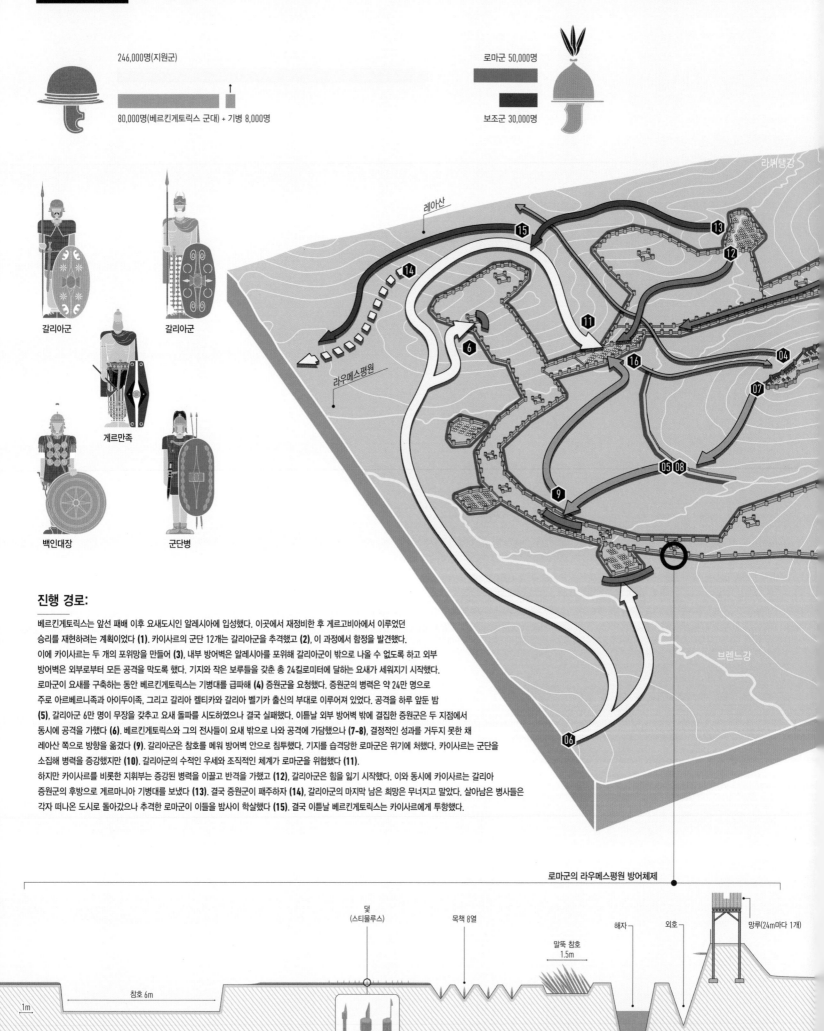

246,000명(지원군)

80,000명(베르킨게토릭스 군대) + 기병 8,000명

로마군 50,000명

보조군 30,000명

갈리아군

갈리아군

게르만족

백인대장

군단병

라뷔탱강

레아산

라우메스평원

브렌느강

진행 경로:

베르킨게토릭스는 앞선 패배 이후 요새도시인 알레시아에 입성했다. 이곳에서 재정비한 후 게르고비아에서 이루었던
승리를 재현하려는 계획이었다 (1). 카이사르의 군단 12개는 갈리아군을 추격했고 (2), 이 과정에서 함정을 발견했다.
이에 카이사르는 두 개의 포위망을 만들어 (3), 내부 방어벽은 알레시아를 포위해 갈리아군이 밖으로 나올 수 없도록 하고 외부
방어벽은 외부로부터 모든 공격을 막도록 했다. 기지와 작은 보루들을 갖춘 총 24킬로미터에 달하는 요새가 세워지기 시작했다.
로마군이 요새를 구축하는 동안 베르킨게토릭스는 기병대를 급파해 (4) 증원군을 요청했다. 증원군의 병력은 약 24만 명으로
주로 아르베르니족과 아이두이족, 그리고 갈리아 켈티카와 갈리아 벨기카 출신의 부대로 이루어져 있었다. 공격을 하루 앞둔 밤
(5), 갈리아군 7만 명이 무장을 갖추고 요새 돌파를 시도하였으나 결국 실패했다. 이튿날 외부 방어벽 밖에 결집한 증원군은 두 지점에서
동시에 공격을 가했다 (6). 베르킨게토릭스와 그의 전사들이 요새 밖으로 나와 공격에 가담했으나 (7-8), 결정적인 성과를 거두지 못한 채
레아산 쪽으로 방향을 옮겼다 (9). 갈리아군은 참호를 메워 방어벽 안으로 침투했다. 기지를 습격당한 로마군은 위기에 처했다. 카이사르는 군단을
소집해 병력을 증강했지만 (10), 갈리아군의 수적인 우세와 조직적인 체계가 로마군을 위협했다 (11).
하지만 카이사르를 비롯한 지휘부는 증강된 병력을 이끌고 반격을 가했고 (12), 갈리아군은 힘을 잃기 시작했다. 이와 동시에 카이사르는 갈리아
증원군의 후방으로 게르마니아 기병대를 보냈다 (13). 결국 증원군이 패주하자 (14), 갈리아군의 마지막 남은 희망은 무너지고 말았다. 살아남은 병사들은
각자 떠나온 도시로 돌아갔으나 추격한 로마군이 이들을 밤사이 학살했다 (15). 결국 이튿날 베르킨게토릭스는 카이사르에게 투항했다.

로마군의 라우메스평원 방어체제

덫
(스티물루스)

목책 8열

말뚝 참호
1.5m

해자

외호

망루(24m마다 1개)

참호 6m

1m

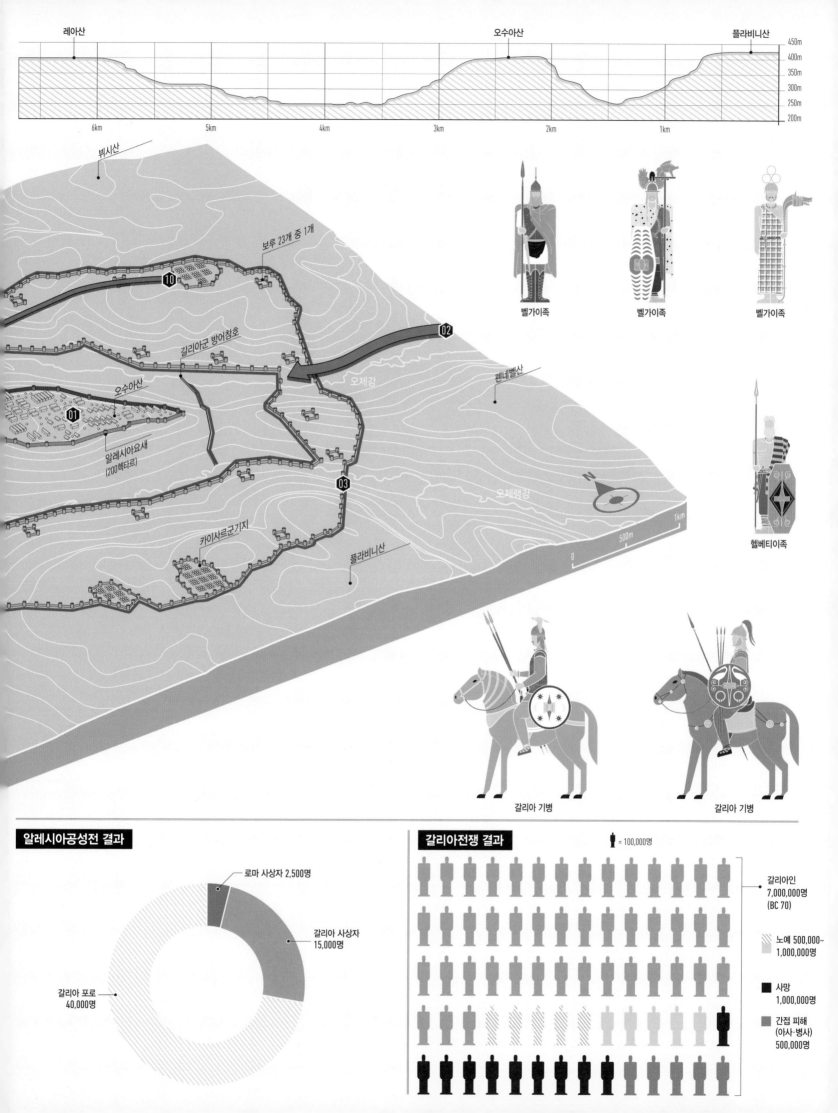

레아산
오수아산
플라비니산

450m
400m
350m
300m
250m
200m

6km
5km
4km
3km
2km
1km

뷔시산

보루 23개 중 1개

10

02

갈리아군 방어참호

오수아산

오제강

펜네벨산

01

알레시아요새
(200헥타르)

03

오제랭강

카이사르군기지

플라비니산

N

0   500m   1km

벨가이족

벨가이족

벨가이족

헬베티이족

갈리아 기병

갈리아 기병

알레시아공성전 결과

로마 사상자 2,500명

갈리아 사상자
15,000명

갈리아 포로
40,000명

갈리아전쟁 결과

👤 = 100,000명

갈리아인
7,000,000명
(BC 70)

노예 500,000~
1,000,000명

사망
1,000,000명

간접 피해
(아사·병사)
500,000명

4 • 스파르타쿠스의 난

공화정기 로마에는 노예반란이 끊임없이 일어났지만, 보통 규모가 크지 않았다. 그러나 그중에서도 세 건은 '노예전쟁'이라고 이름 붙여야 할 정도의 양상을 보였다. 이들은 불안정한 로마 변경의 취약점을 찌른 반란이었다. 그중 처음 두 번의 반란은 모두 시킬리아에서 일어났다. 첫 번째는 기원전 140~139년부터 132년까지 에우누스가 지방노예와 함께 그라이키아식 왕국을 건설했고, 두 번째는 기원전 104~100년에 노예 살비우스 트리폰이 주도하여 일으켰다.

하지만 로마의 가장 유명한 노예반란은 분명 스파르타쿠스가 이끈 제3차 노예전쟁(기원전 73~71년)일 것이다. 물론 스탠리 큐브릭의 영화 〈스파르타쿠스〉의 영향도 크겠으나, 이를 차치하더라도 반란 자체가 명성을 얻을 만했다. 특히 제3차 노예전쟁은 속주가 아닌 이탈리아 내에서 일어나 당대의 여러 저술가가 기록

을 남겼다. 이 반란은 동맹시전쟁 이후 특히 남부 이탈리아의 사회체제가 무너져 있었다는 배경이 있다. 트라키아 출신 스파르타쿠스는 당시 검투사 수용소에 소속된 노예로, 그가 노예가 된 이유는 알려지지 않았다. 그는 먼저 카푸아에서 트라키아, 게르마니아, 갈리아 출신의 검투사들 70~78명과 함께 반란을 주도했고(1), 이후 양치기노예와 대농장노예가 대거 가담했다. 네아폴리스로 향한 이들은(2) 베수비오산에 몸을 숨기고(3) 인근의 부유한 지역에서 땅과 주택들을 약탈했다.

스파르타쿠스는 반란을 진압하러 온 로마군을 상대로 여러 번 승리를 거두었으나 반란군을 완전히 통제하지는 못했다. 특히 병사들과 뜻을 모으는 데 어려움을 겪은 것으로 보인다. 반란군은 국가 같은 조직을 이루지 못했고, 전사로만 구성된 모임에서 의사결정이 내려졌다. 또한 스파르타쿠스를 비롯해 크릭수스, 오이노마우스 등의 켈타이족 검투사가 지도자로 추대됐으나, 이들은 검투사 군대라기보다는 지방노예 부대를 이끌었다. 스파르타쿠스가 이끄는 7만여 명의 병력

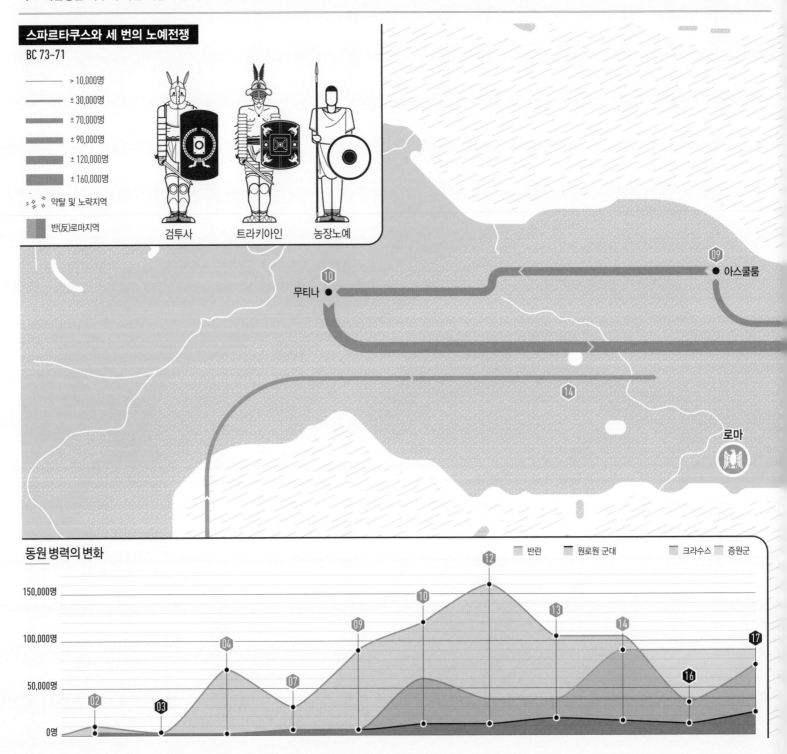

스파르타쿠스와 세 번의 노예전쟁

BC 73~71

- ——— > 10,000명
- ——— ± 30,000명
- ——— ± 70,000명
- ——— ± 90,000명
- ——— ± 120,000명
- ——— ± 160,000명
- 약탈 및 노략지역
- 반(反)로마지역

검투사 　 트라키아인 　 농장노예

무티나 ⑩
아스쿨룸 ⑨
⑭
로마

동원 병력의 변화

반란 ▪ 원로원 군대 ▪ 크라수스 ▪ 증원군

150,000명

100,000명

50,000명

0명

은 캄파니아에서 겨울을 보냈다. 로마는 유능한 군단병을 이미 대부분 히스파니아와 소아시아지역에 파견한 탓에 남아 있는 미숙련병 3,000여 명을 보내 반란군을 격퇴하고자 했다. 하지만 이들은 결국 반란군에 의해 전멸했고, 이후 7,000명을 다시 파견했다. 이 병력이 의용군 출신인지 군 소속 병사인지는 확인할 수 없지만, 이들은 또 반란군에 격파당했다. 이듬해 봄, 반란군은 루카니아로 향했으나 기습을 당해 오이노마우스가 목숨을 잃었다(4~6). 스파르타쿠스는 로마 당국이 이제 숙련병들을 보낼 것으로 예측하고 이에 저항할 수 있도록 군대를 재편했다. 다만 이때 스파르타쿠스가 품은 목표는 정확히 알려진 바가 없다. 현대 학자들은 그의 목표가 무엇이었든 노예제도의 종식은 아니었으리라 추정한다. 뒤이어 스파르타쿠스는 15만 명에 달하는 군대를 이끌고 알프스를 넘어 갈리아로 가고자 했다. 반면 크릭수스는 게르마니아와 갈리아 출신 병력 3만 명을 이끌고 아풀리아로 향했다. 이들은 가르가누스산 인근에서 집정관 겔리우스 푸블리콜라가 이끄는 군대와 맞붙어 패배하였고, 그 과정에서 크릭수스도 전사했다(7).

이후 행방은 사료에 따라 차이가 있긴 하지만, 스파르타쿠스가 겔리우스의 군대를 공격하여 승리하고(8) 아스툼에서 두 번째 집정관인 코르넬리우스 렌툴루스의 군대도 격파했다고 알려진다(9). 뒤이어 갈리아 키살피나의 총독 카시우스 롱기누스도 약 1만 명의 병력을 이끌고 무티나 인근에서 맞섰으나 역시나 참패했다(10). 이에 로마 최고의 부호이자 수석법무관인 리키니우스 크라수스가 신편한 군단 6개(4만~5만 명 규모)와 집정관군단들을 이끌고 진압에 나섰다. 마케도니아의 총독 테렌티우스 바로 루쿨루스도 지원을 위해 브룬디시움으로 향했다(14). 스파르타쿠스의 군대는 투리이로 선회한 뒤(11) 레기움을 거쳐(13) 시킬리아로 넘어가고자 했지만, 크라수스가 이끄는 로마군이 모든 길을 막자 결국 뿔뿔이 흩어졌다. 페텔리아(오늘날의 스트론골리)를 거쳐(16) 파이스툼으로 향한 스파르타쿠스는 세네르키아에서 전투를 벌였고(17), 패배하며 최후를 맞이했다.

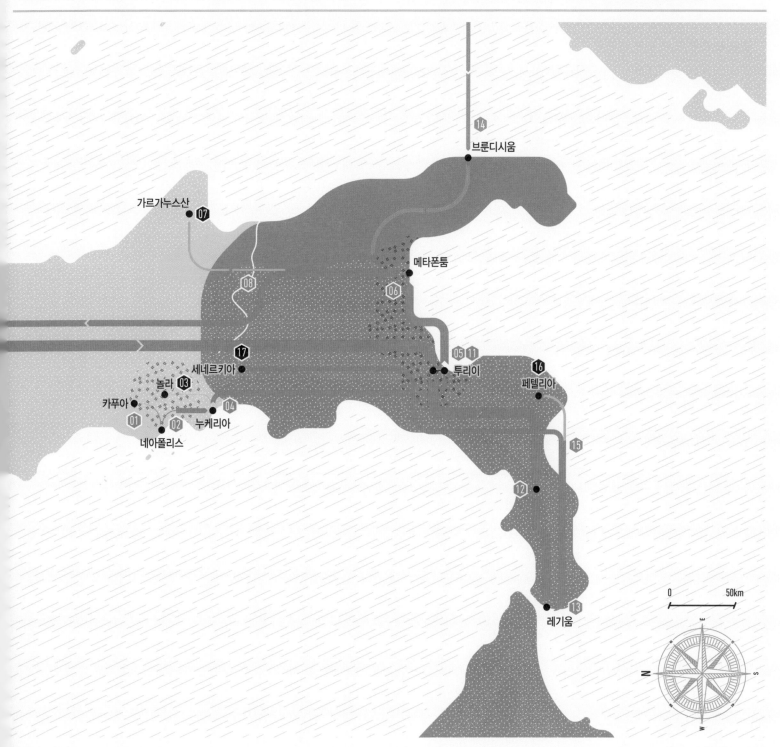

자료 출처

고대

BRIQUEL (D.), *Le Regard des autres : les origines de Rome vues par ses ennemis (début du IVe siècle-début du Ier siècle av. J.-C.)*, Paris, Les Belles Lettres, 1997.

CORNELL (T. J.), *The Beginnings of Rome. Italy and Rome from the Bronze Age to the Punic Wars (c. 1000-264 BC)*, Londres-New York, Routledge, 1995.

GRANDAZZI (A.), *La Fondation de Rome : réflexion sur l'histoire*, Paris, Les Belles Lettres, 1991.

POUCET (J.), *Les Origines de Rome. Tradition et histoire*, Bruxelles, Facultés universitaires Saint-Louis, 1985.

——, *Les Rois de Rome : tradition et histoire*, Bruxelles, Académie royale de Belgique, 2000.

SMITH (Chr.), *Early Rome and Latium : Economy and Society c. 1000 to 500 BC*, Oxford-New York, Clarendon Press, 1996.

로마

COARELLI (F.), *Guide archéologique de Rome*, Paris, Hachette, 1994 (1re éd., Rome, 1980).

——, *Il Foro Romano. II. Periodo repubblicano e augusteo*, Rome, Quasar, 1985.

——, *Il Foro Boario dalle origini alla fine della Repubblica*, Rome, Quasar, 1988.

——, *Il Campo Marzio*, Rome, Quasar, 1997.

——, *Palatium. Il Palatino dalle origini all'impero*, Rome, Quasar, 2012.

GRANDAZZI (A.), *Urbs. Histoire de la ville de Rome des origines à la mort d'Auguste*, Paris, Perrin, 2017.

GROS (P.), *L'Architecture romaine du début du IIIe siècle av. J.-C. à la fin du Haut-Empire*, Vol. I, *Les Monuments publics*, Paris, 1996 ; Vol. II, *Maisons, palais, villas et tombeaux*, Paris, A. et J. Picard, 2001.

ZIOLKOWSKI (A.), *The Temples of Mid-Republican Rome and their Historical and Topographical Context*, Rome, L'Erma di Bretschneider, 1992.

제도

BOWMAN (A.), CHAMPLIN (E.) et al., *The Cambridge Ancient History*, vol. 10 : *The Augustan Empire, 43 BC-AD 69*, Cambridge, Cambridge University Press, 1996.

BOWMAN (A.), GARNSEY (P.) et al. (éd.), *The Cambridge Ancient History*, vol. 11 : *The High Empire, AD 70-192*, Cambridge, Cambridge University Press, 2000.

BOWMAN (A.), CAMERON (A.) et al. (éd.), *The Cambridge Ancient History*, vol. 12 : *The Crisis of Empire, AD 193-337*, Cambridge, Cambridge University Press, 2005.

CAMERON (A.), GARNSEY (P.), (éd.), *The Cambridge Ancient History*, vol. 13 : *The Late Empire, AD 337-425*, Cambridge, Cambridge University Press, 1997.

CHASTAGNOL (A.), *L'Évolution politique sociale et économique du monde romain de Dioclétien à Julien. La mise en place du régime du Bas-Empire (284-363)*, Paris, Société d'édition d'enseignement supérieur, 1995.

CHRISTOL (M.), *L'Empire romain du IIIe siècle. Histoire politique : de 192, mort de Commode, à 325, concile de Nicée*, Paris, Errance, 1997.

CROOK (J.), LINTOTT (A.) et al. (éd.), *The Cambridge Ancient History*, vol. 9 : *The Last Age of the Roman Republic, 146-33 BC*, Cambridge, Cambridge University Press, 1994.

DAVID (J.-M.), *La République romaine, de la deuxième guerre punique à la bataille d'Actium (218-31) : crise d'une aristocratie*, Paris, Seuil, 2000.

JACQUES (F.), SCHEID (J.), *Rome et l'intégration de l'Empire (44 av. J.-C.-260 apr. J.-C.)*, Vol. I., *Les Structures de l'Empire romain*, Paris, PUF, 1990.

LE ROUX (P.), *Le Haut-Empire romain en Occident d'Auguste aux Sévères*, Paris, Seuil, 1998.

LEPELLEY (C.) (éd.), *Rome et l'intégration de l'Empire*, Vol. II, *Approches régionales de Haut-Empire romain*, Paris, PUF, 1998.

MILLAR (F.), *Rome, the Greek World, and the East*, vol. 2, *Government, Society and Culture in the Roman Empire*, Chapel Hill, University of North Carolina Press, 2004.

NICOLET (Cl.), *L'Inventaire du monde. Géographie et politique aux origines de l'Empire romain*, Paris, Fayard, 1988.

——, *Le Métier de citoyen dans la Rome républicaine*, Paris, Gallimard, 1976.

——, *Rome et la conquête du monde méditerranéen (264-27 avant J.-C.)*, Vol. I, *Les structures de l'Italie romaine*, Paris, PUF, 2001 (10e éd.) ; Vol. II, *Genèse d'un empire*, Paris, PUF, 1993 (4e éd.).

SYME (R.), *La Révolution romaine*, Paris, Gallimard, 2016.

WALBANK (F.), ASTIN (A.) et al. (éd.), *The Cambridge Ancient History*, vol. 7, *The Rise of Rome to 220 BC*, Cambridge, Cambridge University Press, 1990 ; vol. 8, *Rome and the Mediterranean to 133 BC*, Cambridge, Cambridge University Press, 1989.

도시

CHRISTOL (M.), *Une histoire provinciale. La Gaule narbonnaise de la fin du II$_e$ siècle av. J.-C. au III$_e$ siècle apr. J.-C.*, Paris, Publications de la Sorbonne, 2010.

FERRARY (J.-L.), *Philhellénisme et impérialisme. Aspects idéologiques de la conquête romaine du monde hellénistique*, Rome, École française de Rome, 1988.

HELLER (A.), « Domination subie, domination choisie : les cités d'Asie Mineure face au pouvoir romain, de la République à l'Empire », *Pallas, revue des études antiques*, no 96, 2014, p. 217-232.

HURLET (F.) (dir.), *Rome et l'Occident. Gouverner l'Empire (II$_e$ siècle av. J.-C.-II$_e$ siècle apr. J.-C.)*, Rennes, Presses universitaires de Rennes, 2009.

JACQUES (F.), *Le Privilège de liberté. Politique impériale et autonomie municipale dans les cités de l'Occident romain (161-244)*, Rome, École française de Rome, 1984.

——, *Les Cités de l'Occident romain*, Paris, Les Belles Lettres, 1990.

LE ROUX (P.), *La Péninsule Ibérique aux époques romaines, 206 av. J.-C-409 apr. J.-C.*, Paris, A. Colin, 2010.

——, *Romains d'Espagne. Cités et politique dans les provinces*, Paris, A. Colin, 1995.

MILLAR (F.), *Rome, the Greek World, and the East*, Vol. I., *The Roman Republic and the Augustan Revolution*, Chapel Hill, University of North Carolina Press, 2002.

——, *The Roman Near East (31 BC-AD 337)*, Cambridge (États-Unis), Harvard University Press, 1993.

사회

ANDREAU (J.), DESCAT (J.), *Esclave en Grèce et à Rome*, Paris, Hachette Littératures 2006.

DUMONT (J.-C.), *Servus. Rome et l'esclavage sous la République*, Rome, École française de Rome, 1987.

GIARDINA (A.) (éd.), *L'Homme romain*, Paris, Seuil, 1992.

GIARDINA (A.), SCHIAVONE (dir.), *Società romana e produzione schiavistica*, vol. I., *Italia insediamenti forme economiche* ; vol. 2, *Merci, mercati e scambi nel Mediterraneo* ; vol. 3, *Modelli etici, diritto e trasformazioni sociali*, Rome-Bari, Editori Laterza, 1981.

GOUREVITCH (D.), RAEPSAET-CHARLIER (M.-Th.), *La Femme dans la Rome antique*, Paris, Hachette Littératures, 2001.

VEYNE (P.), *Le Pain et le Cirque*, Paris, Seuil, 1976.

——, *La Société romaine*, Paris, Seuil, 2001.

황제

MILLAR (F.), *The Emperor in the Roman World, 31 BC-AD 337*, New York, Cornell University Press, 1977.

SPEIDEL (M.), *Riding for Caesar : The Roman Emperors' Horse Guards*, Londres, Batsford, 1994.

종교

BEARD (M.), NORTH (J.) et al., *Religions of Rome*, vol. 1, *A History* ; vol. 2, *A Sourcebook*, Cambridge, Cambridge University Press, 1998 (trad. française, Paris, Picard, 2006).

BERTHELET (Y.), *Gouverner avec les dieux. Autorité, auspices et pouvoir, sous la République romaine et sous Auguste*, Paris, Les Belles Lettres, 2015.

CUMONT (Fr.), *Les Religions orientales dans le paganisme romain*, Bruxelles, Institut historique belge (1re éd. 1906).

DUMÉZIL (G.), *La Religion romaine archaïque*, Paris, Payot, 1987 (2e éd.).

FISHWICK (D.), *The Imperial Cult in the Latin West. Studies in the Ruler Cult of the Western Provinces of the Roman Empire*, vol. 1, Part 1-2, Leyde, Brill, 1987 ; vol. 2, Part 2.2, Leyde, Brill, 1991-1992 ; vol. 3, *Provincial Cult. Part 1 : Institutions and Evolution. Part 2 : The Provincial Priesthood. Part 3 : The Centre. Provincial Cult. Part 4 : Bibliography, Indices, Addenda*, Leyde, Brill, 2002-2005.

FOX-LANE (R.), *Païens et chrétiens. La religion et la vie religieuse dans l'Empire romain de la mort de Commode au concile de Nicée*, Toulouse, Presses universitaires du Mirail, 1997.

FRASCHETTI (A.), *Rome et le prince*, Paris, Belin, 1994.

GRAF (F.), *La Magie dans l'Antiquité gréco-romaine*, Paris, Les Belles Lettres, 1994.

MARAVAL (P.), MIMOUNI (S. C.) et al., (éd.), *Le Christianisme des origines à Constantin*, Paris, PUF, 2006.

MITCHELL (M.), YOUNG (F.) (éd.), *The Cambridge History of Christianity*, Vol. 1, *Origins to Constantine*, Cambridge, Cambridge University Press, 2006.

SCHEID (J.), « D'indispensables "étrangères". Les rôles religieux des femmes à Rome », in DUBY (G.), PERROT (M.) (éd.), *Histoire des femmes en Occident*, Vol. I, *L'Antiquité*, dirigé par SCHMITT-PANTEL (P.), Paris, Plon, 1991, p. 405-437.

——, « Les rôles religieux des femmes à Rome. Un complément », in FREI-STOLBA (R.), BIELMAN (A.), BIANCHI (O.) (éd.), *Les Femmes antiques entre sphère privée et sphère publique*, Berne, P. Lang, 2003, p. 137-151.

——, *La Religion des Romains*, Paris, A Colin, 2017 (3e éd.).

TURCAN (R.), *Mithra et le mithriacisme*, Paris, 1993.

VAN HAEPEREN (Fr.), « Les acteurs du culte de *Magna Mater* à Rome et dans les provinces occidentales de l'Empire », in BENOIST (St.), DAGUET-GAGEY (A.) et al. (éd.), *Figures d'empire, fragments de mémoire*, Villeneuve-d'Ascq, Septentrion, 2011, p. 467-484.

경제

ANDREAU (J.), *L'Économie du monde romain*, Paris, Ellipses, 2010.

——, *La Vie financière dans le monde romain : les métiers de manieurs d'argent : IVe siècle av. J.-C.-IIIe siècle apr. J.-C.*, Rome, École française de Rome, 1987.

NICOLET (C.), *Censeurs et publicains. Économie et fiscalité dans la Rome antique*, Paris, Fayard, 2000.

——, *Rendre à César. Économie et société dans la Rome antique*, Paris, Gallimard, 1988.

SCHEIDEL (W.), MORRIS (I.) et al. (éd.), *The Cambridge Economic History of the Greco-Roman World*, Cambridge, Cambridge University Press, 2007.

TENNEY (F.), *An Economic Survey of Ancient Rome*, vol. 1, *Rome and the Italy of the Republic*, Baltimore, The John Hopkins Press, 1933 ; vol. 5, *Rome and Italy of the Empire*, Baltimore, The John Hopkins Press, 1940.

군사

COSME (P.), *L'Armée romaine, VIIIe siècle av. J.-C.-Ve siècle apr. J.-C.*, Paris, A. Colin, 2012.

ERDKAMP (P.), *Companion to the Roman Army*, Oxford, Blackwell, 2011.

LE BOHEC (Y.), *L'Armée romaine en Afrique et en Gaule*, Stuttgart, F. Steiner, 2007.

LE ROUX (P.), *L'Armée romaine et l'organisation des provinces ibériques d'Auguste à l'invasion de 409*, De Boccard, Paris, 1982.

NICOLET (C.), « Les guerres puniques », in NICOLET (C.), *Rome et la conquête du monde méditerranéen*, 1997, PUF, p. 594-626.

REDDÉ (M.), SCHNURBEIN (S. von) (éd.), *Alésia et la bataille du Teutoburg : un parallèle critique des sources*, Ostfildern, Thorbecke, 2008.

——, *Alésia : fouilles et recherches franco-allemandes sur les travaux militaires romains autour du Mont-Auxois (1991-1997)*, Vol. I, *Les Fouilles* ; Vol. II, *Le Matériel* ; Vol. III, *Planches hors texte*, Paris, Institut de France, 2001.

REDDÉ (M.), *Mare nostrum. Les infrastructures, le dispositif et l'histoire de la marine militaire sous l'Empire romain*, Rome, École française de Rome, 1986, p. 5-737.

SOUTHERN (P.), *The Roman Army. A Social and Institutional History*, Oxford, ABC-CLIO, 2007.

문화

INGLEBERT (H.) (dir.), *Histoire de la civilisation romaine*, Paris, PUF, 2005.

MILLAR (F.), *Rome, the Greek World, and the East*, t. II, *Government, Society and Culture in the Roman Empire*, Chapel Hill, University of North Carolina Press, 2004.

옮긴이 김보희

고려대학교 불어불문학과와 한국외대 통번역대학원 한불과를 졸업하고 프랑스대사관, 헌법재판소, KBS, 한국문화예술위원회, 한국개발
전략연구소 등에서 다수의 통번역활동을 해 왔다. 잡지 〈르몽드 디플로마티크〉의 번역위원을 겸임하며 번역 에이전시 엔터스코리아에서
출판기획 및 불어 전문 번역가로 활동하고 있다.
주요 역서로는 《팬티 입은 늑대 4》, 《제2차 세계대전 인포그래픽》, 《만약 시간이 존재하지 않는다면》, 《생태계 공생의 법칙》, 《의사의 하루
24시간》, 《1일 1장 숫자:하다》, 《자신감》, 《자크 아탈리의 미래 대 예측》, 《파괴적 혁신》, 《부자동네 보고서》, 《경제 성장이라는 괴물》, 《돈을
알면 세상이 보일까》, 《아이반호》 등이 있다.

Infographie de la Rome antique © Passées Composés / Humensis, 2020
Korean translation copyright © 2023 by Book21 Publishing Group
This translation of Infographie de la Rome antique, first edition is published by Book21 Publishing Group by arrangement
with Humensis through Suum literary Agency.

고대 로마
인포그래픽

1판 1쇄 인쇄 2023년 4월 13일
1판 1쇄 발행 2023년 5월 3일

지은이 니콜라 기유라 존 샤이드 밀란 멜로코
옮긴이 김보희
펴낸이 김영곤
펴낸곳 ㈜북이십일 레드리버

콘텐츠개발본부이사 정지은
전쟁사팀 팀장 배성원
책임편집 서진교 유현기 강혜인
디자인 02정보디자인연구소
출판마케팅영업본부장 민안기
마케팅1팀 배상현 한경화 김신우 강효원
출판영업팀 최명열 김다운
제작팀 이영민 권경민

출판등록 2000년 5월 6일 제406-2003-061호
주소 (10881) 경기도 파주시 회동길 201(문발동)
대표전화 031-955-2100
이메일 book21@book21.co.kr
내용문의 031-955-2403

ISBN 978-89-509-3746-1